KB248047

프로그래머

4차산업혁명을 선도하는 엔지니어

ⓒ 공대규 2018

초판 1쇄	2018년	2월 26일
초판 9쇄	2023년	12월 26일

지은이   공대규

출판책임	박성규	펴낸이	이정원
편집주간	선우미정	펴낸곳	도서출판 들녘
기획이사	이지윤	등록일자	1987년 12월 12일
편집진행	이동하	등록번호	10-156
편집	이수연·김혜민		
디자인	하민우·고유단	주소	경기도 파주시 회동길 198
마케팅	전병우	전화	031-955-7374 (마케팅)
경영지원	김은주·나수정		031-955-7381 (편집)
제작관리	구법모	팩스	031-955-7393
물류관리	엄철용	이메일	dulnyouk@dulnyouk.co.kr

ISBN   979-11-5925-315-7 (14370)

값은 뒤표지에 있습니다. 파본은 구입하신 곳에서 바꿔드립니다.

```
/**************************************************/
/* Author: CS307 Course Staff                     */
/* Date: February 14, 2018                        */
/* Description: Demos constructors, static vs instance methods, */
/*              and method overloading.           */
/**************************************************/
public class DemoClass
{
    private int x;
..
.....
```

4차산업혁명을 선도하는 엔지니어

프로그래머

공대규 지음

언젠가 해외출장에서 수십억 규모의 프로젝트를 성공적으로 마치고 기분 좋은 마음으로 귀국하던 비행기 안이었습니다. "나도 이 정도면 성공한 게 아닐까"라고 스스로 흡족했지요. 서울 용산에서 태어나 성남시 태평동 수진리 고개에서 뛰어놀던 코흘리개 어린 아이가 많이 성장한 것입니다. 평범한 가정의 학생으로 자라나 여러 어려움을 극복하고 프로그래머로 성공하게 된 사연을 후배들에게 들려주고 싶어졌지요. 흥미로울 뿐 아니라 도움이 될 만한 이야기라 언젠가부터 책으로 쓰고 싶었습니다. 그리고 운이 좋게도 그 희망이 실현되어 기뻤습니다. 책을 쓸 수 있도록 권유하고 도와준 가족과 동료 선생님, 그리고 출판사 여러분께 감사의 말씀 전합니다.

정보통신공학에서는 '데이터'와 '정보'를 구분해서 이야기합니다. 데이터는 주변에서 측정하거나 수집한 사실을 가리키고, 정보는 이 데이터가 유용할 수 있도록 가공하여 체계적으로 조직한 결과물입니다. 요즘 청소년들은 소화하기에 벅찰 정도로 데이터를 너무나 많이 접합니다. 주변에 넘쳐나는 데이터가 정보가 되려면, 데이터를 자신의 머릿속에 카테고리별로 분류하고 자신이 표현할 수 있는 언어로 저장해야 합니다. 그래야 자신이 활용할 수 있는 정보가 되는 겁니다. 데이터를 소화할 겨를 없이 수많은 데이터가 눈과 귀를 통해 들어오니 정작 쓸 만한 정보는 부족해지지요.

아이러니합니다. 인터넷을 통해 보고 들을 수 있는 데이터가 그렇게 많은데 정작 '정보'는 부족하니 말입니다. 제 주변 친인척이나 학원의 학생들에게 "꿈이 무엇이냐"라고 물으면 절반이 넘는 학생이 "꿈이 뭔지 모르겠다"는 반응을 보입니다. '한국청소년활동진흥원'에서 발표한 「진로에 대한 청소년의식조사 보고서」에서도 비슷한 내용을 볼 수 있는데요. '진로에 대해 고민한 적이 있거나 많이 고민하고 있다'고 답한 학생들은 80%가 넘었지만, 정작 '좋아하는 것이 뭔지 몰라 진로를 정하지 못하고 있다'고 답한 학생이 38.3%였습니다. '진로가 너무 많아 선택하기가 어렵다'가 14.9%, '하고 싶은 것이 있으나 자신이 없다'가 20.1%였습니다.

제 개인적인 의견이지만, 이 문제를 해결하기 위해서는 데이터를 접하는 시간을 줄이고, 기존 데이터를 정보화하는 시간을 늘려야 한다고 생각합니다. 스마트폰으로 데이터를 보는 시간을 줄이고 지금까지 접한 데이터를 자신의 정보로 만드는 시간을 늘려야 합니다. 생각하는 시간을 많이 갖거나 몸으로 체험하는 시간을 더 늘려나간다면, 꿈과 진로를 결정하는 데 더 유리해질 겁니다.

그리고 꿈이나 진로에 대해 너무 심각하게 접근하지 않았으면 좋겠습니다. 제 경험상, 꿈이나 진로는 심각한 게 아니라 재미있고 흥미로운 것입니다. 그래야만 합니다. 무슨 일을 하든 힘든 과정은 다 마찬가지입니다. 그렇게 힘든 과정을 헤쳐 나갈 수 있는 힘은 돈, 동료, 명예 등이 될 수 있겠지요. 그러나 가장 중요한 건 '내가 좋아하는 일을 하고 있느냐'입니다. 어렸을 때부터 내가 좋아했던 일이 무엇인지 고민하다 보면 적성과 소질을 찾을 수 있습니다. 저는 어려서부터 좋아했던 일에 대한 추억이 많습니다. 내 직업이 내 적성이나 소질에 관한 어린 시절의 추억과 연결되어 있다면, 어려움도 슬기롭게 헤쳐 나갈 수 있지요.

2016년부터 '4차산업혁명'에 관한 많은 이야기가 회자됩니다. 작년 대통령 선거에서 각 후보자들이 4차산업혁명 시대에 발맞춘 정책을 마련하겠다는 공약을 내세웠습니다. 우리나라는 3차산업혁명 시대에 정보통신산업 육성으로 큰 발전을 이룩했지요. 경제가 침체기에 빠진 지금, 4차산업혁명으로 재도약의 기회를 잡아야 합니다.

제가 이 책을 쓰게 된 계기도 4차산업혁명과 관련 있습니다. 4차산업에 관한 강연을 다니며 여러 사람을 만났고, 영어코딩학원 창업을 위해서도 많은 사람을 만났는데요. 그때 '프로그래머라는 직업이 앞으로 더 인기 있는 직업이 되겠다'는 걸 느꼈습니다. 그래서 프로그래머라는 직업을 알리는 책이 필요하다고 생각했지요. 4차산업혁명을 통해 이전에는 상상하기 어려웠던 새로운 시대가 열릴 텐데요. 그 시대를 이끌어가는 중심에는 프로그래머가 있습니다. 저 역시 프리랜서 프로그래머로 일하며 다양한 IOT제품(무선 통신으로 각종 사물을 연결하는 기술)을 만들었습니다, 이미 미용기기, 농업, 유통, 각종 센서관련 업체들이 발 빠르게 소프트웨어와 융합한 사업 아이디어를 구상하고 실행에 옮기고 있습니다.

이 책은 청소년만 대상으로 하는 책은 아닙니다. 대학생이나 신입사원으로 근무하고 있는 프로그래머까지 고려해 내용을 구성했습니다. 직업 선택을 코앞에 둔 취업준비생이나 프로그래머로서 첫발을 디딘 신입사원들에게 프로그래머로서 회사를 선택할 때, 회사생활을 할 때 참고할 수 있도록 제 생생한 경험을 전달하고자 노력했습니다. 물론 청소년들이 자신의 진로를 고민하는 데도 도움이 될 겁니다. 제 이야기가 모든 프로그래머들의 직장생활을 대변할 수는 없습니다. 수많은 회사와 업종에서 일하는 프로그래머가 있으니까요. 그러나 저는 작은 회사, 대기업, 외국계기업 등에서 다양한 경험을 해왔습니다. 때문에 여러 이야기를 최대한 잘 전달해드릴 수 있을 겁니다.

끝으로 소프트웨어 엔지니어가 나이 들어서도 안정적으로 직장생활을 할 수 있는 우리나라의 발전된 기업문화를 희망해봅니다. "공대생들은 능력이 있든 없든 결국 마지막 종착역은 치킨집 사장이 된다"는 자조적인 농담이 항상 안타깝게 들렸거든요. 공무원이라는 직업을 폄하하는 건 절대 아니지만, 능력 있는 젊은 이들이 '나이 들어서도 해고되지 않는 안정된 직업'이라는 이유로 공무원만을 꿈꾸고 있지요. 이 안타까운 현실이 언제쯤 개선될까요? 백발의 모습으로 코딩하고 있는 프로그래머가 주변에 있어도 어색하지 않은, 그런 기업이 우리나라에도 많아지길 바랍니다.

'4차산업혁명'이 한국에 잘 정착하여 아이들에게 "프로그래머가 되라"고, 더 자신 있게 추천할 수 있는 미래가 되길 기대하며, 말을 마치겠습니다.

새로운 꿈을 위해 도전하는

공대규 드림

차례

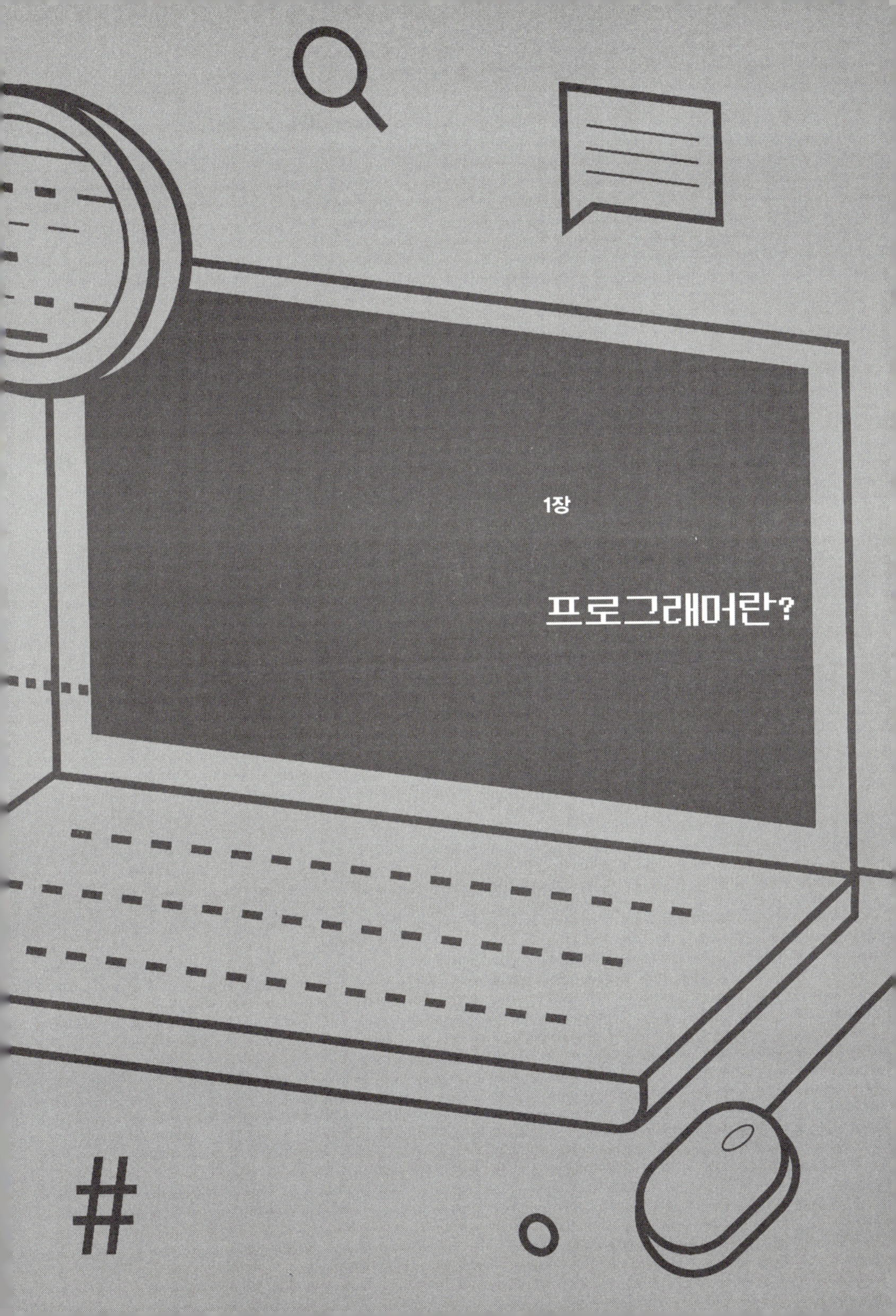

1장

프로그래머란?

Document.Write(1) :

프로그램과 프로그래머 </>

프로그래머(Programmer)를 소개하기 전에 '프로그램(Program)'이란 것이 무엇인지 먼저 설명하겠습니다. 프로그램(Program)을 표현하는 다른 말로는 소프트웨어, 어플리케이션, 앱, 코드 등이 있습니다. 좀 더 정확하게 살펴보면, 소프트웨어는 하드웨어의 반대 개념으로서 가장 광범위하게 모든 형태의 프로그램을 가리키는 말입니다. 어플리케이션은 어떤 하나의 제품으로서의 프로그램, 예를 들어 아래한글, MS 오피스, 스타크래프트 게임, 크롬 브라우저, V3 백신 등과 같은 것을 의미하지요. 앱은 앱스토어에서 유래된 것으로 특히 스마트폰 어플리케이션을 가리키는 신조어이고, 코드는 프로그램 한 줄이나 작은 기능을 하는 프로그램의 일부분을 말할 때 사용합니다.

그렇다면 또 컴퓨터는 무엇일까요? 컴퓨터를 광범위하게 정의

⊞… 프로그래머(Programmer)는 곧 개발자(Developer)다.

하면, 전기 신호로 일을 처리하는 프로세서(CPU)가 장착되어, 그 위에서 앞서 언급한 프로그램이 실행되는 모든 기계장치들이라고 할 수 있습니다. 그렇다면 PC뿐만 아니라, 스마트폰, TV, IPTV 셋 탑박스, 냉장고, 세탁기, 자동차 등 모든 기계장치들을 큰 범위에서 컴퓨터라고 할 수 있겠습니다. 이런 다양한 형태의 컴퓨터에서 실행되는 소프트웨어를 바로 프로그램이라고 이야기합니다. 그러니 프로그램이라고 할 때, 그 범위는 굉장히 넓습니다. 영어에서 어떤 동사를 행하는 사람이나 기계장치를 표현할 때 '-er'을 붙여서 표현하는 것처럼 프로그램(Program)에 '-er'을 붙여서 프로그램을 만드는 사람 즉, 프로그래머(Programmer)라고 부르게 된 것입니다. 영어권에서는 프로그래머 이외에 'Developer'라는 말도 많이 사용합니다. 우리나라에서는 흔히 '개발자'라고 하는데요. 소프트웨어 개발자, 웹 개발자 하는 표현들이 바로 프로그래머와 같은 표현입니다.

우리말로 프로그래머를 설명할 때, 프로그램을 만드는 사람이라고 하기보다는 프로그램을 짜는 사람이라고 더 많이 이야기하는데요. 여기서 '짜다'라는 말은 책장을 짜다, 옷을 짜다, 계획을 짜다 할 때의 그 '짜다'입니다. 만든다는 뜻이지요. 그럼 왜 '짜다'라는 말을 더 많이 사용할까요? '짜다'라는 표현은 '만들다'라는 표현보다 더욱 기술, 기교, 솜씨가 있어야 하는 일을 수행할 때 쓰는 말이기 때문입니다. 프로그램을 짜기 위해서는 기본적으로 컴퓨터를 잘 알아야 하고, 자기가 사용하는 프로그래밍 언어를 잘 알아야 하며, 프로그램으로 구현해야 하는 업무에 대해서도 잘 알고 있어야 합니다.

프로그래머를 이야기할 때 반드시 함께 언급해야 하는 것이 프로그래밍 언어입니다. 컴퓨터와 대화하면서 일을 시키는 의사소통 수단이기 때문에 '언어'라고 표현하는 거예요. 우리가 전투할 때 사용하는 무기를 총, 칼, 활, 창 등으로 구분하는 것과 마찬가지입니다. 보통 프로그래머는 자기에게 익숙한 언어, 아니면 자기 업무에서 반드시 사용해야 하는 언어 한두 가지의 전문가로서 일하게 됩니다. 그러나 오랜 세월 동안, 다양한 일을 하다 보면 여러 가지 언어를 사용하기도 합니다.

```
<script language=KOR.script> </script>
prompt(/) // Temp <> Tempold THEN
document.myform.Documnet.focus(1);
```

Document.Write(1) :

프로그래밍 언어 </>

프로그래머가 사용하는 프로그래밍 언어는 옆 이미지에서 보시는 것처럼 그 종류가 매우 많습니다. 각각의 용도별로 특징별로 구분하는 방법 또한 다양합니다. 제가 80년대 후반 대학에서나 전산전문학원에서 프로그래밍을 공부할 시절에는 컴퓨터에 친화적인 저급언어인 어셈블러, 사람에 친화적인 고급언어인 베이직, 코볼, 포트란, C… 이런 식으로 분류했습니다. 지금도 이런 분류로 공부하는 학생이 있을 겁니다.

여기서는 구글에서 가장 많이 검색된 프로그래밍 언어 순위와 세계에서 일자리가 가장 많은 프로그래밍 언어 순위를 소개하고, 순위에 나타나 있는 프로그래밍 언어 10가지를 간략하게 소개하겠습니다. 이 기준은 어떤 공식적인 기준은 아닙니다. 여러 기관에서 다양한 관점으로 이것과는 다른 프로그래밍 언어 종류를

RANK	Change	Language	Share	Trend
1		Java	22.2%	−0.9.%
2		Python	17.6%	+4.3%
3		PHP	8.8%	−1.0%
4	▲	Javascript	8.6%	+0.5%
5	▼	C#	7.7%	−0.9%
6	▲	C++	6.7%	−0.3%
7	▼	C	6.2%	−1.0%
8	▲	R	3.7%	+0.6%
9	▼	Objective−C	3.5%	−1.3%
10		Swift	3.0%	+0.0%

⊞… 구글에서 검색된 프로그래밍 언어 검색 순위(2017년 10월, 전년도 대비 증감 추이 포함)

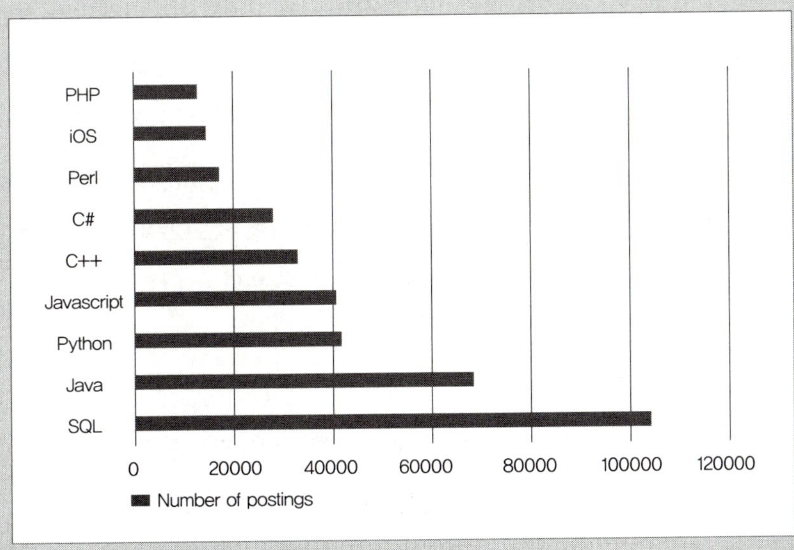

⊞… 2017년 indeed.com에서 발표한 구인 등록이 많은 프로그래밍 언어 순위

나열한 것을 쉽게 찾아볼 수 있습니다.

이제 주요 프로그래밍 언어를 간략히 둘러보겠습니다.

JAVA

자바는 현재 프로그래밍을 배우고자 하는 프로그래머에게 가장 완벽한 언어로 여겨집니다. 자바의 가장 큰 장점은 프로그램이 실행되는 장치에 상관없이 프로그램을 만들면 된다는 것입니다. 대부분의 프로그래밍 언어의 경우에는 윈도우용을 개발했다면 스마트폰용을 또 다시 개발해야 하는데, 자바는 하나만 개발하면 그 프로그램이 윈도우에서도 실행되고 스마트폰에서도 실행될 수 있다는 의미입니다. 이 점은 매우 중요한 장점입니다. 생산성과 호환성 및 안정성이 매우 뛰어나기 때문입니다. 또한 자바는 참고자료나 오픈소스(공개된 프로그램 소스코드)가 많아 프로그래머가 문제에 직면했을 때 도움 받을 곳이 매우 많습니다. 그래서 자바는 몇 년 전보다는 약간 떨어지고 있긴 하지만, 인기 순위에서 항상 가장 높은 자리를 차지하고 있습니다. 자바는 다양한 모바일 장치와 태블릿PC, 가전제품뿐만 아니라 기업형 소프트웨어와 PC용 소프트웨어 개발을 위한 최적의 도구로 활용되고 있습니다.

Python

파이썬은 프로그램을 개발할 때 필요한 많은 자료형과 다양한 모듈이 준비되어 있어 개발기간을 매우 단축할 수 있는 언어입니다.

C언어로 2년 동안 완성하지 못한 프로젝트를 파이썬으로 한 달 만에 해냈다는 극단적인 경험담이 있을 정도입니다. 모든 것이 들어 있는 올인원 언어로 빨리 숙련자가 되길 원한다면 파이썬 언어를 배우시기 바랍니다. 여러분이 하려는 일이 무엇이든, 무슨 언어를 써야 할지 모르겠다면 파이썬을 사용하면 됩니다.

PHP

웹개발자는 PHP를 배워야 합니다. PHP의 도움말 파일로 여러분은 웹페이지를 매우 빨리, 노력을 덜 들이고 개발할 수 있습니다. 대형 사이트에서는 몇 년 전부터 PHP의 인기가 떨어지고 있지만, 매우 편리한 오픈소스 기반의 웹콘텐츠 관리 시스템인 WordPress 같은, 이미 만들어진 웹페이지 기능으로 중소형 웹사이트 개발에서는 PHP가 여전히 인기가 있습니다.

C, C++ 그리고 C#

독보적인 언어인 C언어를 배움으로써 프로그래밍에 있어서 여러분의 지식을 확장할 수 있습니다. 가장 오래된 언어인 C언어는 여러분이 프로그래밍을 시작할 때 가장 먼저 배워야 할 언어입니다. 많은 다른 프로그래밍 언어들이 C언어를 모방하여 탄생했습니다. C++는 C언어보다 약간 더 진보적인 언어이며 하드웨어 게임기를 만들 때 대단히 많이 사용됩니다. 이것은 PC용 소프트웨어뿐만 아니라 모바일용 소프트웨어를 개발할 때도 이상적인 선택이라고 할 수 있습니다. 가장 강력한 언어로서 C++는 마이크로소프트 윈도우와 같은 운영체제를 만들 때도 사용되었습니다.

이 두 가지 언어를 배운 후에 여러분은 C#이라는 언어도 학습할 수 있게 됩니다. C#은 마이크로소프트의 어플리케이션과 서비스의 주요한 프로그래밍 언어입니다. 마이크로소프트의 .Net이나 ASP 기술을 활용할 때, C#을 공부해야만 합니다.

Javascript

자바스크립트는 웹사이트의 사용자 인터페이스(화면구성, 사용방법 등)를 보다 멋지고 다양한 기능을 가지도록 확장할 때 매우 유용한 언어입니다. 웹페이지에서 사용자가 어떤 행위를 할 때 애니메이션을 작동시킨다든가 멋있는 효과를 표현하고 싶을 때 유용하게 사용될 수 있는 웹개발을 위한 언어입니다.

Objective-C

여러분이 애플의 iOS에서 어플리케이션을 개발해야 한다면 오브젝티브씨를 배워야 합니다. 이것은 C에서 파생된 객체지향 언어입니다. 객체란 프로그램에 등장하는 요소 하나하나를 가리키는 말이며, 그 요소 하나하나를 주인공으로 해서 프로그래밍을 하고, 다른 곳에서 그 주인공을 가져다 활용할 수 있게 해주는 프로그래밍 방법입니다. 이러한 객체지향 프로그래밍은 요즘은 대부분의 언어가 갖고 있는 특징이 되었습니다.

오브젝티브씨는 한국에서는 줄여서 옵씨, 오브젝씨라고 부르기도 합니다. 오브젝티브씨를 배우면 애플의 공인된 소프트웨어 개발 도구인 XCode를 사용할 수 있게 되며, XCode를 이용하여 앱 스토어에 등록할 수 있는 iOS 앱을 빨리 생산할 수 있게 됩니다.

SQL

데이터를 분류해서 모아놓고 프로그램에서 빠르게 검색하여 사용하기 위한 시스템을 데이터베이스라고 합니다. 마이크로소프트 SQL server, Oracle, MySQL 등과 같은 데이터베이스를 사용할 때, SQL 프로그래밍 언어를 반드시 알아야 합니다. 데이터 검색을 위해 사용하는 문장을 Query언어라고 합니다. 대용량의 데이터베이스에서 원하는 데이터를 빠르고 정확하게 가져오는 방법은 바로 SQL언어로 그 Query를 효과적으로 잘 만드는 것입니다.

Swift

스위프트는 애플에서 2014년에 처음 공개한 자사의 iOS를 위한 개발 언어입니다. 오브젝티브씨의 단점을 보완하여 성능이 향상된 언어이지만 문제점도 많습니다. 애플의 전폭적인 지지로 계속 발전하고 있는 언어인데요. 애플 기기를 위한 프로그램을 개발하려고 한다면 스위프트를 공부하는 것이 좋습니다.

R

R은 통계 계산과 그래픽 표현을 위한 프로그래밍 언어이자 소프트웨어 환경으로서, 통계 소프트웨어 개발과 자료 분석에 널리 사용되고 있습니다. 이미 만들어진 수많은 패키지를 무료로 설치하여 자신만의 기능 확장이 가능합니다. 통계 작업을 할 때 사용하는 소프트웨어인 SPSS나 MATLAB 같은 비싼 통계 소프트웨어를 구입하지 않아도 된다는 장점이 있습니다.

Go

구글이 2009년에 발표한 C언어를 기초로 만든 프로그래밍 언어입니다. Go라는 이름이 불편해서 GoLang이라고 불리기도 합니다. 처음엔 구글 서비스와 관련된 콘텐츠를 개발할 때 유용하게 활용되었으나 현재는 구글의 스마트폰 운영체제인 안드로이드 앱이나 애플의 iOS 앱 그리고 웹 개발용 언어로도 발전하고 있습니다. 또한 Go는 특히 중국에서 인기가 많아지고 있다고 합니다.

그 밖의 언어들

순위에는 없지만 주목해야 할 프로그래밍 언어가 두 가지 더 있습니다. 바로 Ruby와 Kotlin입니다. Ruby를 강조하는 이유는 다음과 같습니다. CBS에서 운영하는 IT뉴스 전문 웹사이트인 techrepublic의 뉴스에 의하면 취업시장에서 2016년과 비교할 때 2017년에 루비 개발자의 수요가 무려 656% 증가했다고 합니다.

루비는 웹 애플리케이션 개발도구입니다. 루비를 기반으로 만들어진 오픈소스 개발 프레임워크(개발도구)인 루비 온 레일즈(Ruby On Rails, 줄여서 레일즈라고 함)는 특히 데이터베이스를 이용한 웹 애플리케이션을 개발할 때 반복되는 코드를 대폭 줄여 개발 기간을 단축하는 것으로 인기를 끌고 있습니다.

다음은 Kotlin인데요. 그동안 비공식적으로 사용되던 코틀린을 2017년 5월 17일 구글이 안드로이드 개발 공식 언어로 지정했습니다. 코틀린은 체코 프라하에 본사를 둔 개발도구 제작업체인 젯브레인이 2011년 발표한 프로그래밍 언어입니다. 젯브레인은 구글의 공식 개발도구인 안드로이드 스튜디오의 모태가 된 인텔리J IDEA라는 개발환경을 만든 업체이기도 합니다. 자바처럼 코틀린도 자바 가상머신에서 작동하며 자바와 유사해서 개발자들 사이에서 빠르게 확산되고 있습니다.

프로그래머의 종류 _{</>}

프로그래머를 분류하는 방법은 프로그래밍 언어로 분류하는 것과 그 프로그래머가 개발하는 프로그램의 유형으로 분류하는 방법이 있는데, 여기서는 후자로 분류해서 설명하겠습니다. 전자로 구분할 때는 예를 들어, "나는 C 프로그래머다", "나는 PHP 프로그래머다"라고 이야기하기도 합니다. 그러나 프로그래밍 언어보다는 프로그램의 종류 혹은 유형으로 구분하는 것이 보다 현실적입니다.

시스템 프로그래머

마이크로소프트 윈도우나 스마트폰의 안드로이드 같은 운영체제를 개발한다거나, 우리가 USB 프린터를 연결할 때 운영체제가 프린터와 통신해서 인쇄할 수 있도록 하는 프린터 프로그램(드라이버라고 부름) 같은 것을 개발하는 프로그래머를 시스템 프로그래머라고 합니다. 이런 프로그래머들은 사용자의 눈에는 잘 보이지 않는 부분을 만드는 사람들입니다. 그렇지만 시스템 소프트웨어 개발은 난이도 면에서 매우 높은 수준이라고 할 수 있습니다. 이들은 보통 하드웨어를 개발하는 회사에서 근무하는 경우도 많습니다. 앞서 언급한 프린터를 PC에 연결하기 위한 경우처럼, 하드웨어를 만들 때는 반드시 그 하드웨어를 PC나 다른 기기들과 연결할 수 있도록 하는 소프트웨어를 함께 개발해야 하기 때문입니다. 또한 하드웨어를 만들어 판매할 때는 그 속에 들어 있는 반도체에 소프트웨어가 항상 들어 있습니다. 그런 소프트웨어를 특히 펌웨어(Firmware)라고 부르는데 이것도 시스템 프로그래머가 만들게 됩니다. 이런 프로그램들은 빠른 속도로 실행되어야 하기 때문에 프로그래밍 언어도 C언어나 어셈블러 같은 기계어에 가까운 언어를 쓰게 됩니다.

응용 프로그래머

응용 프로그래머의 '응용'이라는 말은 사용자가 컴퓨터를 사용해서 무언가 업무에 응용한다는 의미에서 나온 것입니다. 즉 문서 작업을 하는 마이크로소프트 오피스나 한글 오피스라든가, 그래픽 작업을 하는 포토샵이라든가 기타 회사 업무를 위한 다양한 소프트웨어 제품들이 이런 응용 소프트웨어의 범주에 속하고, 이런 제품을 개발하는 개발자들을 응용 프로그래머라고 합니다.

프로그래머 중에서 이 응용 프로그래머로 일하는 사람들의 비율이 가장 높지 않을까 생각합니다. 응용 소프트웨어는 기업용, 개인용, 학교용, 연구용 등 매우 다양한 종류의 소프트웨어가 있고 정보화와 인터넷 혁명을 일컫는 3차 산업혁명 이후 특히 기업용 소프트웨어는 수십 수백 가지 종류가 개발되어 사용되고 있습니다. 이미 시작된 4차 산업혁명 시대는 융합이라는 키워드로 발전할 텐데요 여기서는 모든 산업분야나 학문분야가 융합되어 지금은 상상할 수도 없는 많은 융합형 응용 소프트웨어가 나타날 것입니다. 그렇다면 프로그래머의 수요도 많아지고 지금은 알 수 없는 다양한 일자리가 생겨날 것이라고 생각합니다.

웹 프로그래머

웹 프로그래머는 좀 이해하기가 쉬울 것 같습니다. 말 그대로 웹사이트, 웹페이지를 개발하는 프로그래머입니다. 3차 산업혁명 이후 기업이나 개인의 홈페이지가 널리 유행하면서 수요가 많아진 프로그래머입니다. 개발자가 아닌 사람들도 홈페이지를 쉽게 만들 수 있도록, 미리 만들어진 형태의 모듈이 제공되어, 설정만 바꿔주면 나만의 홈페이지를 빠른 시간 안에 만들 수 있기 때문에 웹 프로그래머의 수요가 감소하는 추세이지만 여전히 높은 비율을 차지하고 있습니다.

게임도 일종의 응용 소프트웨어라고 할 수 있습니다. 그러나 컴퓨터 산업에서 게임이 차지하는 비중이 워낙 크고, 게임이라는 것이 다양한 형태로 발전해왔기 때문에 게임 프로그래머를 독립적으로 분류할 필요가 있습니다.

게임은 닌텐도, 플레이스테이션, X-BOX와 같이 TV에 연결해서 하는 비디오게임기 혹은 콘솔형게임기가 있고, 스마트폰에서 하는 모바일게임, PC에서 인터넷으로 하는 게임 등 크게 세 가지 분야가 있습니다.

게임을 만드는 세 가지 프로세스는 기획, 그래픽, 프로그래밍입니다. 기획자는 누구를 대상으로 어떤 게임을 만들지, 어떤 주인공을 창조하여 어떤 스토리로 게임을 만들지 등을 결정합니다. 그래픽 담당자는 캐릭터와 캐릭터들의 활동무대를 만들고 애니메이션도 함께 만듭니다. 게임 프로그래머는 게임이 실행되어야 하는 기계에 맞게 캐릭터에 설정값을 넣기도 하고 캐릭터가 갖고 있는 설정값을 읽어오기도 해서 그 캐릭터를 주인공으로 게임에서 다른 캐릭터들과 상호작용하면서 움직이도록 합니다. 또한 인터넷 기반의 게임은 웹 프로그래머도 필요하게 됩니다.

임베디드 프로그래머

임베디드(Embedded)란 '내장된, 포함되어 있는'이라는 뜻입니다. 임베디드 시스템은 겉모습만 보면 그냥 전기제품인데, 사실 그 안

을 보면 컴퓨터 보드가 들어 있는 장치
이지요. 예를 들어 요즘 선풍기에는 여
러 기능이 있지요. 선풍기 아래 플라스
틱을 뜯어보면 반도체 칩이 들어가 있
는 마이크로컴퓨터(컴퓨터 기능을 하는
기기) 보드가 들어 있어요. 요즘은 냉장

⊞⋯ 마이크로컴퓨터 보드

고 문에서도 많은 기능을 볼 수 있는데요 그 안을 뜯어보면 역시
마이크로컴퓨터 보드가 들어 있습니다. 학생들이 코딩수업을 하
면서 사용하는 아두이노 사물인터넷 장치들이 있는데요. 그것들
이 바로 어떤 겉모습 안에 들어가서 제품의 모양을 갖추면 이를
임베디드 시스템이라고 할 수 있게 되는 것입니다.

임베디드 프로그래머는 이런 시스템에 업로드해서 사용자와 상
호작용하는 프로그램을 개발하는 사람입니다. 선풍기에서 강풍
을 누르면 모터를 강하게 돌리고, 약풍을 누르면 모터를 약하게
돌리고 하는 기능을 소프트웨어적으로 만드는 것입니다. 컴퓨터
에서 윈도우 같은 운영체제가 필요하듯이 임베디드 시스템에도
운영체제가 필요합니다. 임베디드 시스템의 운영체제는 마이크로
소프트 윈도우를 사용하는 경우도 있지만, 보통은 무료 혹은 매
우 저렴한 임베디드 리눅스 같은 다른 운영체제를 많이 사용합니
다. 그래서 임베디드 프로그래머는 다양한 운영체제에 적용하기
쉬운 자바나 C언어를 많이 사용합니다.

임베디드 시스템은 그 시스템이 무엇과 연결되어 어떤 일을 수

행하는 장치인가에 따라 난이도가 달라집니다. 함께 사용되는 기계설비에 대한 폭넓은 지식이 요구되는 경우도 있어서 난이도가 높은 편에 속합니다.

모바일 프로그래머

모바일 기기는 무선 장비들을 모두 가리키는 말이지만, 모바일 프로그래머라고 할 때는 주로 스마트폰 앱 개발자를 말합니다. 스마트폰의 운영체제는 아시는 바와 같이 구글의 안드로이드와 애플의 iOS가 양대 산맥이라고 할 수 있습니다. 프로그래밍 도구는 안드로이드에서는 자바를 사용하는 안드로이드 스튜디오가, iOS에서는 옵씨(Objective C/C++)나 스위프트(Swift)를 사용하는 XCode를 주로 사용합니다. 안드로이드용으로는 교육용으로 많이 사용하는 앱인벤터도 사용되며 초중고생이 입문용으로 배우기에는 최적의 프로그래밍 도구입니다.

빅데이터 분석가

빅데이터는 4차 산업의 주요 키워드 중 하나입니다. 우리가 살면서 이용하는 모든 멤버십카드, 스마트폰, PC, 내비게이션 등이 모두 빅데이터로 저장됩니다. 그리고 이 빅데이터는 개인별 맞춤 서비스나 광고 등에 활용됩니다. 지금은 이 정도이지만 앞으로 빅데이터를 활용한, 현재로서는 상상할 수 없는 그 어떤 새로운 서비스나 제품이 만들어질지, 빅데이터에 대한 관심이 높아지고 있습니다. 빅데이터 분석가 또는 빅데이터 프로그래머는 빅데이터를 어떤 목적에 맞게 검색하고 그 결과를 가공해서 제공하는 사람을 말합니다.

보안 프로그래머

4차 산업에서는 많은 전기전자 기기들이 인터넷과 연결됩니다. 그러므로 그런 많은 전기전자 기기들이 해킹에 노출될 것입니다. 예를 하나 들어보겠습니다. 아이스크림 회사의 냉동 창고가 있다고 가정합니다. 직원들이 일하기 편리하도록 스마트폰으로 냉동 창고의 상황을 원격에서 확인하고 제어하는 것이 가능하다고 할 때, 나쁜 의도를 가진 사람이 그 냉동 창고를 해킹해서 전원을 끈다든지 온도를 높이면 아이스크림이 모두 녹아서 못 쓰게 되겠죠.

이런 식으로 과거에는 가능하지 않았던 많은 정보보안 문제가 4차 산업에서는 훨씬 많이 발생할 수 있기 때문에 정보보안 프로그래머의 역할이 4차 산업에서는 매우 중요해집니다. 보안 프로그래머는 백신을 만드는 사람이 될 수도 있고, 네트워크를 관리하는 사람이 될 수도 있고, 일반 응용 프로그램을 개발할 때, 보안 쪽을 담당하는 프로그래머가 될 수도 있습니다.

알고리즘 프로그래머

알고리즘이란 주어진 문제를 해결하기 위한 절차, 방법, 명령어들을 모아놓은 것이라고 할 수 있습니다. 예를 들면, 영상통화를 하기 위해 카메라로부터 들어온 영상데이터를 통신으로 보낼 때, 그냥 보는 것보다는 압축을 해서 보내면 훨씬 통신량을 적게 차지하기 때문에 유리하게 될 것입니다. 이때 영상데이터를 압축할 때 바로 압축 알고리즘이 필요하게 됩니다. 이런 여러 분야의 알고리즘들은 계속해서 각 분야의 연구원들에 의해 연구되고 있고 이런 것들을 프로그래밍으로 연구하는 사람들을 특히 알고리즘 프로그래머라고 부릅니다. 알고리즘 프로그래머에게는 매우 높은 수준의 수학적인 능력이 요구되며 상용 프로그램을 개발하기보다는 주로 연구 분야에서 종사하게 됩니다.

우리나라에서 일하는 프로그래머의 현실 </>

제 주변의 프로그래머들을 봤을 때, 우리나라에서 프로그래머로 직장생활을 시작한 사람들은 보통 다음과 같은 커리어를 갖게 되는 것 같습니다. 첫째, 40%는 프로그래머로만 커리어를 쌓다가 시기는 서로 조금 다르겠지만 40대 초중반쯤에 은퇴합니다. 그래서 자신의 커리어와 맞지 않는 다른 분야의 일로 생계를 이어가게 됩니다. 우스갯소리로 공대생의 미래는 치킨집 사장이라는 말이 있었습니다.

프로그래머를 꿈꾸는 학생들이 보면 실망하겠죠? 그러나 치킨집 사장을 하기 전까지 프로그래머라는 직업은 굉장히 좋은 매력적인 직업입니다. 앞으로 그런 이야기를 소개해드릴 텐데요. 너무 일찍 실망하실 필요는 없습니다.

둘째, 또 다른 40%는 40살 전후로 커리어를 바꿉니다. 예를 들

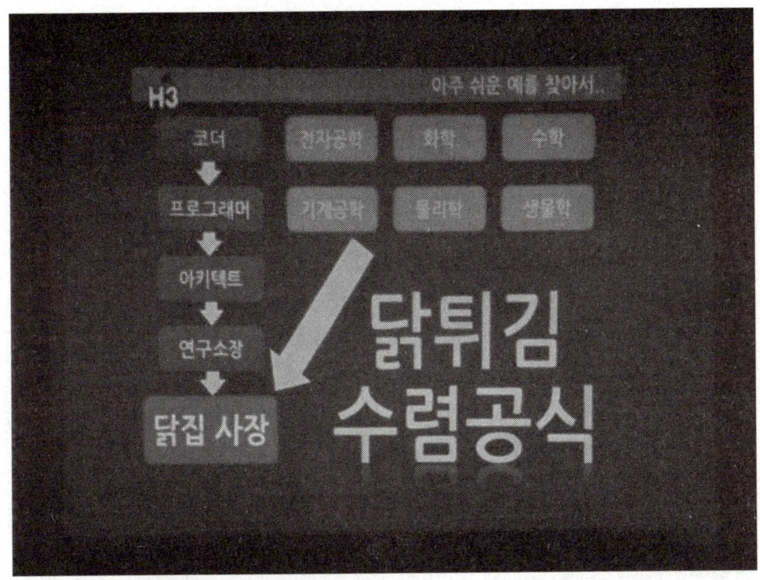

⊞⋯ 개발자 포럼에서 나온 PT의 한 화면

면, 연구소장 같은 관리직으로, 아니면 기술영업, 사업기획, 이런 분야로 바꾸어 조금 더 직장생활의 수명을 연장합니다. "연구소장이 왜 관리직이냐? 난 아직도 프로그래밍을 하는 연구소장이야"라고 말씀하시는 분도 계실 겁니다. 그러나 대부분의 연구소장이라는 직책은 회사로부터 돈을 벌어야 한다는 압박에 시달리는 자리입니다. 프로그래머에게 돈을 벌어오라는 압박을 하는 순간 그 사람은 프로그래밍보다는 그 외의 것에 더 신경을 쓰는 사람이 됩니다. 그것도 자기가 잘 모르는 분야를 말이죠. 그러면 프로그래머로서의 커리어 성장이 서서히 멈추게 됩니다. 외국의 소프트웨어기업에서는 흰머리가 난 할아버지처럼 보이는 프로그래머도 쉽게 찾아볼 수 있지만 우리나라 기업에서는 그런 프로그래머를 저는 한 번도 본 적이 없습니다.

셋째, 나머지 20%는 회사를 나와서 프리랜서로 프로그래머로서의 사회생활을 계속하게 됩니다. 이때는 본인이 영업도 하고 프로그래밍도 하고 여러 가지 일을 모두 하는 사람이 되어야 합니다. 자유롭다 혹은 재미있다는 장점도 있지만 고달프고 외롭다는 단점도 있습니다.

이 이야기는 제 주변에만 해당되는 이야기일 수 있고, 제 주변 사람들은 우리나라 전체 프로그래머의 1%도 안 되기 때문에 너무 심각하게 받아들이지 마시길 바랍니다. 하나의 참고자료로만 활용하시는 게 좋을 것 같네요. 앞으로는 4차 산업의 영향으로 정보통신업계 종사자의 위상이 훨씬 높아질 것이라고 기대합니다. 4차 산업의 핵심 키워드는 융합이고, 그 융합의 핵심은 창의적인 아이디어와 소프트웨어이기 때문입니다.

<script language=KOR.script> </script>
prompt(/) // Temp <> Tempold THEN
document.myform.Documnet.focus(1);

Document.Write(1) :

4차 산업혁명과 프로그래머 </>

4차 산업혁명이란 2016년 세계경제포럼(WEF: World Economic Forum)에서 클라우스 슈밥(Klaus Schwab) WEF 의장이 언급하며 화제가 된 키워드로서 외국에서는 INDUSTRY 4.0이라고도 부릅니다. 3차 산업혁명을 통해 보편화된 기술인 정보화와 인터넷을 기반으로, 4차 산업혁명의 6대 핵심기술인 인공지능(AI: Artificial Intelligence), 로봇공학(Robotics), 사물인터넷(IoT: Internet of Things), 무인운송장치(드론과 무인자동차), 3D 프린터, 나노기술(Nano-Technology)이 경제·사회 전반에 융합되어 혁명과도 같은 변화가 나타난다는 차세대 혁명을 가리키는 말입니다. 4차 산업혁명 시대에서 우리는, 우리의 모든 행동이 데이터화되고 우리가 사용하는 모든 사물은 지능화되는 그런 세상에서 살게 됩니다.

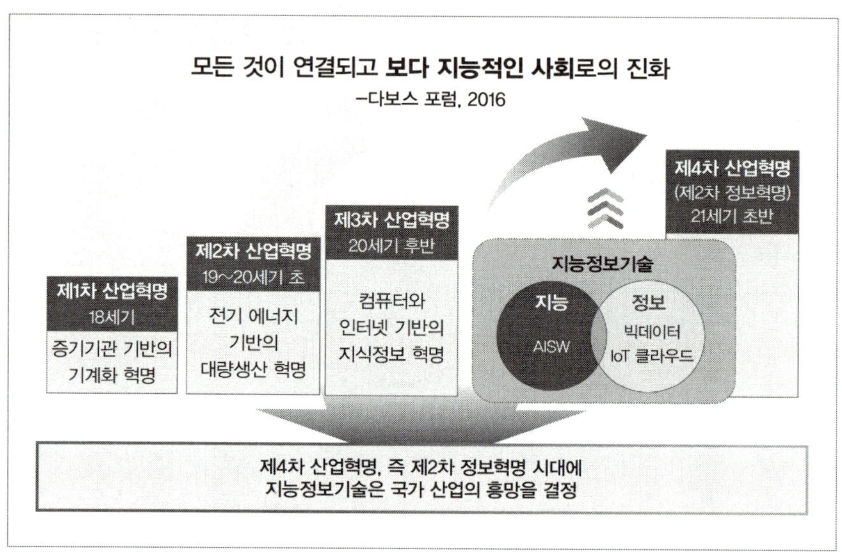

제1차~제4차 산업혁명(전자신문, 2016-03-17)

　　4차 산업혁명 시대에는 한 분야에서 뛰어난 전문가도 필요하겠지만, 여러 분야를 융합해서 새로운 어떤 제품, 새로운 어떤 서비스를 만들어내느냐가 관건입니다. 따라서 융합에 있어서 매우 창의적인 인재가 필요하지요. 우리나라와 같은 정보화시대에 성장동력을 얻었던 나라에게는, 탄탄한 정보통신산업을 바탕으로 해서 또 하나의 성장 기회가 될 수 있지 않을까 생각합니다. 다만 우리나라 기업이 게임분야를 제외하고는 소프트웨어보다는 하드웨어의 제조와 유통 사업에 치중하고 있고, 기업문화 또한 전통적인 수직적인 기업문화가 아직도 뿌리 깊기에 우려되는 바도 있습니다. 4차 산업혁명 시대에 우리나라 기업들이 성장 기회를 잡으려면 남녀노소 지위고하를 막론하고 창의적인 아이디어를 발표하고 채택 받을 수 있는 자유로운 토론 중심적인 기업문화가 자리 잡게 되어야 할 것입니다. 또한 많은 1인 창업가들이 정부의 진정성 있는 지원을 받을 수 있는 시스템이 하루빨리 갖춰져야 앞서 말씀 드린 기회를 실제로 잡을 수 있게 되겠지요.

그렇다면 4차 산업혁명에서의 융합은 과연 어떻게 이루어질까요? 그냥 USB 같은 연결단자로 연결만 하면 무슨 새로운 제품이 나오고 새로운 서비스가 나온다는 이야기일까요? 그렇게는 아니겠지요. 그 중심에는 바로 아이디어와 소프트웨어가 있습니다.

아래 도표는 한 방송사에서 4차 산업혁명과 관련된 방송 중에 보여준 화면을 재구성한 것입니다. 이 도표에서 여러 산업이나 분야가 서로 연결되어 있는 모습 자체도 4차 산업혁명을 설명하는

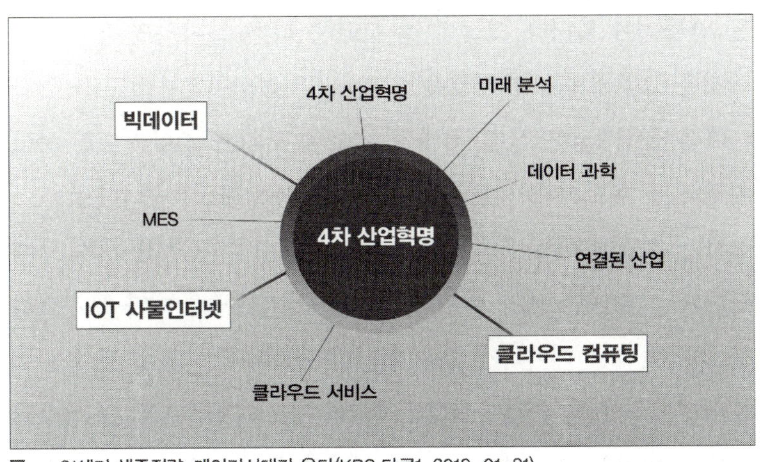

⊞… 21세기 생존전략, 메이커시대가 온다(KBS 다큐1, 2016-01-21)

데 중요하지만, 저는 이 도표의 오른쪽 중간에 있는 '연결된 산업'이라는 단어에 더욱 중요성을 부여하고 싶습니다. 이 '연결된 산업'을 실행하기 위해서는 융합 아이디어와 그 융합을 실제로 가능하게 하는 하드웨어 인터페이스(연결방법 또는 사용방법이라는 뜻)와 소프트웨어 기술이 필요하기 때문에 프로그래머는 여기서 핵심적인 역할을 담당하게 됩니다. 즉 4차 산업혁명에서 프로그래머는 반드시 필요한 핵심 인재이며 그들에게는 앞으로 수많은 새로운 일자리가 주어질 것입니다. 그러나 이러한 기회를 잡기 위해서 프로그래머들 또한 더 높은 수준의 노력을 기울여야 할 것입니다. 이미 프로그래머들 중에서 팀장급 프로그래머는 제품개발 기획자로서의 역할도 함께 책임지고 있는 사람들이 많습니다. 지금까지는 어떤 하나의 업무만을 위한 소프트웨어를 기획하면 되었지만 앞으로 4차 산업 시대에는 다른 분야와 융합된 소프트웨어를 만들어야 합니다. 그들이 잘 모르는 다른 분야와의 융합이죠. 이것은 그들에게 분명 새로운 도전이 될 것입니다.

다음에서는 4차 산업 시대의 새로운 서비스 시나리오를 하나 가정해서, 프로그래머의 확대된 역할을 상상해보겠습니다.

저는 주말에 마트에서 장을 볼 때마다 두부를 여러 개씩 구매합니다. 그렇다면 해당 마트의 제 멤버십카드에는 제가 두부요리를 좋아한다는 데이터가 있을 겁니다. 또한 저는 TV를 보다가 두부식당이 나오는 순간에 IPTV 셋탑박스의 리모콘으로 그 식당의 이름과 위치를 제 자동차 내비게이션의 클라우드 서버로 저장해놓습니다. 언젠가 점심식사 시간에 운전하며 그 식당 근처를 지나고 있을 때, 제가 식당을 검색하면 내비게이션은 저에게 그 두부 식당을 가장 먼저 추천해줄 겁니다. 또한 제 스마트폰의 GPS 정보를 통해 제가 근처에 있다는 것을 알게 된 그 식당의 광고 서버에서는 식당 평점으로 별 5개 만점을 주면 10% 쿠폰을 준다는 메시지를 보내옵니다. 저는 평점으로 별 5개를 클릭하고 10% 할인된 금액으로 제가 좋아하는 두부 요리를 즐길 수 있게 됩니다.

이런 시나리오의 서비스는 이미 기술적으로 충분히 가능합니다. 그러나 개인의 위치정보를 아무나 함부로 사용할 수 없다는 정보보안에 관한 법적인 문제라든가, 자동차에 내장된 내비게이션에 인터넷통신 기능이 없는 문제라든가 하는 것 때문에 실현이 안 될 뿐입니다. 그래서 지금은 스마트폰 내비게이션이 그런 통신 기능을 대신하고 있습니다. 이런 빅데이터의 활용 사업 때문에 모든 내비게이션 앱 회사들이 앱을 무료로 배포하게 된 것입니다. 어쨌든 이러한 서비스에서 모든 행위는 통신을 담당하는 하드웨어와 그걸 처리하는 소프트웨어가 핵심이 됩니다. 모든 순간순간의 일처리에 프로그래머는 충분조건이 아니라 필요조건이 됩니다.

```
<script language=KOR.script> </script>
prompt(/) // Temp <> Tempold THEN
document.myform.Documnet.focus(1);
```

Document.Write(1) :

코딩교육과 프로그래머</>

이미 시작된 4차 산업 시대에서 프로그래머의 역할은 필수적입니다. 융합에 대한 창의성을 가진 인재가 반드시 필요하다는 인식이 강화되고 있고, 코딩교육의 중요성 또한 빠르게 증대되고 있습니다.

4차 산업은 미래의 일이 아닙니다. 4차 산업의 대표적인 서비스 중 하나인 O2O(Online to Offline: 오프라인 산업의 온라인화 혹은 그 반대)는 공유경제라는 모습으로 우리에게 나타났습니다. 우리나라에서는 인기가 많지 않지만 자신의 숙소를 공유하는 에어비앤비(Airbnb)나 자신의 차를 택시처럼 사용하도록 다른 사람에게 제공하는 우버(Uber)라는 서비스는 외국에서는 이미 보편화된 서비스입니다. 또 사용자에게 딱 맞는 개인화된 맞춤서비스를 제공하는 서비스인 큐레이션이 있는데요, 넷플릭스라는 미국의 영화

전문채널에서는 개인이 시청한 혹은 예고편을 본 영화들의 데이터를 저장하여 분석한 후, 사용자가 선호하는 영화의 장르나 영화배우 등의 정보를 근거로 영화를 추천해줍니다. 그리고 앱개발자들에게 널리 쓰이고 있는 구글의 애드몹이라는 광고 솔루션은 사용자의 스마트폰 사용기록 혹은 검색기록을 바탕으로 그 사용자가 현재 관심 갖고 있는 것에 딱 맞는 광고를 보여줌으로써 광고효과를 극대화합니다. 또한 미국의 금융가인 월스트리트에서는 경험 많은 전문 펀드매니저보다 로보어드바이저가 더 나은 주식투자 수익을 내고 있다는 소식이 들려옵니다. 큐레이션 서비스의 궁극적인 목적은 추천뿐만 아니라 구매와 배송까지 포함하는 것이지만 어쨌든 이미 상당 부분 실현되어 있는 상황인 것이죠.

마지막으로 제가 소개해드리고 싶은 4차 산업의 예는 여러분도 잘 아시는 알파고입니다. 4차 산업의 중앙에는 인공지능이 있습니다. 인공지능이 얼마나 발전했는가를 우리는 바로 알파고가 "인공지능이 바둑에서는 아직 안 될 것이다"라는 예상을 깨고 이세돌 9단을 상대로 승리하는 방송을 보며 경험했습니다. 프로그래머로 20년 가까운 직장생활을 했던 저도 사실 그 방송을 보면서 인공지능이 과연 이세돌 9단을 이길 수 있을까 반신반의했습니다. 바둑이 아무리 경우의 수가 많아도 그 당시 프로세서의 속도와 하드디스크의 용량과 속도 그리고 구글 본사와 연결된 인터넷 속도 등으로 인공지능이 이길 수 있다는 생각과 그래도 이세돌 9단과 같은 초고수의 경지에 오른 사람의 뇌를 컴퓨터가 이긴

⊞⋯ 알파고와 이세돌 9단의 대결(YTN)

다고? 하는 궁금증이 함께 공존하고 있었을 때, 인공지능의 승리는 저에게도 큰 충격을 주었습니다. "딥러닝이란 게 정말 대단하고 무섭구나" 하면서 인공지능에 대해서 다시 한 번 생각하게 되었지요.

미국과 유럽 선진국에서는 3차 산업혁명으로 탄생한 정보화와 인터넷혁명이 이와 같은 4차 산업의 태동으로 이어질 것이라는 것을 예측하고, 2013년도부터 코딩교육의 중요성을 강조해왔습니다. 애플 창업자인 고 스티브잡스, 마이크로소프트 창업자인 빌게이츠, 페이스북 창업자 마크 저커버그 등 소프트웨어 인재를 배출한 미국에서는 2013년에 "아이들에게 코딩을 가르쳐야 한다"면서 코딩교육을 촉구하는 캠페인을 시작했습니다. "1주일에 한 시간 코딩을 공부하게 하자"는 취지로 미국 비영리단체 '코

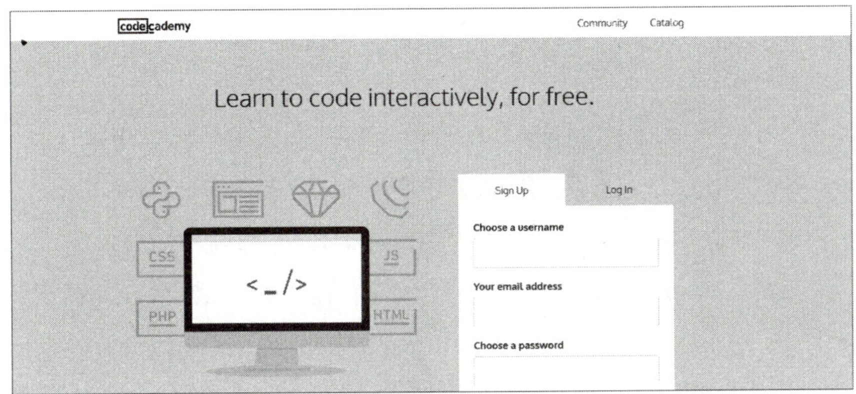

⊞⋯ 코드카데미(Linkedin)

드닷오알지(code.org)'가 "Hour of Code"라는 캠페인을 실시했습니다. 여기에는 당시 오바마 대통령과 마크 저커버그, 빌 게이츠, 잭 도시 트위터 창업자, 크리스 보시 NBA 농구선수까지 힘을 모았습니다. 그 결과, 2부 만에 세계적으로 2천만 명 이상이 캠페인에 참여했는데요. 그중 약 1천6백만 명이 미국인, 약 75%가 유치원생과 초중고생이었다고 합니다. "미국이 앞으로 세계 최고의 자리를 유지하기 위해서는 이 세상을 변화시킬 기술을 배우고자 하는 젊은 미국인들이 필요하다"라고 당시 오바마 미국 대통령이 앞장서서 코딩교육을 권장할 만큼 미국에서 코딩교육은 핵심과제가 되었습니다. 전 뉴욕 시장이었던 마이클 블룸버그도 자신의 트위터를 통해 "나의 새해 목표는 코드카데미(CodeCademy)에서 코딩을 배우는 것이다"라며 코딩교육을 선도했습니다. 아이들이 혼자서도 무료로 코딩을 배울 수 있는 온라인 프로그래밍 학교인 코드카데미, 컴퓨터과학주(http://csedweek.org) 등의 스타트업도 생겨났고요.

이 외에도 영국에서는 2012년부터 방과 후 수업으로 코딩교육을 시작했고, 이스라엘은 1995년부터 고교과정에서 코딩교육을 실시했습니다. 한 ICT 업체의 엔지니어가 네 살 딸에게 코딩을 가르치는 동영상으로 '핀란드 코딩교육'이 화제가 된 바 있는 핀란드는 2016년도부터 소프트웨어 교육을 추가했으며, 인구 130만 명의 작은 유럽국가인 에스토니아는 최근 ICT강국으로 떠오르고 있는데 2015년부터 정부가 6세 아동부터 19세까지의 청소년을 위한 프로그래밍 교육인 '프로지타이거(ProgeTiiger)'를 실시했다고 합니다.

우리나라에서는 2016년부터 코딩교육이 회자되더니 2017년 있었던 대선에서 각 후보들이 하나같이 4차 산업을 강조하면서 널리 알려진 것 같습니다. 실제로 2018년부터는 초등학교와 중학교에서 필수교육으로 소프트웨어를 가르칠 예정인데요. '코딩교육' 하면 대개 "프로그래머가 되려는 사람들이 배우는 것이다"라고 생각합니다. 물론 지금 사람들이 말하는 코딩교육의 일부분에서, 취업과 관련되어 프로그래머가 되도록 해주는 교육과정도 있긴 합니다. 그러나 작년부터 언론이나 정부에서 강조하는 코딩교육의 목적은 그것이 아니에요.

제가 생각하는 코딩교육의 목적은 이렇습니다.

첫째는 4차 산업혁명의 시대에 맞는 국가의 인적자원 양성입니다. 4차 산업 시대에는 우리 주변의 거의 모든 사물(전기전자 장치 뿐만이 아닌 그야말로 모든 사물)들이 컴퓨터나 스마트폰과 연결되어 지능화되는 시대이고, 우리의 모든 행동들도 데이터화되는 시대이며, 우리가 이용하는 많은 기기들에는 음성인식과 인공지능이 탑재되어 있는 그런 시대에 살게 될 것입니다. 그들 간의 연결은 바로 앞서 강조해드린 것처럼 소프트웨어로 가능하게 됩니다. 소프트웨어는 코딩을 통해 만들어집니다. 코딩은 바로 그 연결고리 역할을 하고 4차 산업에서 발생할 많은 융합 기기들을 조작할 수 있도록 하는 도구가 됩니다. 많은 4차 산업 관련 새로운 일자리들이 생길 것이고 그런 분야에서 일할 인재가 필요하겠죠. 또한 그런 인재들을 통해 지금은 모르는 많은 새로운 사업이 창출되어야만 우리가 3차 산업에서 그랬던 것처럼 또 한 번 도약할 수 있게 됩니다.

둘째는 그런 세상에서는 감정적인 사고와 판단을 하는 사람보다는 입출력 상관관계에 입각한 논리적인 사고를 하는 사람이 더 많이 필요하고, 더 많이 유용할 것입니다. 그러므로 코딩교육을 통해 그런 사고력을 키워나가도록 교육시켜야겠지요. 코딩수업을 하다 보면 인과관계에 대해 명확한 개념을 잡고 그와 관련한 많은 경험을 하게 됩니다. 바로 에러를 수정하면서 얻게 되는 경험들인데요. 어떤 잘못이 나중에 어떤 에러를 만들어내는가가 코딩수업을 하면서 지속적으로 겪게 되는 공부입니다.

셋째는 문제해결능력입니다. 4차 산업 관련하여 개인생활과 업무에서 많은 새로운 문제에 봉착하게 될 것입니다. 그런데 그 문제는 결국 컴퓨터 통신 기기들과의 융합 작업에서 유발되는 문제들일 것입니다. 코딩교육에서는 그런 것들을 다루기 때문에 일종의 선행학습을 할 수 있게 됩니다. 이러한 선행학습을 통해 발생한 문제를 해결하는 능력뿐만 아니라, 문제가 발생할 가능성을 사전에 차단한다든가, 새로운 문제를 제기하는 창의성까지도 키워나갈 수 있게 되어 미래 인적자원을 양성하는 데 매우 유용한 교육수단이 될 수 있습니다.

물론 두 번째와 세 번째 교육 목적은 꼭 정보통신분야에만 국한되는 이야기가 아니라 여러 분야 모두에 활용될 수 있는 능력과 자질이 될 수 있기 때문에 코딩교육의 효과가 꼭 정보통신분야에 진로를 생각하는 학생에게만 필요한 것은 아닐 겁니다. 어떤 분들은 이런 말씀을 하십니다. "코딩교육, 코딩교육, 말이 많은데 당장 입시와 상관도 없는 것이 뭐가 그리 중요하다고 난리야?"라고요. 고등학교를 졸업할 때까지, 자녀교육에 대한 부모의 관심은 십중팔구 "어떻게 하면 좋은 대학에 보낼 수 있을까?"일 겁니다. 그러나 한번 생각해봐야 할 게 있습니다. 그렇게 열심히 해서 대학에 진학한 후, 자녀가 과연 대학 수업을 잘 따라가는가 못 따라가는가 하는 문제입니다. 코딩이나 프로그래밍이 컴퓨터 관련학과 학생들만 사용하는 줄 아시는데요. 그것은 큰 오해입니다. 예를 들면, 2000년 이후로 이과와 공과를 중심으로 물체를 가지고 사람이 직접 몸을 움직여 했던 많은 실험들이 컴퓨터로 시뮬레이

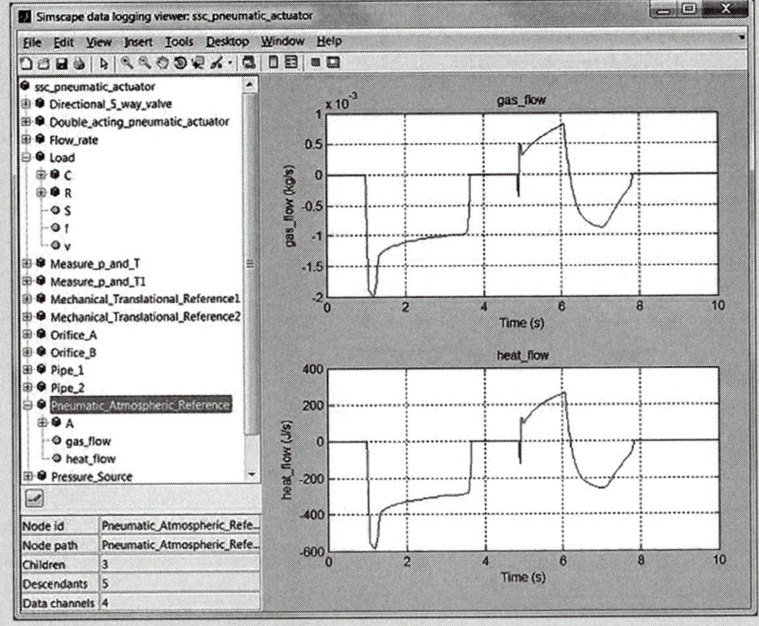

⊞⋯ 공대에서 사용하는 물리적 모델링 시뮬레이터 화면

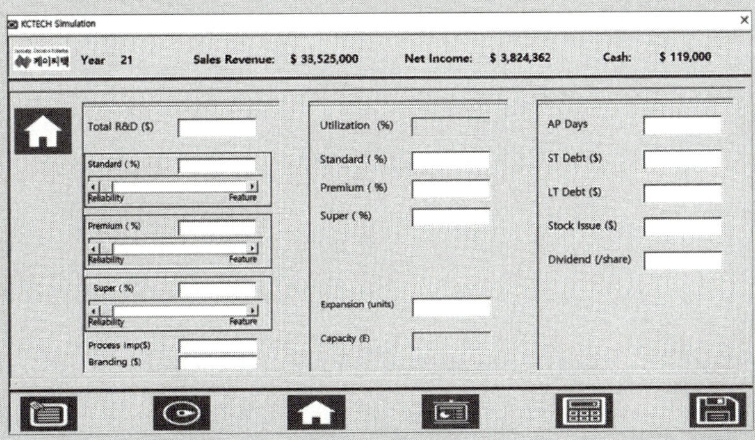

⊞⋯ 제조, 경제 분야에서 사용하는 시뮬레이터 화면

션 하는 방식으로 바뀌어가고 있습니다. 그 전에도 물론 컴퓨터를 이용했습니다만 그 비율이 훨씬 높아졌다는 의미입니다. 이것은 비단 이과와 공과만 그런 것이 아닙니다. 문과계열, 상과계열 등의 문과 전공 학생들도 많은 테스트, 조사, 분석 등을 할 때, 컴퓨터의 시뮬레이션 소프트웨어를 이용합니다.

특히 이미 시작된 4차 산업시대에는 훨씬 더 이 현상이 심해질 것입니다. 왜냐하면 4차 산업은 모든 산업분야의 융합이 주제이기 때문입니다. 그러므로 대학을 준비하고, 취업을 준비하는 학생은 반드시 코딩교육에 관심을 가져야 합니다. 꼭 프로그래머가 되려는 학생이 아니더라도 말이죠.

```java
import java.util.ArrayList;
import java.util.Scanner;
import java.io.File;
import java.io.IOException;
import java.util.Arrays;

public class AirlineProblem {
```

```java
/**************************************************************************/
/* Author: CS307 Course Staff                                            */
/* Date: February 14, 2018                                               */
/* Description: Demos constructors, static vs instance methods,          */
/*              and method overloading.                                   */
/**************************************************************************/
public class DemoClass
{
    int    private int z; 4, 1, 2, 3};
```

INSTANCE MESSAGE

```java
        // the goal so check its partners
        // now I have been here
        airlinesV.sited.add(current);
```

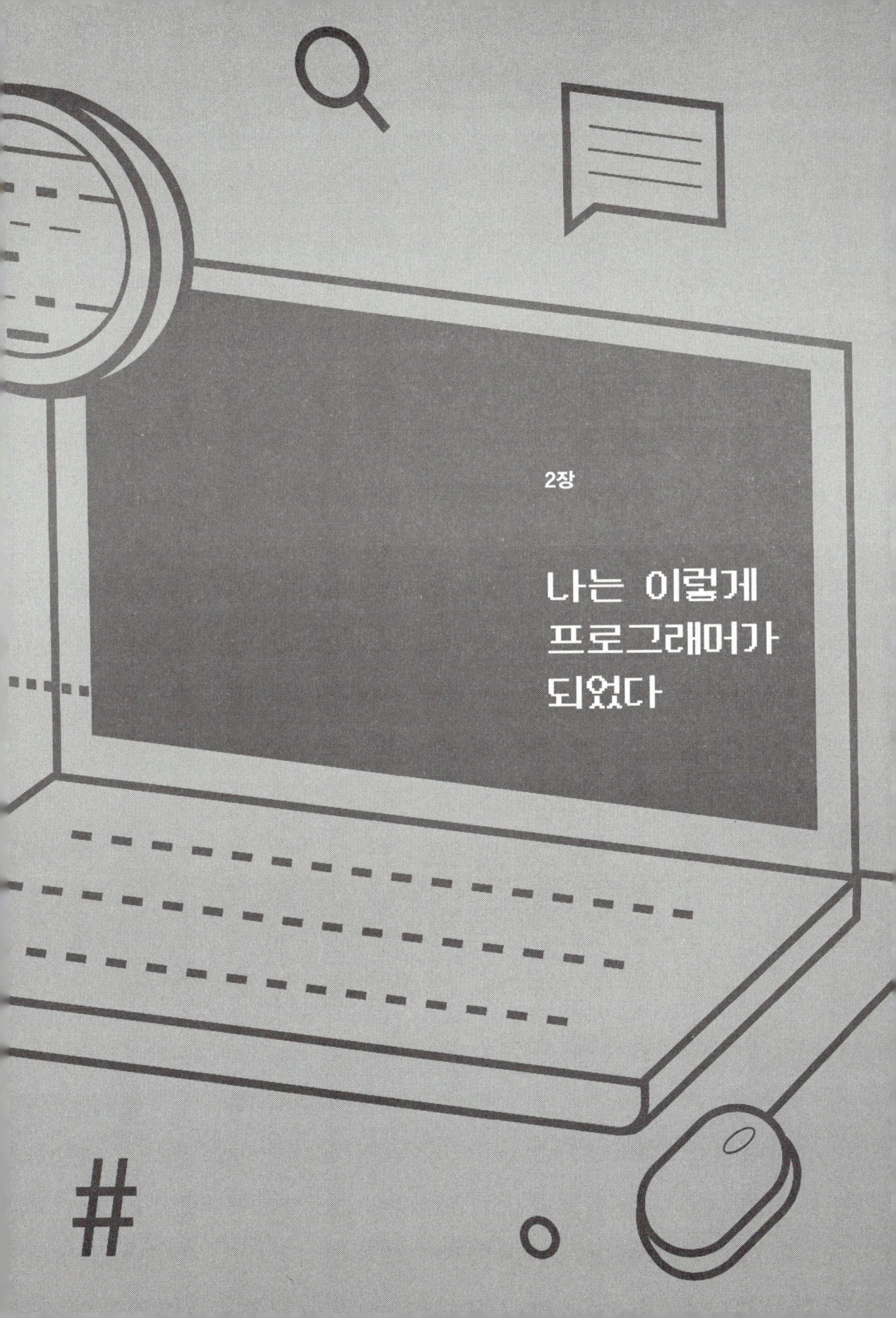
2장

나는 이렇게
프로그래머가
되었다

학창시절의 꿈과 좌절 </>

"너는 꿈이 뭐니? 너는 커서 뭐가 되고 싶니?"

학창시절에 어른들이 항상 물어보던 질문입니다. 지금도 이 질문은 학생들이 가장 많이 듣는 질문 가운데 하나일 것입니다. 저도 제 학생들이나 친척 조카들에게 이 질문을 많이 하거든요. 그런데 요즘 학생들은 제가 어렸을 때 갖고 있던 생각과는 조금 다르게, 이 질문에 대해서 부담을 많이 느끼는 것 같습니다. 뭔가 대단한 꿈을 가지고 있어야만 한다는 부담감이랄까요? 아니면 어떤 꿈을 위해 구체적으로 뭔가를 하고 있어야 한다는 부담감이랄까요?

제 생각에 꿈은 부담이 없어야 합니다. 그걸 생각하면 즐겁고 재미있고 그냥 내 마음이 가는 것, 그런 것이 꿈이어야 합니다. 중요한 건, 꿈에 대한 개념이나 목표는 그런 식으로 막연해도 좋지만 하루하루 그 꿈을 향해 무언가 진심에서 우러나는 노력은 하고 있어야 한다는 점입니다. 늘 그것을 생각하고 내가 그것을 잘해서 성공한 모습을 상상하고 자기도 모르게 흐뭇해하며, 사람을 만나서 얘기할 때나 TV를 볼 때 그 꿈을 생각하면서 연결시켜서 질문하고 탐구하는 그런 노력들 말입니다. 지금은 잘 모르겠지만, 나중에 내 꿈을 위해 오늘의 행동이 도움이 될 수 있도록 말이죠. 그러다 보면 언젠가 보이지 않는 손이 나를 그 꿈으로 인도하고 있는 걸 깨닫게 되는 순간이 올 겁니다. 자신의 진로, 꿈, 목표에 대해서 너무 부담 갖지 마시기 바랍니다. 중고등학생은 물론 대학생들마저도 아직 사회에 대해 직업에 대해 잘 모르니까 진로나 꿈에 대해 확실하고 구체적인 목표가 없는 게 당연합니다. 절대 비난받을 일이 아니에요.

초등학교 때 저는 많은 남학생들이 그렇듯이 로봇과학자가 되는 것이 꿈이었습니다. 35년 이상 지난 지금도 주제가를 부를 수 있는 로보트태권브이, 철인007, 전자인간 337, 짱가 이런 로봇 만화영화를 보면서 로봇과학자가 되는 꿈을 키웠어요. 그 당시에는 TV도 흔하지 않았고, 영상물 자체도 접할 기회가 별로 없어서 극장이나 TV에서 보는 로봇 만화영화가 어린이들에게 엄청난 영향을 주었습니다. 지금은 스마트폰에서 인터넷을 통해 아주 다양한 것들을 마음대로 볼 수 있고 정보도 접할 수 있는 시대여서 그런지 아이언맨이나 트랜스포머 같은 영화를 보아도 어린이들이 그때만큼 감흥을 받지 않는 것 같습니다. 어떻게 보면 안타까운 일이죠. 정보가 너무 많다 보니 그게 사람의 생각에 그다지 영향을 주지 않으니까요. 영향을 많이 받고 자극도 받아야 그게 꿈도 되고 목표도 될 텐데 말입니다.

제 꿈은 중학교 때부터 조금씩 바뀌기 시작했습니다. 저는 아버지와 함께 주말이면 TV 영화를 꼭 보았어요. 일종의 규칙적인 일과였습니다. 초등학교 때도 가끔 아버지가 극장에 데리고 가셨던 좋은 기억이 있었고, 중학교 이후에는 TV 영화를 같이 보면서 들었던 아버지의 말씀이 제 꿈을 형성하는 데 영향을 주었습니다. 아버지는 그때 외국영화를 좋아하셨어요. "외국에 가서 일하는 게 멋있어 보인다, 나도 기회가 되면 저렇게 해보고 싶다"고 말씀하셨던 기억이 납니다. 저도 비행기를 타고 이 나라 저 나라 왔다 갔다 하면서 일하는 모습이 멋있다고 생각했고, 나중에 외국에 가서 살거나 외국회사에서 근무하고 싶다는 막연한 꿈을 갖게 되었습니다.

아버지는 공장에서 공장장으로 근무하셨는데 늘 집에 무슨 기계나 공구 같은 것을 갖고 오시고, 설계도 같은 것도 갖고 오셔서 집에서도 일을 하셨습니다. 그러면 저는 옆에서 조수 역할을 하면서 아버지가 뭘 만들거나 수리하는 걸 도와드리곤 했죠. 그러면서 자연스럽게 기계나 공구를 조작하는 일이라든가, 뭘 만들고 고치는 일에 익숙해졌고 그것들이 자신 있는 일이라고 여기게 된 것 같습니다.

고등학교 때에는 수학과 영어 과목을 아주 좋아했습니다. 수학

은 답을 구할 때, 헷갈리는 경우가 없었으니까요. 모르거나 알거나 둘 중 하나잖아요? 다른 과목 특히, 암기 과목은 시간을 많이 투자해야 하는 것도 싫었지만, 시험을 볼 때, 답이 헷갈리는 경우가 가장 마음에 안 들었습니다. 물론 시험공부를 많이 했다면 헷갈리지 않았겠지요. 영어는 중학교 때부터 아버지와 외국영화를 많이 보고 팝송을 많이 들으며, 영화 대사와 팝송 가사로 영어공부를 하며 관심을 계속 가졌던 게 큰 도움이 된 것 같습니다.

고등학교 1학년 때 저는 운명적인 만남을 하게 됩니다. 친구 집에 우연히 놀러갔다가, 공부를 잘하는 형을 위해 그 친구 부모님이 사주신 컴퓨터라는 기계를 처음 보게 된 거예요. 그 이름을 아직도 기억하고 있습니다. 대우전자에서 나온 IQ-1000이었습니다. 그 컴퓨터로—지금에 비하면 너무나 열악한 수준의 화질이었던— 고릴라 잡는 게임을 했던 기억이 아직도 생생합니다. 오락실에서나 하던 게임을 집에서 할 수 있었던 것도 놀라웠고, 베이직이라는 프로그래밍 언어를 이용해서 영어로 뭐라고 입력하니까 그에 대한 답을 보여주는 것도 너무 신기했습니다. 그때 저는 처음으로 "그래 이거다! 나 이거 할래!"라고 생각하게 되었습니다.

그렇게 공대생이 되려고 꿈을 키우던 중 약간의 시련이 찾아왔습니다. 1학년을 끝마칠 무렵 신체검사에서 이상한 점이 발견된 거예요. 저는 수학을 좋아해서 당연히 이과를 가려고 생각하고 있었는데 신체검사에서 적록색약이라는 판정을 받게 되었습니다. 선생님께서 적록색약은 이과를 갈 수 없으니 문과를 가야한다는 말씀을 해주셔서 어쩔 수 없이 문과를 선택하게 되었지요. 그때 저는 "뭐 이런 일이 다 있나. 내가 어떻게 할 수 없는 신체적인 문제 때문에 이과를 갈 수 없는 경우도 있구나" 하면서 인생에서의 첫 번째 좌절을 맛보게 되었습니다. 그러나 그 좌절은 심각하지 않았습니다. 곧바로 긍정적으로 생각하기로 마음먹었거든요. 외국회사나 외국에 가서 일하는 것도 꿈이니까 경영학과에 진학해서 해외사업부 같은 곳으로 취직해야겠다고 말입니다.

경영학과 학생의 프로그래밍 공부 </>

적록색약이라는 핸디캡을 안고 1987년에 자연계열이 아닌 인문계열 학과의 대학생이 되었습니다. 경영학과에 진학하고 나서 학과공부에는 그렇게 최선을 다하지 않은 것 같습니다. 대학에 진학해서도 제 관심분야는 여전히 영어, 그리고 수학을 대신해서 좋아하게 된 컴퓨터 두 가지였으니까요. 영어공부를 위해서 학교에서 하는 방학특강은 물론 종로나 강남의 학원을 정말 열심히 찾아다녔습니다. 경쟁률이 치열했던 SDA라는 영어학원의 경우에는 매월 등록하기 위해 밤을 새워 기다린 적도 있어요. 부천에 있는 미국인 선교사가 리더로 활동하는 영어 동호회 활동도 꾸준히 하면서 영어공부를 열심히 했습니다. 컴퓨터도 전공이 아니다 보니 전산전문학원과 동아리 활동을 통해 공부했습니다. 당시에는 컴퓨터 관련학과가 전자계산학과(줄여서 전산과라고 불렀음)밖에 없었는데, 전산과 학생들보다 저처럼 학과는 다르지만 자기가 좋아서 프로그래밍을 공부하는 학생들이 학원과 동아리 활동에서 두각을 나타냈습니다. 저도 전산과가 아닌 학생으로서 선배로부터 동아리 회장 자리를 물려받아 담당하기도 했으니까요.

본격적으로 컴퓨터 실력이 일취월장으로 발전하게 된 것은 1989년부터였습니다. 군대를 갔다 와서 처음으로 제 컴퓨터를 장만한 후부터 본격적인 컴퓨터 공부를 할 수 있었거든요. 어머니가 제 관심분야가 컴퓨터라는 말을 듣고 과감히 투자하신 것입니다. 제가 '과감히'라는 말을 쓰는 이유는 그 당시 컴퓨터 가격이 매우 비쌌기 때문입니다. 컴퓨터 한 대가 200만 원 가까운 돈을 줘야 살 수 있었으니까요. 당시 라면이 제 기억에 200원 정도였으니까 지금 돈으로 치면 약 500만 원 이상의 가치라고 보면 될 것 같아요. 그것도 대단히 좋은 사양도 아니고 평범한 컴퓨터를 말이죠. 학원이나 동아리방에서만 만지던 컴퓨터를 집에서도 하면서 밤새워 컴퓨터를 하는 날이 많았고 그로 인해 제 진로도 그쪽으로 정하고 싶다는 희망을 갖게 되었고, 밤새워 문제를 해결해낸 날이면 '내가 이걸 정말 좋아하는구나, 소질도 제법 있나 보다' 하는 뿌듯함을 느끼곤 했습니다.

다음은 제 첫 PC와 비슷한 모델의 컴퓨터 사진입니다. 640×480 해상도의 흑백모니터에 20MB의 하드디스크, 16비트 CPU인 80286이라는 CPU, 512KB 저장장치인 플로피디스크 드라이브, 마우스는 없이 키보드만 있는 컴퓨터입니다.

⊞··· 추억의 컴퓨터

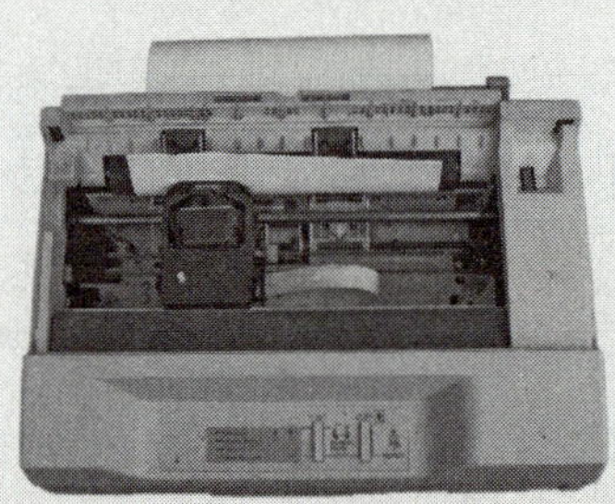

⊞··· 도트프린터

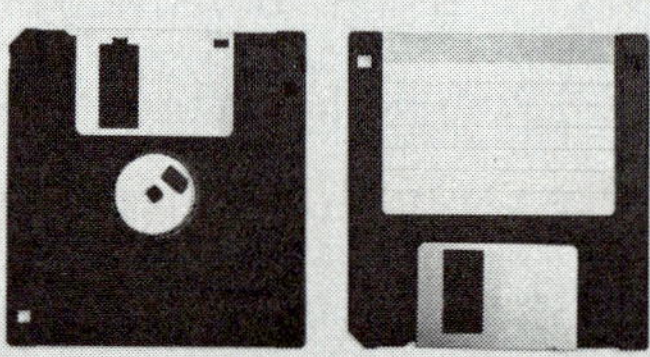

⊞··· 지금은 볼 수 없는 플로피디스크

　왼쪽 아래에 있는 사진은 도트프린터입니다. 점(도트, dot)을 찍는 바늘 같은 것이 9핀 또는 24핀 달려서 그것이 종이에 인쇄하는 프린터라서 도트프린터라고 불렀습니다. 제가 구매했던 프린터보다 나은 상위 기종으로 보이네요. 인쇄할 때 따르륵따르륵 하는 소리가 아주 대단했지요. 도트프린터 오른쪽에 있는 사진은 지금의 USB와 같은 저장장치 기능을 담당했던 플로피디스크라는 것입니다. 512KB 용량의 디스크입니다.

　제 컴퓨터가 생기고 나서 며칠 되지 않은 날이었습니다. 지금은 거의 사용하지 않는 FORTRAN이라는 프로그래밍 언어를 공부하고 있었습니다. 마지막에 문제가 잘 해결되지 않은 것이 아마 싸인, 코싸인 그래프를 그려서 프린터로 출력하는 프로그램이었습니다.

　다들 그런 경험이 한 번쯤 있을 겁니다. 어떤 일에 집중하다가 시계를 봤는데 시간이 한참 흘렀다든지, 식사 시간이 훨씬 지났는데 배고픈 것도 모르고 하고 있었다든지 하는 경험 말입니다. 외풍이 심해 추위가 몰아쳤던 흑석동의 자취방에서, 저는 시간 가는 줄 모르고 프로그래밍에 몰두하고 있었지요. 저녁을 먹은 후부터 그렇게 일했으니, 한 열 시간 이상을 일한 것 같습니다. 프로그램이 성공해서 출력이 정상으로 된 인쇄물을 보고 있다가 문득 창밖을 봤는데, 아침이 밝아오더군요. 그날 저는 뭔가 이상한 희열을 느꼈습니다. "오호, 이거 재미있는데!" 하는 느낌 말이죠. 그리고 이걸 내 직업으로 삼아야겠다는 확신이 들었습니다.

당시 프로그래머의 꿈을 키워갈 수 있도록 저에게 영향을 끼친 세 사람이 있습니다. 제가 어릴 적에는 컴퓨터를 지금의 종로 3가에 있었던 '세운상가'라는 곳에서 구입했습니다. 80년대였지요. 저뿐만 아니라 컴퓨터에 관심이 많은 구매자들은 구입한 후에도 컴퓨터가게를 한 달에 수차례씩 찾아갔지요. 유용한 프로그램도 복사하고 거기에서 일하는 직원을 직접 만나 컴퓨터에 관해 물어보고 싶은 게 많았기 때문입니다.

그 형은 매일 하는 일이 상용 프로그램을 해킹해서 복사한 후 (당시에는 대부분 불법복사로 소프트웨어를 사용했습니다), 가게의 손님에게 나눠주었습니다. 고객들의 어떠한 문제라도 다 해결해주는 컴퓨터에 관한 만능해결사였지요. 저처럼 컴퓨터에 처음 입문한 사람에게는 너무나 멋진 스승이었습니다. 수입이 얼마인지, 이 컴퓨터가게가 얼마나 좋은 회사인지, 그런 생각은 전혀 못한 채, 그냥 나도 그 형처럼 일하며 살고 컴퓨터에 대해서 전문가가 되면 좋겠다는 생각을 했지요.

'한글'이라는 워드 프로그램을 쓰시나요? 한글 프로그램, 즉 정식명칭인 '아래아한글' 역시 최초에는 플로피디스켓에 넣고 다니면서 설치했습니다. 몇 년 전 한글과컴퓨터에서 '아래아한글 1.0'을 5000만 원의 현상금을 걸고 찾는다는 신문기사를 접한 적이 있습니다. 지금 찾았는지 모르겠네요. 오래된 소프트웨어도 골동품으로서의 가치가 있을 수 있으니 함부로 버리면 안 되겠습니다.

아래아한글이라는 워드프로세서 프로그램을 만든 사람들은

누구일까요? 이찬진과 '엔씨소프트'를 창업한 김택진 등 몇몇 사람들이 만든 것인데요. 처음 컴퓨터를 다룰 때, 모든 소통(컴퓨터 명령어)은 영어로만 해야 했습니다. 그런데 1989년, 컴퓨터화면에서 한글을 사용할 수 있게 된 것입니다. 그것도 문서작성을 할 수 있게 말이죠. 그때는 컴퓨터라는 게 우리나라에 들어온 지 얼마 안 되서 한글을 사용할 수가 없었습니다. 그래서 컴퓨터 하는 사람들의 큰 관심사가 컴퓨터에서 한글을 사용하도록 하는 문제였습니다. 명령어를 입력할 때도, 문서작업을 할 때도 한글을 어떻게 하면 사용할 수 있을까? 하는 게 최대관심사였죠.

사실 아래아한글 이전에도 한글에 관한 프로그램이 몇몇 있었고 비슷한 시기에 나온 한글 관련 프로그램도 있긴 했습니다. 하지만 아래아한글의 기능이 우수하고 편리했기 때문에 독보적인 소프트웨어가 되었습니다. 특히 전국의 모든 대학생들은 리포트를 쓸 때, 펜으로 쓰는 것보다 컴퓨터로 쓰면 더 좋은 인상을 받을 수 있다고 생각해서 너도나도 아래한글로 리포트를 써서 제출하게 되었지요. 그러다 보니 대학생들을 중심으로 컴퓨터의 인기와 수요가 높아져 갔습니다. 물론 교수님들 사이에서는 파일을 복사해서 인쇄한 후 제출하는 학생들 때문에 골치 아픈 문제도 생겼죠.

어쨌든, 한글을 하나하나 화면에 표현하는 것도 신기해했던 초보 대학생 프로그래머에게 한글문서작성 프로그램을 개발한 그 사람들은 선망의 대상이 되었습니다. 또한 1990년도에 이 소프트

```
C:\WORK>v2

┌──────────────────────────────────────────┐
│                                          │
│     VACCINE II for Brain & LBC virus     │
│                                          │
│     (c) Copyright 1989   by Ahn Cheolsoo  │
│                                          │
└──────────────────────────────────────────┘

 System is Safe.

 To test the floppy or hard disk, specify A, B or C.

C:\WORK>_
```

⊞… 1989 V2 백신프로그램 실행화면

웨어를 가지고 회사를 설립하는 걸 보면서 "아, 컴퓨터를 공부해서 회사도 만들고 기업가가 될 수도 있구나" 하는 꿈을 갖게 된 것입니다.

위의 화면은 1989년 'V2'라는 백신프로그램의 실행화면입니다. 1995년에 안철수컴퓨터바이러스연구소가 설립되면서부터 V3 라는 제품명으로 판매되었습니다.

마지막으로 저에게 영향을 끼친 사람은, 여러분도 잘 아시는 안철수입니다. 그분은 당시 의사이면서 사람의 병을 고치는 게 아니라 컴퓨터의 병을 고치는 의사라고 컴퓨터잡지에 자주 기사가 오르내렸지요. 모든 사람이 선망하는 최고의 직업인 의사지만, 컴퓨터를 한다고 하니, "컴퓨터가 그렇게 좋은가? 컴퓨터라는 게 매력이 있긴 있나보구나!" 하는 생각을 하면서 컴퓨터를 만지는 걸 직업으로 삼는 데 더 확신을 갖게 된 것 같습니다.

이렇게 프로그래머가 되려는 꿈을 안고 컴퓨터를 공부하던 저는 독학과 동아리활동으로는 한계가 있음을 깨달았습니다. 1990년, 저는 우리나라에서 가장 큰 컴퓨터학원 중 하나였던 강남역 동양전산전문학원의 프로그래밍 정규과정을 등록했습니다. 수료 후, 취업을 할 수 있도록 프로그래머를 양성한다는 취지로 8개월 과정의 수업이었는데, 강사님들도 훌륭했고 같이 배우는 학생들도 열심히 하는 분위기여서 8개월 동안 체계적인 수업을 받았습니다. 또한 수업 후 학원생들끼리 만든 스터디그룹에서는 좀 더 깊이 있는 과제들을 만들어 공부했습니다. 그 스터디그룹은 학원을 오래전에 수료하고 취직한 선배들도 자주 와서 후배들에게 맛있는 것도 사주고 취업이나 아르바이트도 알선하고 하는 매우 유익한 활동이었습니다.

주말에 들었던 어셈블러 수업도 재미있었습니다. 직장에 다니는 강사가 주말에 특강 형식으로 토·일에만 강의를 해줬는데, 이 강의가 매우 도움이 되었습니다. 그분은 프린터를 만드는 회사의 프로그래머였는데, 직장에서 벌어지는 실감나는 프로그래머들 이야기를 들려주기도 했습니다. 어셈블러로 좀 더 컴퓨터 하드웨어에 대해 깊이 있는 지식을 쌓을 수 있는 기회이기도 했지요.

1991년에는 드디어 컴퓨터 관련 자격증에도 응시하여 합격하였

⊞… 제이씨현(출처 : 제이씨현 홈페이지)

습니다. 정보처리기사라는 자격증인데, 뭐 그리 어려운 자격증도 아니고 취업할 때도 그렇게 효과가 있는 자격증은 아니지만 (나중에 알게 된 사실입니다) 그래도 전화로 합격자 확인을 할 때는 무슨 대단한 자격증인 것처럼 떨렸던 게 기억이 납니다. 이렇게 영어와 컴퓨터 프로그래밍 공부에 대해서는 정말 열심히 하면서 대학시절을 마무리하게 되었습니다.

```
<script language=KOR.script> </script>
prompt(/) // Temp <> Tempold THEN
document.myform.Documnet.focus(1);
```

Document.Write(1) :

마케팅부서의 신입사원, 프로그래머가 되다 </>

1992년, 제가 대학교 4학년 때, 취업상황은 나쁘지 않았습니다. 욕심을 줄이고, 고생할 각오를 하면 일자리는 얼마든지 있었으니까요. 지금보다는 상황이 많이 좋았다고 생각합니다. 우리나라가 고도 성장기에 있었기 때문에 취업률도 높았을 뿐만 아니라 취업한 회사의 성장률도 높았기 때문에 직원들에 대한 처우도 요즘 회사들 보다 훨씬 좋았습니다.

4학년, 겨울방학이 시작되기 전에 이미 취업된 학생들도 있었습니다. 저도 많은 회사에 이력서를 제출하고 있는 중이었는데, 제 경우에는 두 가지 분야로 취업의 문을 두드리고 있었습니다. 하나는 프로그래머, 다른 하나는 영어를 활용할 수 있는 해외사업 말이죠. 그런데 프로그래머로 취직된 회사는 직원이 10명 정도밖에 안 되는 신생 중소기업이라서 좀 망설여졌습니다. 그리고 해외

사업 마케팅 분야로 취직이 된 회사는 직원이 20명이 넘고 매출도 50억 가량 되는 중소기업이었고, 회사의 사업도 컴퓨터 부품을 수입해서 유통하는 회사여서 좀 더 마음에 들었습니다. 그 회사가 제 첫 회사인 제이씨현시스템이라는 회사입니다. 제이씨현시스템은 제가 잊을 수 없는 참 고마운 회사입니다. 그 회사에서 저는 해외사업도 경험할 수 있었고, 제 평생직업이 된 프로그래머가 될 수 있었으니까요.

제이씨현시스템은 제가 들어가기 전까지는 직원 한 사람이 모든 일을 하는 체계 없는 회사였습니다. 그런 제이씨현이 성장과 함께 전문성 있는 담당자가 각 업무를 분담하는 체계 있는 회사로 한 단계 업그레이드되려고 했습니다. 그 상황에서 제가 채용된 것이지요. 그 전까지는 마케팅이라는 업무를 특화시켜서 수행할 필요가 없었는데, 이젠 사장님이 마케팅을 제대로 추진할 필요가 있다고 판단했던 것 같습니다. 제가 경영학을 전공했고, 영어회화가 가능했으며 컴퓨터에 대한 지식과 경험이 있었기 때문에 컴퓨터 부품회사의 마케팅 담당자로 적합하다고 판단했을 겁니다. 면접 때 사장님은 마케팅과 경영학에 대한 여러 가지를 물어보았고, 영어질문도 몇 가지 했습니다. 그리고 컴퓨터 관련해서도 동아리나 학원에서 뭘 배웠는지 확인했습니다.

이렇게 입사한 저는 약 10개월간 제이씨현이 국내로 독점 수입하는 싱가폴 크리에이티브랩 회사의 제품담당자와 협력하며 마케팅 업무를 담당했습니다. 크리에이티브랩은 당시 사운드카드 제

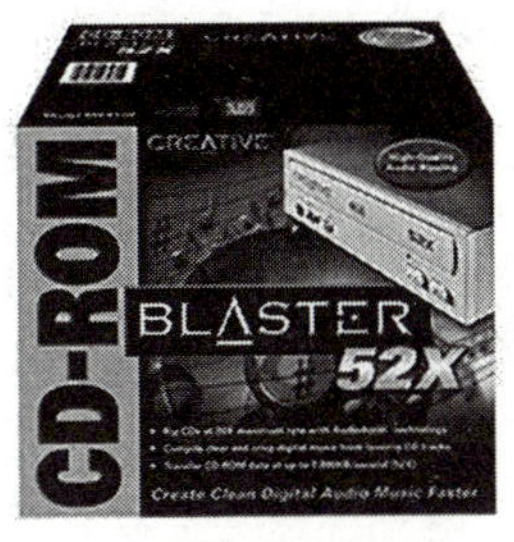 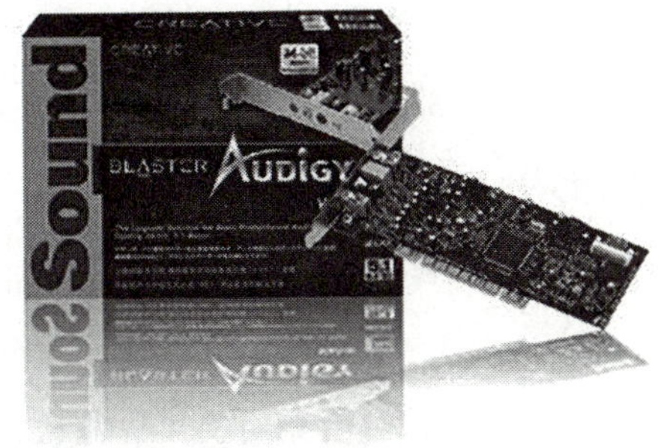

⊞… 크리에이티브랩의 주력제품인 사운드블라스터와 CD-ROM 드라이브

품을 출시하여 세계적으로 유명한 회사가 되었습니다. 지금은 컴퓨터에서 사운드를 표현하기 위해 아무런 장치가 없어도 메인보드(컴퓨터 안에 있는 반도체들이 꽂혀 있는 가장 큰 기판)의 칩 하나가 소리를 표현하는 일을 전부 담당하지만, 당시에는 컴퓨터에서 소리를 표현하기 위해서 위 사진과 같은 별도의 카드 형태의 보드를 꽂아야만 했었는데, 이 제품이 게임과 멀티미디어 콘텐츠의 인기에 편승하여 수요가 폭발적으로 늘어나고 있었습니다. 대학이나 기업의 연구소에서 대단한 일을 할 때만 사용하던 대형 컴퓨터가, 가정에서 사용하는 개인용 컴퓨터(PC: Personal Computer)로 보급되면서 "재미"를 추구해야만 하다 보니, 게임과 멀티미디어는 꼭 필요한 프로그램이 되었습니다.

입사한 후 수습기간 3개월 동안은 약간의 갈등이 있었습니다. 회사 업무를 파악시키려는 의도에서 그랬던 것 같은데요. 사운드 카드 제품의 전단지 홍보와 박스 배달에 많은 시간을 썼습니다.

큰 카트에 제품을 가득 싣고 용산 전자상가의 제이씨현 대리점들을 돌며 배달도 하고, 새로운 대리점을 모집하기 위해 모든 용산 전자상가 매장들을 돌며 90도 인사를 하고 전단지를 주는 홍보업무도 했습니다. 입사 후 한 달쯤 지났을 때는 "내가 이런 일을 하려고 영어 공부를 그렇게 열심히 했나" 싶어서 사실 관두고 싶기도 했습니다. 그러나 "수습기간이라서 그러겠지 좀 더 참아보자!" 하는 생각으로 3개월을 버텼습니다.

3개월이 지난 후, 점점 본격적인 마케팅 업무를 맡았고 배달과 전단지 홍보는 업무량이 줄어들었습니다. 그런 일을 하는 직원이 계속 늘어나서 제가 딱히 손을 쓰지 않아도 되었죠. 회사 사정이 안 좋아서 직원이 충원되지 않았다면 계속 그 일도 병행하면서 했을 수도 있는데요. 그때는 회사들이, 특히 IT 관련 회사들의 사업이 하루가 다르게 발전하던 때였습니다. 그래서 좋은 일이 계속 생기고 하는 선순환이 시작된 것이죠. 3차산업혁명에서 성공을 맛본 경험으로 봤을 때, 앞으로는 비슷하게 4차산업 관련 회사들에게 그런 선순환의 구조가 만들어지지 않을까 생각해봅니다.

마케팅 담당자로 저는 본사에서 신제품이 발표되면 관련 자료를 받아 번역한 후 우리나라 컴퓨터 관련 신문이나 잡지에 보도자료로 보내고, 신제품 발표회를 본사 담당자와 함께 준비하고, 전국 대도시를 돌며 발표회를 직접 진행했습니다. 또한 당시 한국에서 저희 제품의 인기가 매우 높았기 때문에 한국 소비자를 위한 세미나를 개최하는 행사도 분기별로 진행했어요. 저는 그런 세미나를 진행하며 소비자와 본사 엔지니어 사이에서 통역도 했습니다.

마케팅 부서의 업무는 전반적으로 재미있었습니다. 특히 본사의 외국 사람들과 함께 일하는 것은 매우 흥미로웠습니다. 글로벌회사 직원들의 사고방식이나 행동방식 그리고 업무스타일 등이 신기하게 다가왔지요.

나날이 발전하던 제이씨현에 새로운 숙제가 생겼습니다. 제품만 수입해서 영문제품 그대로 판매하다가 인기가 많아지자, 한국 소비자들이 제품 한글화를 요구하기 시작한 겁니다. 그래서 회사에서는 소프트웨어 개발팀을 만들어 사운드블라스터 제품에 들어 있는 소프트웨어들을 전부 한글화하고, 한국 소비자들에게 필요한 별도의 소프트웨어를 개발하기로 결정했습니다. 제품의 수입과 유통사업만 하던 회사에서 갑자기 소프트웨어를 만들어야 하는 일이 생긴 것이죠. 그래서 회사에서는 프로그래머를 채용하기 시작했습니다.

저는 근무한 지 10개월 정도 되었을 때, 사장님께 제가 소프트웨어 개발을 할 수 있도록 해달라고 부탁드렸습니다. 사장님은 저를 마케팅 업무를 보라고 채용한 터라 처음엔 당황하셨지만, 제가 뜻을 굽히지 않고 프로그래밍에 대한 열정을 보여드리자, 그렇게 해보라고 기회를 주셨습니다. 저는 그 후 추가로 채용된 전산학과 출신의 프로그래머 두 명과 함께 개발팀의 멤버가 되었습니다. 드디어 꿈에 그리던 프로그래머가 된 것이죠.

정말 우연한 기회로 제가 꿈꾸던 프로그래머가 되었습니다. 그러나 여기에는 두 가지 주목해야 할 사실이 있습니다. 프로그래머가 될 수 있는 실력을 갖추기 위해 열정을 갖고 남다른 노력을 해왔다는 사실과, 기회가 왔을 때 끈질기게 그 기회를 잡으려고 노력했다는 사실입니다. 독자들께 드리고 싶은 제 얘기의 핵심은 바로 이 부분입니다. 자신이 좋아하는 것에 열정을 가지고 노력해서 경쟁력 있는 실력을 쌓아놓고 있다가 그 분야의 주변을 계속 맴돌다 보면 기회가 올 것입니다. 그때 그 기회를 끈질기게 물고 늘어져서 잡아라. 바로 이 메시지입니다.

```
<script language=KOR.script> </script>
prompt(/) // Temp <> Tempold THEN
document.myform.Documnet.focus(1);

Document.Write(1) :
```

1세대 프로그래머와 2세대 프로그래머 </>

프로그래머로서의 업무를 시작한 후, 저에게 떨어진 첫 과제는 사운드카드와 함께 판매할 수 있는 CD-ROM 타이틀을 만들라는 것이었습니다. 사운드카드가 컴퓨터에서 소리를 나게 하는 제품이니 뭔가 소리가 나는 재미있는 멀티미디어 콘텐츠를 같이 제공해야겠다는 생각에서였습니다. CD-ROM 은 저장매체입니다. 그 당시 하드디스크 용량이 80MB, 120MB 이렇게 되었는데, 새로 나온 CD-ROM은 600MB, 700MB 라는 용량이었어요. 게다가 휴대도 훨씬 편리했습니다. 금세 인기가 많아졌지요. 지금 USB 저장장치가 보편화된 것처럼 말이에요. 이 저장매체를 이용해 뭘 만들까 고민하다가 나온 제품이 비디오CD와 CD-ROM 타이틀이었습니다.

비디오CD는 말 그대로 영화를 CD 한 장에 넣어 비디오테이프처럼 영화를 볼 수 있게 한 것입니다. 지금은 고화질의 비디오를 그냥 MP4, MKV 파일 같은 동영상 파일로 볼 수 있지만, 90년대에는 비디오테이프를 테이프 레코더에 넣어 영화를 보는 방법밖에 없었습니다. 그런데 비디오CD는 컴퓨터의 CD-ROM 드라이브로 영화를 볼 수 있고, 복제가 쉬웠기 때문에 인기가 많았습니다. 물론 지금처럼 당시에도 컴퓨터에서 볼 수 있는 동영상파일 형식이 있었습니다. 바로 MS가 92년에 선보인 AVI(Audio Video Interleave)와 애플이 91년에 발표한 MOV 파일형식입니다. 그러나 당시 컴퓨터의 하드디스크 용량이 너무 적었고, 영상압축기술도 지금보다 뒤떨어졌기 때문에 그나마 비디오CD라는 매체가 영화를 저장해서 보기에 좋은 방법이었습니다.

다음 쪽의 사진은 제이씨현에서 수입해서 판매했던 CD-ROM 타이틀입니다. 아쉽게도 제가 만들었던 CD-ROM 타이틀 제품들은 사진이 없네요.

CD-ROM 타이틀은 CD-ROM에 여러 가지 파일을 넣고 그 파일들을 이용할 수 있는 프로그램을 만들어 넣은 후 대량 생산하여 판매하던 제품입니다. CD를 넣으면 자동으로 화면에 목차를 보여주고 사용자는 그 목차에서 보고 싶은 항목을 클릭하면서 CD의 여러 콘텐츠를 이용할 수 있게 됩니다. 제가 만든 제품은 백과사전, 자동차백과, 관광여행, 위인전기 등의 책들을 책의 내용뿐만 아니라 동영상이나 음악파일과 함께 구성하고, 화면 곳곳에 재미있는 이스터에그 같은 기능을 넣어 만든 CD-ROM 타이

⊞⋯ 제이씨현이 판매한 CD-ROM 타이틀

틀과 가수 이승환과 함께 만든 이승환 백스테이지패스 CD-ROM 타이틀 등이 있습니다. 이승환 CD-ROM타이틀을 제외하고는 해외 제품을 모방한 제품들이었지만, 1993~4년에는 우리나라에서 최초로 시도한 것들이었습니다.

다음 표는 1996년 11월 한국전산원에서 만든 CALS 기술보고서에서 발췌한 1996년에 국내에 시판중인 CD-ROM 타이틀 목록입니다. 표의 22번과 23번 그리고 61번, 62번 제품이 당시 제가 만들었던 CD-ROM 타이틀의 일부 제품들입니다.

제가 이런 이야기를 1세대 프로그래머와 2세대 프로그래머라는 제목으로 시작한 이유는, 이런 제품들을 만들 때 사용했던 프로그래밍 도구 때문입니다. 당시에는 보통 프로그래밍 언어라고

순서	제목	내용
1	성경라이브러리(큐닉스 컴퓨터)	국·영문 성경 및 참고문헌
2	다이나믹잉글리쉬(삼성전자)	영어회화
3	액티브 잉글리쉬(삼성전자, 92.8)	영어회화
4	설악의 사계(세광 데이터 테크, 92. 10)	설악산 소개, 등산 안내
5	즐거운 노래방(솔빛 조선미디어, 92. 11)	유아교재
6	오성식 생활 영어 SOS(오성식, 동아출판사)	영어회화
7	코리아투어(코리아 실렉트웨어, 93.2)	관광안내 (영문)
8	패스게이트(삼성전자, 93.2)	대입수능시험대비,영어교재
9	컴퓨터 교실(위스정보, 93.3)	컴퓨터 교육
10	옥소리멜로오케(옥소리, 93.2)	컴퓨터 노래방
11	스터디 그룹(한국프로그램개발원, 93.3)	학습교재
12	소프트코읍집 (소프트라인, 93.3)	15종의 상용 S/W
13	SKC 중학영어(KIST, SKC, 93.5)	중학교 영어 교재
14	박상돈 바둑살롱(옥소리, 93.5)	바둑강좌
15	그날이 오면(옥소리, 93.5)	게임
16	컴퓨터 만화(월드픽처, 93.6)	만화
17	말하는 그림책 예예(계몽사, 이대 시스콤)	아동 교육
18	현대 서양 미술사(정영목, 세광데이터테크)	서양 미술 역사
19	앵무새 영어 첫걸음(세광데이터테크)	영어 교재
20	장두진 바둑 살롱(드림테크,93)	바둑 입문, 포석, 사활
21	Let's Learn English(삼성전자, 93)	영어교재
22	서울에서 제주까지(제이씨현 시스템, 93)	관광안내
23	어린이 노래 영어(제이씨현 시스템, 93.6)	영어교재
24	전래동화(2) (옥소리, 93)	동화
25	이야기 나라(삼국시대, 고려시대, 93)	역사
26	영상가요(코리아 실렉트웨어, 93.9)	컴퓨터 노래방
27	이규태 칼럼(솔빛조선미디어, 93.10)	칼럼
28	퀵 잉글리쉬(다우기술, 93.10)	영어교재
29	CD300(엘렉스 컴퓨터, 93)	SW
30	동양 철학 사전(서울 시스템, 93.2)	동양 철학 사전
31	한국의 문화 유산(서울 시스템, 93.2)	문화재 안내
32	전자 전화번호부(서울 시스템, 93.2)	전화번호부(구로구)
33	포토 CD(서울 시스템, 93.2)	사진·화보
34	인재선발(멀티데이터 시스템, 93.2)	인사관리 프로그램
35	인명사전(멀티데이터 시스템, 93.2)	인명사전
36	한국의 서울(멀티데이터 시스템, 93.2)	관광안내
37	웅진터미네이터(웅진미디어)	초·중학생 교재
38	소문난 맛을 찾아서(중앙일보)	음식점 소개
39	세계를 간다—유럽 14개국 편(중앙일보)	여행 안내
40	컴퓨터의 기초(삼성전자)	컴퓨터 기초 학습
41	울프 차일드(삼성전자)	게임
42	CD 바람돌이 소닉(삼성전자)	게임
43	민병철 Magic English(민병철 생활영어사, 삼성전자)	중학 영어 교재
44	조선의화폐(솔빛조선미디어)	화폐
45	컴퓨터화랑(솔빛조선미디어)	그림
46	컴퓨터 화랑(조선일보사)	신문기사
47	사전(솔빛조선미디어)	사전
48	학술정보(다인컴)	학위논문
49	도서정보(한국전자출판협회, 포스데이터)	도서 목록
50	조세 정보(열람세부정보)	세무
51	한국 기업체 목록(한국무역시장정보)	기업목록
52	종합 관광안내 시스템(서울 음반)	안내
53	학습 참고서(금성출판사)	교재
54	EXPO 개막 축제(EXPO 조직위원회)	행사
55	과천 향토지(과천시 문화원)	시지
56	한국 기업체DB정보(코리아 실렉트 웨어)	기업체 DB
57	백두산 기행(코리아 실렉트 웨어)	관광안내
58	한국의 자연(코리아 실렉트 웨어)	관광안내
59	실렉트웨어 시스템(한국 실렉트 웨어)	S/W 업체 데모
60	강홍수 사진집(인터하우스)	사진
61	영어 교육용 프로그램(제이씨현 시스템)	교육용
62	여가생활 프로그램(제이씨현 시스템)	취미

표… CD-ROM 타이틀 목록 (출처-한국전산원 CALS 기술보고서 1996년 11월)

하면 C, PASCAL, COBOL, FORTRAN 등을 사용했습니다. 그러나 제가 CD-ROM 타이틀을 만들었던 프로그래밍 도구는 마이크로소프트의 '비주얼베이직'과 지금은 어도비에 인수된 회사인 매크로미디어의 '디렉터' 같은 도구를 사용했습니다.

이런 프로그래밍 도구의 특징은 월등한 생산성에 있습니다. C 언어로 한 달 걸리는 프로그램을 '비주얼베이직'이나 '디렉터' 같은 툴로는 단 2-3일 안에 만들어낼 수 있고, C 언어에서는 아주 어려운 그래픽이나 애니메이션을 쉽게 표현할 수 있습니다. 특히 이런 멀티미디어 콘텐츠 제작툴로 탄생한 디렉터 같은 툴은 콘텐츠 가공 측면에서만 보면 C 언어는 도저히 따라올 수가 없는 툴이었습니다.

저는 1년 만에 비주얼베이직과 디렉터의 숙련된 개발자가 되었습니다. 이때, 전산학과를 나온 C 언어 프로그래머였던 후배 개발자가 저에게 했던 말이, "선배는 2세대 프로그래머인 것 같다"였습니다. 후배는 이제 시대가 변해서 일반 사용자의 요구에 즉각적으로 빨리 대응해야 하고 그러기 위해서는 빠른 기능구현이 가능한 프로그래밍 언어가 필요하다고 했습니다. 또 사용자 편의를 위해 화면을 예쁘고 간단명료하게 꾸밀 수 있는 그런 프로그래밍 언어가 요구되는 시대라고 말했지요. 그런 면에서 저는 2세대 프로그래머와 같다고 했지요. 후배는 1세대 프로그래머인 것이고요.

1세대 프로그래머는 어떤 알고리즘을 C 언어로 구현하기 위해 코딩에 많은 시간을 할애하는 프로그래머인 반면, 코딩 자체가 상대적으로 쉬운 디렉터 같은 도구는 코딩 이외의 것들에 더 집중할 수 있는 시간을 개발자에게 제공합니다. 그래서 개발자는 영상편집과 음악편집 그리고 시나리오 구성 등에 더 많은 시간을 활용할 수 있지요. 기존의 프로그래머들은 이런 분야를 다른 사람에게 맡깁니다. 디자이너나 기획자들에게요. 그런데 멀티미디어 콘텐츠 프로그래머들은 그런 것들까지 혼자 융합해서 해야 합니다. 그래서 프로그래밍 도구를 만드는 회사에서, 코딩을 간편하게 하고 영상과 음악을 편집해 프로그램 속에서 마음대로 사용할 수 있는 멀티미디어 제작 도구를 출시한 겁니다.

시대에 따라 각광받는 프로그래밍 언어 또는 도구는 변하고 있습니다. 프로그래머는 그런 변화에 잘 적응해야 합니다. 또한, 코딩 이외에도 연결되는 콘텐츠나 기계장치에 대한 노하우가 프로그래밍 전체에서 매우 중요하지요.

앞서 언급한 CD-ROM 타이틀에서는 동영상이나 음악파일과 같은 멀티미디어 콘텐츠를 다루는 능력이 코딩만큼 중요했습니다. 스마트폰 앱을 개발한다고 가정해보면, 각 스마트폰의 모델이나, 운영체제의 버전, 어떤 데이터나 콘텐츠를 다루고, 어떤 통신 환경에서 사용되는 앱이냐 하는 특성들이 코딩만큼 중요할 것입니다. 여기서 코딩이라고 하는 것은 프로그래밍 언어의 문법이나 알고리즘 구현 노하우까지 가리킵니다.

프로그래밍이라고 하는 것은 그것 위에 다양한 콘텐츠를 연결하고 다양한 입력장치로부터 입력을 받아 다른 기계장치나 다른 소프트웨어와 통신한 후, 다시 사용자에게 출력해주는 과정입니다. 앱의 종류별로 코딩 이외에 알아야 할 분야가 너무나 많습니다. 지금은 3세대 혹은 4세대 프로그래머라는 용어를 써야 하지 않을까 싶네요.

성공한, 숙련된 프로그래머가 되기 위해서는 프로그래밍 언어뿐만 아니라, 관련 콘텐츠, 활용해야 하는 하드웨어 그리고 연결해야 하는 다른 소프트웨어까지도 잘 알아야 하는 멀티플레이어가 되어야 한다는 걸 강조하고 싶습니다.

특히 4차산업의 핵심은 '융합'입니다. 4차산업혁명에서 성공하는 프로그래머가 되기 위해서는 멀티플레이어로서의 능력이 더욱 절실히 요구될 것입니다.

대학원 진학 </>

첫 직장인 제이씨현시스템에서 '2세대 프로그래머'라는 말을 들은 저는, 두 번째 직장인 대우정보시스템에서 제 후배의 분류법에 따른 '1세대 프로그래머'로 일하기도 했습니다. 유닉스 서버라고 부르는 대용량 데이터 처리용 컴퓨터에서 C 언어로 오라클, 인포믹스 등의 데이터베이스를 이용하는 프로그램을 개발하는 일은 저에게 새로운 도전이었고 그 일을 해내는 동안 많은 성취감을 맛보았습니다.

참고로 데이터베이스란 데이터를 많이 입력해놓고 빠르고 편리하게 검색해서 뽑아내어 이용할 수 있도록 해주는 특수한 소프트웨어를 말합니다. 이렇듯 프로그래머로 오랜 시간 일을 하다 보면 '1세대', 2세대' 이런 분류와 상관없이 정말 다양한 일을 해야 합니다. 그렇지 않으면 직장세계에서 생존할 수가 없으니까요.

물론 업계의 최상위 자리에 있는 프로그래머들은 자신의 실력만 고집하면서 한 분야만 공부하며 최고의 전문가로 살아가기도 합니다. 하지만 그런 경우는 백 명에 한 명 있을까 말까 하므로 예외적인 이야기지요. 이렇게 8년 동안 1세대 프로그래머로, 또는 2세대 프로그래머로 근무하던 때에, 저는 주변 직원들이 학위와 학식을 인정받을 때 진급에 더 유리하다는 걸 여러 번 목격했습니다. 그래서 저도 대학원 진학을 결심했지요.

프로그래머로 다양한 경험이 담긴 직장경력과 높은 토익점수가 유리하게 작용하여 정보통신공학 전공으로 대학원에 진학할 수 있었습니다. 대학을 졸업한 지 8년 만에 다시 하는 학교생활은 처음엔 신선했습니다. 실무로 쌓아온 경험들과 교수님의 이론적인 강의와 결합하여 더욱 튼튼한 지식으로 쌓였지요. 제가 실무에서 배웠던 내용을 수업에서 교수님과 동료 학우들과 나누는 것도 아주 보람찬 일이었습니다. 대학이나 대학원에서는 보통 외부 강사가 아닌 경우에는, 강의내용이 그 분야의 최신 기술을 다루지는 않기 때문에, 제가 쌓아온 실무경험이 학교 수업을 이해하는 데 좋은 배경지식이 되곤 했습니다.

직장을 다니면서 학업을 병행한다는 건 정말 어려운 일이었습니다. 특히 프로그래머들은 개발일정을 맞추려면 야근을 자주 해야 했지요. 대학원 공부를 하는 동안 남들과는 다르게 이중으로 힘들게 생활했습니다. 처음에 신선했던 느낌도 잠시였을 뿐, 학업을 병행한다는 사실이 점점 스트레스가 되었습니다. 그러나 비싼 등록금이 아깝기도 했고, 한 번 시작했으면 끝을 봐야 한다는 정신으로 포기하지 않고 학업을 마칠 수 있었습니다.

제가 대학원을 진학하려고 결심하게 된 것은 앞서 말씀드린 것처럼 진급의 가능성을 더 높이기 위해서였습니다. 우리나라의 ICT 회사들은 최근에 창업된 순수한 소프트웨어 회사이거나, 예전에 창업된 중견기업 이상의 전문 소프트웨어 기업이 아닌 이상은 프로그래머로서 직장생활을 오랫동안 하는 것이 어렵습니다. 심지어 소프트웨어 개발연구소에서 연구원의 자리에 있더라도 경력이 10년 이상 된 경력자들은 프로그래밍 이외의 관리 업무 혹은 심지어 영업 업무에도 관여할 수밖에 없는 회사구조가 보통입니다. 그런 상황에서는 학위와 학벌이 도움이 됩니다. 물론 그런 식으로 직장생활을 연장하기 위해서는 그 분야에서 뛰어난 수준의 경력은 필수적이고요. 그래서 한 회사에서 정년퇴직할 때까지 프로그래머로 직장생활을 하는 건 불가능하다는 걸 유념해야 합니다. 끊임없이 공부하고 인력시장의 상황에 맞게 변신해야 합니다. 우리 모두는 인력시장의 인력 공급자입니다. 회사는 수요자이고요. 수요자가 우리를 구매하도록 만들기 위해서는 내가 시장에서 구매될 수 있도록 가치를 지속적으로 유지해야겠지요. 프로그래머로서 프로그래밍 능력뿐만 아니라 인맥을 많이 만들어서 사람을 활용할 줄 아는 능력을 키운다거나, 회사의 다른 부서 일에도 항상 관심 갖고 그쪽 부서 사람들과도 친분을 쌓아둔다든가, 저처럼 공부를 더 해서 학위를 받는 일들은 유사시 매우 중요한 생존 전략이 될 수 있습니다.

저는 앞서 말씀드린 것처럼 정보통신공학이 석사 전공이었는데요, 나중에 전공을 MBA로 하는 게 더 좋았을 것이라고 후회했습니다. 제가 정보통신공학을 선택한 이유는 장래에 연구소장 같은 직책으로 진급하거나 이직하기 위함이었습니다. 순진한 저의 착각이었던 것이죠. 연구소장직이라 하더라도 그 정도 직위가 되면 "기술연구"뿐만 아니라 "매출향상"의 책임도 함께 져야 한다는 걸 그때는 몰랐습니다. 그리고 월급쟁이 회사원에서 독립하여 자신만의 회사를 창업할 때도 공학석사보다는 MBA가 훨씬 더 도움이 되겠죠.

나이가 들어 40대가 되면 회사의 직급은 차장이나 부장 이상의 직급을 달게 되고, 회사에서 기대하는 것도 "돈 버는 사업을 하라"는 것이 지상과제가 됩니다. 회사의 존재 이유는 돈 버는 것이고, 돈 못 버는 사업부서는 회사에서 미움을 받을 수밖에 없으니까요. 우리나라의 소프트웨어 개발회사는 보통 그렇습니다. 나이가 들어서도 코딩에만 몰두할 수 있는 그런 회사를 찾기가 힘듭니다.

이것이 그 나라를 선진국인가, 중진국인가를 가늠하는 기준이 될 수도 있다고 생각합니다. 선진국의 힘은 바탕이 튼튼해서 기초기술에도 투자를 하고 그런 분야에서 정년이 될 때까지 일을 해도 먹고 살 수 있는 터전이 있지만, 중진국은 그게 불가능한 것이죠.

석사학위를 얻고 나서 약 8년 더 엔지니어로서 직장생활을 했습니다. 저의 프로그래머로서의 능력과 증명된 학위 덕분에 직장생활을 더 연장할 수 있었다고 말할 수도 있을 겁니다. 그러나 만약 MBA 학위를 공부했었다면 기술관리직이 아니라, 경영관리직으로 진급하거나 이직해서 나중에는 제가 직접 창업하는 그런 경력을 만들 수는 없었을까 지금도 상상해볼 때가 있습니다.

이 책을 읽는 프로그래머 지망생이나 현역 프로그래머들은 이런 제 경험을 타산지석으로 삼아도 좋을 겁니다.

```
<script language=KOR.script> </script>
prompt(/) // Temp <> Tempold THEN
document.myform.Documnet.focus(1);

Document.Write(1) :
```

영상통화 전문가 </>

98년경부터 저는 한 분야에서 전문가가 되는 길을 걸었습니다. 기술연구소에 배속되어 소프트웨어개발 연구업무에 전념할 수 있게 된 것입니다.

제가 연구했던 팀은 멀티미디어 연구팀이었지요. 제가 맡은 일은 영상통신이었습니다. 당시에는 한국에 영상통신 전문가가 거의 없었기 때문에 외국 자료를 참고하고, 외국 프로그래머들에게 조언을 받으며 연구했습니다. 인터넷이 있긴 있었지만, 지금처럼 홈페이지가 많지 않았지요. 당시 프로그래머들끼리 도움을 주고받던 수단은 메일링 리스트라는 것이었습니다. 관심 분야가 같은 사람들끼리 그룹을 묶어 이메일 주소로 회원가입을 한 후, 질문을 등록해놓으면 그룹의 모든 이메일 주소로 질문 내용이 보내집니다. 그러면 메일을 보고 답할 수 있는 사람이 답장을 합니다.

그렇게 이메일을 주고받는 상황은 메일링 리스트 홈페이지에서도 확인할 수 있습니다.

이런 시스템으로 전세계 프로그래머들은 서로의 문제점을 공유해서 해결하곤 했습니다. 저는 여기에서 프랑스 사람과 남아프리카공화국 사람에게 큰 도움을 받아 영상통신 기술연구를 끝마칠 수 있었습니다. 프랑스 사람은 저와 같은 소프트웨어 회사의 프로그래머였고, 남아공 사람은 당시 독일의 제약회사에서 일하는 연구원이었는데, 영상처리하는 프로그램을 만들어 업무에 활용하고 있었던 사람이었습니다.

제가 만들었던 프로그램은 아주대학교와 수행했던 원격진료 공동연구 프로젝트의 일부분이었지요. 현미경의 영상을 컴퓨터와 연결하여 인터넷을 통해 원격지의 의사에게 고화질 동영상으로 전송하는 것이었습니다. 1998년에는 인터넷 속도가 수십 KBps (지금은 기가인터넷이 100MBps이고, 5G 인터넷은 500MBps~1GBps입니다)였기 때문에 고화질의 동영상을 인터넷을 통해 보내기 위해서는 영상을 압축해서 보내는 기술이 필요했습니다. 인터넷 속도가 빠른 지금도 영상압축은 매우 중요한 기술입니다. 스마트폰의 영상통화라든가 PC에서 많이 쓰는 스카이프같은 어플리케이션에서 영상압축기술은 유용하게 쓰입니다.

그 연구에서 영상캡쳐보드라고 하는 압축장비를 컴퓨터에 설치하고, 카메라를 연결하여 영상을 촬영합니다. 그렇게 컴퓨터로 들어온 영상을 그 압축장비가 압축해서 데이터를 만들어놓으면 그걸 가져다 가공해서 인터넷으로 송신하고, 수신부에서는 그걸 받아서 데이터를 연결하여 재생하면 동영상이 재생되었지요.

대학원 수업에서도 이 영상통신 프로그래밍 기술은 수업을 듣는 다른 학생들이나 교수님에게도 많은 호응을 얻었습니다. 제 석사논문 주제도 "관람 및 감시 기능을 위한 인터넷 영상회의 시스템의 확장"이었습니다. 회사에서 연구하던 일을, 회사의 동의를 얻어 논문으로 만들게 되었죠. 이 영상통신기술의 연구결과는 당시 유명했던 월간 《마이크로소프트》라든가 월간 《프로그램세계》 같은 잡지에도 연재되어 약간의 유명세도 탔습니다. 컴퓨터학원이나 소프트웨어회사로부터 강의를 해달라는 요청도 받았고, 영상통신을 연구하는 프로그래머들의 질문도 많이 받았으며, 우리나라 최고의 연구기관인 ETRI와의 공동연구 프로젝트를 위해 우리 회사의 프로그래머로 발탁되어 공동연구도 수행했습니다.

그 후 제 프로그래머로서의 인생에서, 한 분야의 전문가라는 것이 얼마나 큰 힘이 되고 장점으로 작용하는지를 알게 해준 소중한 경험이었죠.

영상통신 전문가로 일하며 제가 겪은 의미 있는 에피소드 세 가지를 소개하겠습니다.

첫째는 200억 통장을 난생 처음 본 사건입니다. 저희 벤처 회사의 최대주주인 큰 기업의 회장님이 저희 회사 대표와 저를 어느 일요일 오후 갑자기 호출했습니다. 영문도 모른 채 자리에 참석한 저희 대표와 저는 회장님의 놀라운 이야기를 듣게 됩니다. "우리

⊞··· 영상통화

가 하고 있는 영상통신이 발전가능성이 많다고 판단해서 추가로 투자하기로 했다. 그러니 미국시장에 본인의 회사와 함께 진출해 보자." 이런 내용이었습니다. 그러면서, "미국의 수익성 낮은 회사를 매각해 200억을 만들었다. 이걸 너희들에게 투자하겠다"고 하면서 통장도 보여주었습니다. 난생 처음 200억이 찍힌 통장을 본 날이었습니다. 회장님은 또, 세계적으로 큰 기업들 중에는 우리처럼 우연한 기회에 사람들이 힘을 합쳐 그런 큰 기업이 된 회사가 많다면서 오늘이 우리에게 첫 출발점이 될 거라며 기념사진을 찍어야 한다고 흥분하기까지 했던 기억이 생생합니다.

그래서 실제로 미국의 마케팅 대행 전문회사에게, 우리 제품을 미국시장에 론칭시키는 일을 맡겨 추진했는데 결과적으로는 성공하지 못했습니다. 우리나라에서는 PC사양도 괜찮고, 인터넷 속도도 문제가 없어 영상통신의 품질이 좋았는데, 미국에서는 일반 사용자들의 PC사양도 낮고, 인터넷 속도도 열악해 영상통신의 품질이 돈을 내고 사용할 만큼 만족할 수준이 못 되어 약 1년간의 노력 끝에 그만두기로 결정했습니다. 회장님의 기업은 세계 지사가 많이 있어 각국의 지사 직원들을 활용하여, 세계 각국의 언어교육용 소프트웨어로 사용해보자는 좋은 사업 아이디어도 있었지요. 그러나 미국 시장의 상황과 맞지 않는, 시대를 앞서나간 소프트웨어였기 때문에 첫 번째 실패를 맛보게 되었습니다.

둘째는 1억 연봉 제안입니다. 제가 30대 중반에 이 영상통신개발 기술로 1억 연봉을 제안 받은 적이 있습니다. 당시 제 연봉이 5천만 원이었는데, 단숨에 두 배 연봉을 주겠다는 회사가 나타난 것이죠. 그러나 대신 저와 함께 이직하는 직원들의 연봉은 오히려 삭감하겠다고 해서 1억 연봉은 나중으로 미뤄졌습니다. 저는 팀워크를 중요하게 생각했습니다. 그리고 팀워크는 신뢰에서 나온다고 생각합니다. 눈앞의 이익에 눈이 어두워 신뢰를 잃게 되면, 결국은 사람을 잃게 되고 그것은 인생의 실패로 귀결됩니다.

셋째는 일본에서의 70억 규모 판매계약입니다. 영상통화 제품 이름은 미에텔이라고 지었습니다. 미에루가 일본어로 "보다"라는 뜻인데, 미에텔은 "보는 전화" 정도 되는 의미입니다. 개발팀원들을 이끌고 일본에 가서 수개월 동안 일본어버전도 만들고 일본 사용자들의 운영체제와 PC사양에 맞게 안정화 작업을 거쳐 성공적으로 제품을 완성했습니다. 그리고 사장님을 모시고 일본의 파트너사와 계약서에 싸인하던 마지막 날이었습니다. 저는 사장님과 일본에 있었고 그동안 일했던 프로그래머 후배들은 한국 사무실에 있었습니다. 저는 기쁜 마음에 사장님들 간의 만남과 싸인하는 순간순간을 직원들에게 메신저로 생중계하고 있었습니다. 지금 만났다. 악수하고 있다. 지금은 그냥 서로 덕담 나누고 있다. 드디어 싸인한다. 이런 식으로 말이죠. 그러면서 제가 했던 말이, 그동안 고생했다. 이제 우리도 부자가 됐다. 샴페인을 채팅으로 터트리며 서로 축하하고 격려하고 있었습니다. 이때가 제가 프로그래머로 일하면서 경험했던 가장 보람 있는 순간이었습니다. 몇 년 동안 저와 한 가지 일을 같이하며 정말 후회 없이 열심히 일했던 동료들과 성공적인 결과를 만들어낸 그런 순간이었죠.

이렇게 전문가로 승승장구하던 저에게 겸손이란 걸 깨닫게 해준 아주 교훈적인 사건도 있었습니다. 영상압축과 통신 기술에 대해서 우리나라에서 몇 안 되는 전문가라고 인정받고 생활하던 어느 날, 입사한 지 얼마 되지 않는 까마득한 후배가 영상 압축에 대해서 새로운 아이디어를 얘기하는데 그것은 기존 이론과 맞지 않는 전혀 처음 들어보는 얘기였고, 제가 언뜻 생각하기에도 가능성이 거의 없는 얘기 같아서 무시했습니다. 그런데 나중에 확인해보니까 최근에 또 다른 새로운 기술들이 발표되어 업계에 유행하고 있었고. 저는 그런 기술은 공부한 적이 없었던 것입니다.

이때부터 저는 "진정한 전문가는 '모르는 건 그냥 모른다'고 하는 게 진짜 전문가다" 이런 생각을 했습니다. 억지로 자기가 알고 있는 내용으로 얼버무려 아는 것처럼 얘기하지 말고 그냥 모르면 모른다고 얘기하고 상대방의 이야기가 맞을 수도 있다는 가능성을 항상 열어놔야겠구나, 하고 말이죠. 그때부터 다시 정신을 차리고 새로운 기술을 공부하는 데 게으르지 않은 사람이 될 수 있었지요. 이를 계기로 새로운 통신기술을 공부하면서 나중에 외국계기업으로 취직하는 기회도 잡을 수 있었습니다.

외국계기업 입사 </>

영상통신기술을 집중적으로 연구한 지 3년째인 2000년, 미국의 IT 벤처기업인 '닛시미디어코리아'에 입사했습니다. 당시 인터넷의 확산으로 인터넷을 이용한 신규사업이 무엇이 있을까, 기업들의 관심이 많이 몰렸지요. 그중에서 인터넷전화가 선풍적인 인기를 끌었습니다. 인터넷전화는 요금이 무료이거나 매우 저렴했기 때문에 통신비 절감을 원했던 소비자들에게 아주 매력적인 상품이었습니다.

그런 인터넷 통신 사업의 대성공을 목격한 여러 회사들이 인터넷 음성 전화에서 인터넷 영상 전화로 눈길을 돌렸고, 몇 년 전부터 영상통신기술을 연구해 명성을 쌓고 있던 저는 몸값이 높은 프로그래머가 되어 있었지요. 90년대 말, 박찬호 야구방송을 인터넷 라디오로 중계하는 것으로 인터넷사업에 발을 들였던 '닛시

田…　라이프사이즈 영상회의 제품(출처 : https://evolvewithus.com/lifesize)

미디어'라는 미국 벤처기업에서 제 영상통신기술을 필요로 했습니다. 때문에 어렵지 않게 입사할 수 있었습니다. 이전 한국기업에서 받던 연봉의 약 1.5배를 받으면서 일했지요.

저는 멀티미디어 메신저 개발팀에서 영상통화 개발 담당자로 근무했습니다. 외국계기업 닛시미디어에서의 생활은 처음엔 만족스러웠습니다. 업무에 영어도 사용하고, 자유로운 출퇴근과 근무 분위기, 이전보다 많아진 연봉 등등이 좋았습니다. 개발이 거의 완료된 첫 번째 제품으로 LA에서 실시된 박람회에 출품하여 베스트 출품작 상을 수여하는 보람도 있었습니다.

그러나 닛시미디어는 완전한 외국계기업이라고 보기에는 부족한 점이 있었습니다. 재미교포가 설립한 LA에 본사를 둔 중소기업으로 대부분의 직원이 한국인이었습니다. 그래서 사용하는 언

어도 한국어를 주로 사용했고, 심지어 영어를 전혀 못하는 직원
도 있었습니다. 미국 본사나 중국 지사에 있는 몇몇 외국인 프로
그래머들과 의사소통할 때만 영어를 쓸 뿐, 업무는 대부분 한국
어로 했습니다. 꿈에 그리던 외국계기업에 입사했다고 초반에는
좀 설렜지만 시간이 지나면서 한국회사와 별다를 게 없다는 생
각이 들었지요. 외국계기업도 여러 가지 형태가 있구나 하는 걸
깨닫게 된 회사였습니다.

두 번째 회사도 약간 특이한 형태의 회사였습니다. 회사 오너는
한국 사람이었으나 하는 일은 외국계기업의 한국지사와 같은 일
을 했습니다. 미국 본사는 '라이프사이즈'라는 영상회의시스템을
만드는 회사였는데, 세계 최초로 HD화질의 제품을 출시하여 인
기를 끌고 있었습니다. 저는 회사의 대표를 맡아 영상회의 하드웨
어 제품을 한국에 유통하면서 소프트웨어 개발사업도 함께 책임
지고 있었습니다. 아시아쪽 제 직속 상사는 홍콩에 있는 중국인
이었습니다. 이때부터 본격적으로 해외출장을 자주 다니면서 외
국인들과 함께 일하는 회사생활이 시작되었습니다.

세 번째 회사가 진정한 외국계기업이었습니다. 이스라엘에 본사
가 있는 멀티미디어 통신 회사로 '라드비전'이라는 회사였는데, 여
기서는 프로그래머는 아니었고, 홍콩에 있는 아시아 본부의 중국
인 상사 밑에서 한국쪽 '프리세일즈(Presales)' 업무를 맡아서 일
했습니다.

프리세일즈란 순수하게 영업을 담당하는 것이 아니라, 우리 회

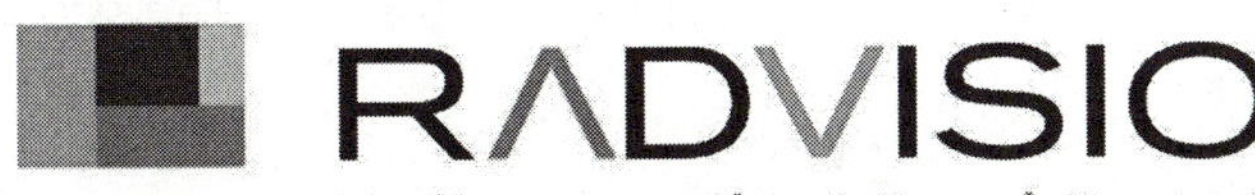

⊞… 라드비전 영상회의 제품(출처 : http://www.telepresenceoptions.com)

사 제품의 우수성을 기술적인 측면에서 상세하게 고객 회사에 소개하는 것입니다. 그리고 고객이 우리 제품이나 솔루션을 채택하도록 하는 기술지향적인 영업사원을 말합니다. 기술의 우수성을 잘 설명할 수 있는 문서를 만든다거나 기술미팅에 참석하여 프레젠테이션을 한다거나 고객의 요구를 분석하여 그것에 딱 맞는 솔루션을 제안하는 업무를 주로 담당합니다.

그러나 제가 근무했던 회사처럼 작은 규모의 외국계기업에서는 프리세일즈 담당자가 판매 후 기술지원 문제도 함께 책임지는 경우가 많았습니다. 고객사의 개발자들이 우리 솔루션으로 제품을 개발하는 데 문제가 있는 경우, 방문해서 함께 문제를 해결해주는 역할도 하고, 직접 해결하지 못하는 문제는 본사의 제품담당자를 초청해서 고객사를 함께 방문하여 해결하는 역할도 책임졌습니다.

프로그래머 같은 엔지니어 출신들이 외국어에 능통한 경우, 나중에 외국계기업에서 프리세일즈로 근무하는 경우가 많습니다. 이스라엘 회사에서 제가 꿈꾸던 외국계기업의 생활을 제대로 경험해볼 수 있었습니다만, 이 회사도 살짝 부족한 면이 있었습니다. 라드비전은 라드그룹의 계열사이긴 했지만 그런 대기업이라는 느낌은 들지 않았지요. 라드비전 자체만의 세계 지사를 다 합쳐 직원이 500명 정도만 되는 회사였거든요. 한국 지사는 직원이 다섯 명이었고 홍콩의 아시아본부에서 하는 미팅에 가 봐도 30-40명 정도밖에 되지 않는, 규모가 좀 작은 회사였습니다. 규모가 작아도 외국계기업으로서 연봉이라든가, 회사의 복지 같은 것은 나쁘지는 않았습니다. 하지만 다른 대기업 외국계기업에 비해서는 좀 부족했습니다.

네 번째 외국계기업은 미국의 '루슨트'라는 회사입니다. 전화를 최초로 발명한 벨이 1885년에 설립한 'AT&T'라는 미국 최대 통신회사가 1925년에 설립한 연구소가 '벨연구소'입니다.

벨연구소는 전성기 시절 연구 인력만 15,000명이 넘었다고 합니다. 벨연구소를 갖고 있던 기업이 바로 '루슨트'입니다. 저도 벨연구소의 연구원들과 회의를 함께하는 뿌듯한 경험도 했습니다. 제가 근무할 당시 벨연구소의 소장이 한국인이었습니다. 김종훈 박사라고, 예전에 미래창조과학부 장관으로 임명되었다가 사퇴했던

⊞⋯ 루슨트 (출처 : https://pctechmag.com)

분이었죠. 루슨트는 전성기 시절 전세계 임직원이 8만 명이 넘고 매출 규모는 30조가 넘는 회사였습니다.

이 회사는 세계 최고의 회사답게 직원들의 근무환경이나 복지, 연봉수준이 업계 최고 수준이었습니다. 해외 출장을 가면 세계 최고 수준의 호텔들이 우리 회사 직원들을 특별히 우대해서 대접 해주곤 했으니까요. 여기서 근무하는 동안 정말 뭔가 성공한 사 람 같은 뿌듯함을 느꼈습니다.

아쉽게도 이 회사는 2006년 프랑스의 통신회사인 알카텔에 합 병되어 알카텔루슨트라는 회사가 됩니다. 합병된 회사는 의례히 구조조정을 하게 되는데요, 합병이라는 게 회사가 어려워져서 하 는 것이기 때문에 합병 후에는 회사를 살리기 위해서 비용절감을 위해 방법을 가리지 않지요. 비용절감을 위해 가장 간단한 방법이 직원들을 줄이는 일입니다.

합병 후, 어수선한 분위기의 회사 상황 속에 입사한 저는 싱가폴 아시아 본부 소프트웨어솔루션 부서 소속으로 벨기에 출신의 여성 상사 밑에서 영상통신 소프트웨어 아키텍트(설계자)로 근무했습니다. 아시아 전지역의 통신회사들을 상대로 새로운 통신서비스를 설계해서 제안하는 것이 제 역할이었습니다. 아시아 각 나라들을 출장 다니거나 전화회의 또는 영상회의로 회의를 하면서 업무를 수행했습니다. 지금 여러분이 사용하고 있는 스마트폰의 고화질 영상통화 서비스, 스마트폰 위치기반 서비스, IPTV 셋탑박스의 여러 가지 콘텐츠 관련 서비스들이 제가 그 당시 아시아 지역 나라들의 통신회사에게 기술적인 솔루션을 제공했던 사업들이었습니다.

2010년 2월 싱가폴에 있는 저희 아시아 본부의 부서가 갑작스럽게 없어지면서 한국 지사에서 혼자 근무하고 있던 저는 갑자기 부모 잃은 고아와 같은 신세가 되었습니다. 제 신분을 싱가폴 부서에서 한국 지사로 이관한다는 짧은 메시지 한 줄만 남긴 채, 저는 한국 지사에서 하루아침에 낙동강 오리알 신세가 되고 말았습니다. 그런 상황을 상상이라도 했었다면 살아남을 수 있도록 한국 쪽 임원들과 친분을 쌓아 인맥을 만들어놓았을 텐데 아시아 본사 소속이라서 더 안전한 줄만 알고 있었던 저는 한국 지사에서는 기댈 언덕이 없었습니다.

합병 후 계속 진행 중이던 희망퇴직 명단에 오르게 된 저는 재취업에 대해 자신이 있었기 때문에 과감히 희망퇴직금을 받고 퇴사를 결심했습니다. 그러나 퇴직 후 생각보다 구직 기간이 오래 걸리고, 이번 기회에 제2의 직업을 빨리 찾는 것도 나쁘지 않겠다는 생각이 들었지요. 소프트웨어 엔지니어로서의 직장생활에 종지부를 찍고, 다른 직업을 찾는 인생의 전환점을 맞이했습니다.

혹시, 프로그래머를 꿈꾸는 학생이 아니라, 현직 프로그래머로 근무하고 있는 분들이 이 책을 읽고 있다면, 저와 같은 상황에 빠질 경우 제가 범한 실수를 하지 않도록 항상 플랜B를 가지고 있어야 합니다. 이런 희망퇴직 대상자가 된 경우, 이직할 회사를 결정하지 않은 상태에서 자신감만 갖고서 회사를 퇴직하면 안 된다는 이야기를 들려주고 싶습니다. 어떤 경우에는 30대 대리, 과장급 직원들에게도 희망퇴직을 권하는 것으로 알고 있어서 드리는 조언입니다.

타이밍이 프로그래머의 성공을 좌우한다

프로그래머로 직장생활을 시작하면, 만들게 되는 프로그램의 종류도 다양해집니다. 소속된 회사의 업종도 다양하지요. 여기서 선택을 잘 해야 합니다. 예전에 LG전자의 전신인 금성사의 제품 광고에 나온 카피문구가 "순간의 선택이 10년을 좌우합니다"였습니다. 여러분이 처음 프로그래머로 선택한 회사가 여러분의 미래에 50프로 이상의 영향을 줍니다. 프로그래머들에게 유망한 분야는 후반부에 상세히 설명하겠습니다. 여기서는 어떤 선택을 해서 잘 풀린 사람들과 또 어떤 선택을 해서 잘 못 풀린 사람들에 대해 소개하여, 프로그래머로 직장이나 분야를 선택하는 데 도움을 주고자 합니다.

먼저 제 경우를 소개하겠습니다. 저는 앞서 말씀드린 것처럼 영상통신기술을 연구해 기술적으로 전문가의 수준까지 올라갔고,

그것으로 여러 가지 제품과 서비스를 개발했습니다. 그런데 제가 제품이나 서비스를 출시했던 타이밍이 너무 빨라 큰 성공을 거두지 못했지요. 해외 시장의 네트워크 속도가 아직 영상통신을 하기에 빠르지 않았고, 윈도우 OS가 카메라와 마이크를 사용하기에 안정적이지 않았습니다. 카메라와 마이크는 컴퓨터 입장에서 보면 외부기계장치입니다. 그걸 컴퓨터에 연결해서 쓰려면 윈도우 OS가 안정적으로 그 연결을 유지시켜 줘야하는데, 당시 사용했던 Windows ME는 마이크로소프트 윈도우 OS 중에서 최악의 OS였습니다. 차라리 이전 버전인 윈도우 98이 더 좋았는데, 윈도우 98도 ME보다 안정적이란 뜻이지, 카메라와 마이크를 컴퓨터에 연결해서 사용하는 데 있어 불안한 면이 많았습니다.

윈도우 XP가 나오고 나서 현저히 안정화되었는데 그때는 이미 미국과 중국, 일본에서 사업을 포기한 이후였고, 국내뿐만 아니라 외국에서도 경쟁업체가 여럿 생긴 뒤였습니다. 이미 투자금을 많이 소진했던 터라 경쟁력 확보를 위한 투자유치에 어려움을 겪었습니다.

시장에 출시하는 타이밍 못지않게 중요한 것은 사용 확산에 유리한 편리성입니다. 기능상으로 첨단기술이다, 신기하다는 사실만으로는 한계가 있다는 것입니다. 저희 영상메신저 앱은 카메라, 마이크, 통신 소프트웨어를 각각 사용자가 설치해야했고, 특히 친구리스트를 사용자가 일일이 한 명씩 추가해야 한다는 게 불편했지요. 2009년에 출시된 카카오톡의 경우, 모바일폰을 플랫폼으

田… 필자가 이끄는 개발팀이 최초로 개발하여 지금도 사용하고 있는 영상통화 메신저 VO-IM(Video On Internet Messenger), 2000년에 처음 개발되었고 지금은 외국인 선생님과의 영어교육용 앱으로 사용되고 있다.

로 해서, 마이크와 카메라를 별도로 설치할 필요가 없었고, 전화번호부 친구를 자동으로 친구리스트에 등록해주었기 때문에 성공할 수 있었습니다.

제가 영상통신기술의 전문가로서 출시했던 제품이나 서비스가 그냥 기술적으로 좋다는 평가를 넘어 사업적으로 성공하지 못한 데는 그런 이유가 있었습니다. 스마트폰을 처음 선보였을 때, 같은 기술을 가지고 스마트폰용 메신저 앱을 최초로 만들어 서비스했다면, 혹은 스카이프처럼 윈도우XP가 출시된 후에 PC용 영상통화 앱을 출시했더라면, 또 다른 성공스토리를 쓸 수 있지 않았을까, 예전 동료들과 자주 아쉬워하곤 했습니다. 스카이프는 정말 저희 앱과 똑같은 앱이었습니다. 스카이프는 윈도우XP가 출시된 지 1년 이상이 지난 2003년 8월에 베타버전을 발표했고, 2005년 정식으로 대중에게 서비스되면서 같은 해 eBay에 2조5천억에 팔렸다가 2011년에는 마이크로소프트에 8조5천억에 팔렸습니다. 대성공이었지요.

프로그래머의 성공과 실패를 얘기할 때 자주 등장하는 이야기가 있습니다. 1982년. 고등학생의 나이로 국내 최초의 한글워드프로세서를 개발한 박모씨의 이야기입니다. 저도 존경하는 프로그래머라서 실명을 밝히지는 않으려고 합니다. 훌륭한 분인데 실패 케이스로 자주 회자되는 게 너무 안타깝거든요.

89년 아래한글이 처음 출시되는데, 82년이라니. 엄청나게 빠른 시점에 한글 워드프로세서를 만든 것인데요. 이분도 타이밍이 너무 빨랐던 게 문제였지요. 소프트웨어에 대한 가치 인식이 낮은 시장상황에서 만들었기 때문에 높이 평가받지 못했을 겁니다.

이분의 인터뷰 기사에서, 본인의 실력에 자만하여 주변에서 들어오는 사업제안이나 투자제안 등에 적극적이지 않았고, 연관 기술을 공부해 기존 기술과 확장, 융합해 나가는 데 소홀히 했다고 하는 이야기를 읽은 적이 있습니다. 저도 이 말에 전적으로 공감합니다. 잘 나가고 있을 때, 자만심은 항상 금물입니다. 큰 성공으로 발전하기 위해서는 사람과의 교류, 타 시스템과의 융합 같은 것들이 반드시 필요하다는 걸 저도 나중에서야 후회하며 깨달았습니다.

안타깝게도 학교에서는 사회성, 사교성을 가르치지 않습니다. 그런데, 프로그래머로 커리어를 쌓아가는 데 실력이 반이고 사회성, 사교성을 활용한 유익한 인간관계 형성이 반이라고 생각합니다. 앞으로는 중고등학교에서도 사회성, 사교성에 대한 과목도 가르쳐야 한다고 생각합니다. 특히 4차산업의 시대인 지금, '융합'은 필수적이니까요. 여러 사람과 시스템, 상이한 분야들과 교류를 해야 한다는 점, 놓치지 마세요.

```java
import java.util.ArrayList;
import java.util.Scanner;
import java.io.File;
import java.io.IOException;
import java.util.Arrays;

public class AirlineProblem {
```

```java
/******************************************************************/
/* Author: CS307 Course Staff                                     */
/* Date: February 14, 2018                                        */
/* Description: Demos constructors, static vs instance methods,   */
/*              and method overloading.                           */
/******************************************************************/
public class DemoClass
{
    int   private int x, 4, 1, 2, 3};
```

   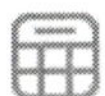 

```java
// the goal so check its partners
// now I have been here
airlinesVisited.add(current);
```

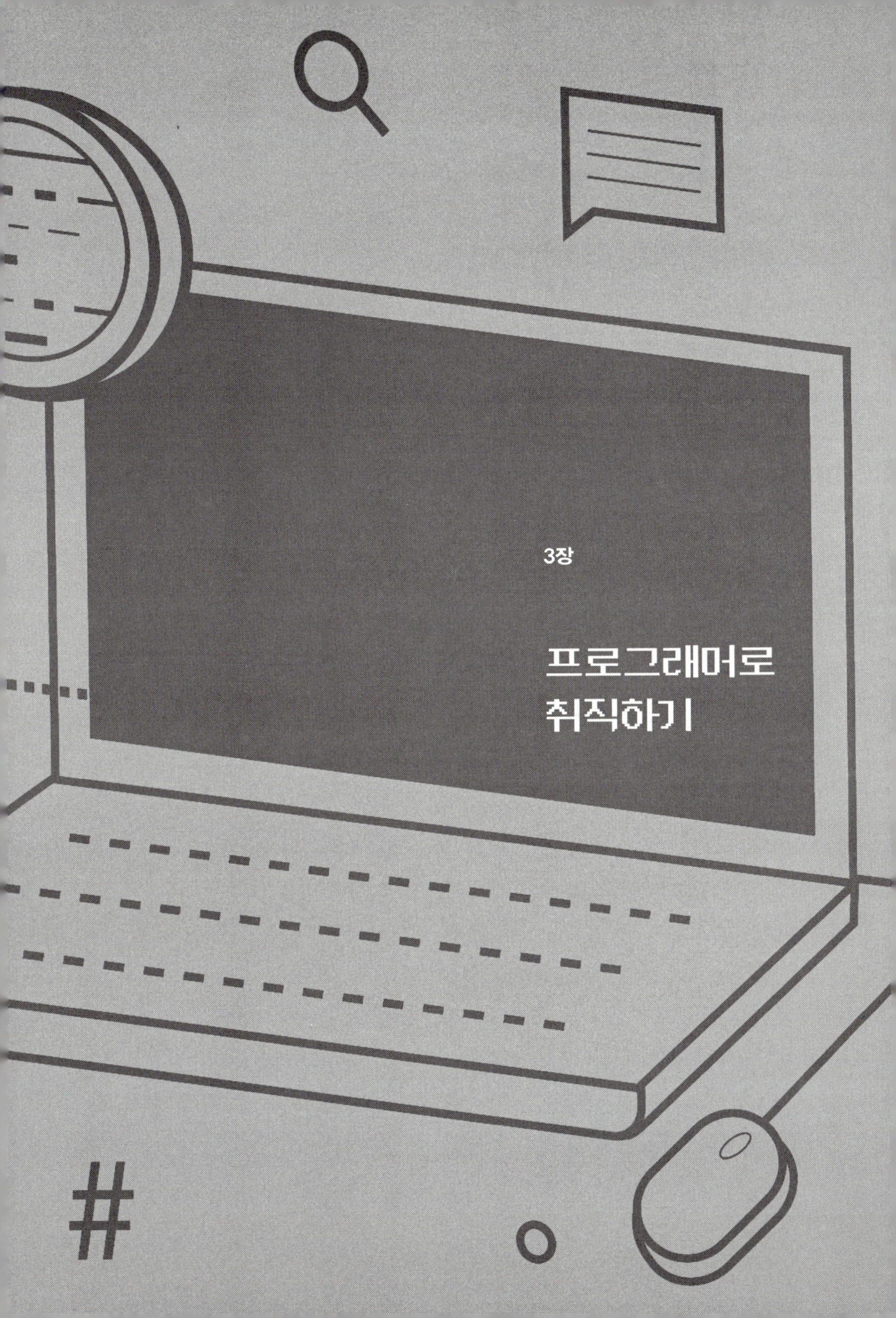
3장

프로그래머로
취직하기

소프트웨어 기업의 채용 </>

채용을 전담하는 부서가 있는 대기업이 아닌 이상, 회사에서 팀장급 이상의 관리자 역할을 맡게 되면, 직원을 채용하는 일에 직접적으로 관여하게 됩니다. 채용공고를 직접 올리기도 하고, 이력서를 검토하고 면접을 보면서 지원자의 채용을 결정하는 전체 과정을 담당합니다. 저도 IT 회사에서 10년 정도는 채용과정을 직접 담당하면서 구인회사의 입장을 경험했고, 한국회사와 외국회사 여러 곳으로 이직을 추진하면서 겪은 구직자로서의 성공과 실패 노하우도 있습니다. 3장에서는 이런 경험들을 공유하며 독자들의 취업전략에 도움을 주고자 합니다.

제가 '프로그래머로 취직하기'라는 주제로 앞으로 말씀드리는 데 있어, 목표 회사는 소프트웨어 전문기업이나 중소기업, 혹은 외국계기업의 경우에 가깝습니다. 대기업 입사와는 조금 거리가 있을 수 있습니다. 대기업 신입사원 입사는 이렇게 프로그래밍 능력을 구체적으로 평가하지 않고 말 그대로 신입사원으로서 적성, 인성, 기초업무능력 세 가지를 보고 선발합니다. 입사시험을 통과해서 대기업의 소프트웨어 개발팀에 배치되면 회사에서 직무별 교육을 해주기 때문에 그곳에서 초보단계부터 시작할 수 있습니다. 그러나 소프트웨어전문기업이나 중소기업에서는 프로그래머를 채용할 때, 프로그래밍 역량을 중요하게 평가하여 직원을 선발합니다.

Document.Write(1) :

IT 관련학과 졸업 후 취업 </>

80년대에는 IT 관련학과라고 하면 전자계산학과(전산과)가 전부였습니다. 90년대가 되면서 컴퓨터공학과라고 좀 더 현대적인 이름으로 바꾸는 학교가 생겨났습니다. 2000년대로 넘어오면서 IT 관련학과가 다양해지기 시작했습니다. 네이버나 구글에서 IT 학과, IT관련학과 라고 검색하면 정말 다양한 학과의 이름을 볼 수 있습니다. 다음은 한국대학교육협의회가 운영하는 대입정보포털, 'WWW.ADIGA.KR' 에서 IT 관련학과를 필자가 직접 검색하여 정리한 최신 자료(2017년 11월)입니다. 지역별로 가나다순으로 학교이름이 정리되어 있으며 학과이름, 입학정원, 2017학년도 경쟁률 그리고 취업률이 기록되어 있습니다.

지역	대학명	학과	입학정원 (명)	2017학년 경쟁률	취업률 (%)
강원	강릉원주대학교 [제2캠퍼스]	멀티미디어공학과	32	5.03 : 1	47.1
		정보기술공학과	32	–	55.6
		컴퓨터공학과	40	5.95 : 1	57.1
		정보통신공학과	32	6.38 : 1	60.9
	강원대학교 [본교]	컴퓨터학부	123	–	–
	강원대학교 [제2캠퍼스]	전자정보통신공학부	82	4.89 : 1	–
	연세대학교(원주) [캠퍼스]	컴퓨터정보통신공학부	69	9.74 : 1	–
	한라대학교 [본교]	컴퓨터공학과	40	6.4 : 1	58.8
		전기전자공학과	80	4.73 : 1	67.7
		융합소프트웨어학과	0	4.23 : 1	–
경기	가천대학교 [본교]	컴퓨터공학과	70	4.89 : 1	68.9
		소프트웨어학과	150	19.43 : 1	–
		컴퓨터공학과	121	24.06 : 1	65.6
	가톨릭대학교 [본교]	미디어기술콘텐츠학과	58	9.88 : 1	–
		컴퓨터정보공학부	70	8.73 : 1	–
		정보통신전자공학부	70	7.98 : 1	–
	단국대학교 [본교]	소프트웨어학과	87	14.74 : 1	72.3
		응용컴퓨터공학과	50	16.0 : 1	64.7
	명지대학교 [본교]	컴퓨터공학과	97	9.76 : 1	74.2
	성결대학교 [본교]	컴퓨터공학부	70	18.44 : 1	62.8
		정보통신공학부	70	13.69 : 1	73.9
	신한대학교 [본교]	IT융합공학부	103	8.16 : 1	–
	아주대학교 [본교]	사이버보안학과	39	13.92 : 1	–
		국방디지털융합학과	30	11.0 : 1	–
	한경대학교 [본교]	전기전자제어공학과	133	6.27 : 1	–
	한국산업기술대학교 [본교]	메카트로닉스공학과	120	10.92 : 1	–
		게임공학전공	85	11.32 : 1	–
		소프트웨어전공	80	14.87 : 1	–
		컴퓨터공학전공	85	12.27 : 1	–
	한국항공대학교 [본교]	소프트웨어학과	70	12.09 : 1	–
		항공전자정보공학부	195	8.48 : 1	–
	한신대학교 [본교]	컴퓨터공학부	120	11.64 : 1	–
		정보통신학부	87	11.85 : 1	–

지역	대학	학과	모집인원	경쟁률	충원율
경기	한양대학교(ERICA) [캠퍼스]	국방정보공학과	0	–	–
		로봇공학과	30	16.57 : 1	–
	협성대학교 [본교]	컴퓨터공학과	36	9.08 : 1	68.8
경남	경남과학기술대학교 [본교]	컴퓨터공학과	39	10.21 : 1	–
	경남대학교 [본교]	정보통신공학과	50	6.05 : 1	61.1
	경상대학교 [본교]	제어계측공학과	40	5.95 : 1	61.7
		컴퓨터과학과	43	9.7 : 1	57.4
		정보통신공학과	28	4.61 : 1	45.5
	인제대학교 [본교]	컴퓨터공학부	84	7.88 : 1	65.6
	창원대학교 [본교]	컴퓨터공학과	50	10.26 : 1	69.8
		정보통신공학과	32	7.28 : 1	70.8
		전기전자제어공학부	122	7.72 : 1	–
경북	경운대학교 [본교]	항공정보통신공학과	60	4.77 : 1	–
	경일대학교 [본교]	컴퓨터공학과	45	5.4 : 1	71.1
	경일대학교 [본교]	사이버보안학과	43	4.0 : 1	–
	금오공과대학교 [본교]	IT융합학과	5	10.0 : 1	–
		컴퓨터소프트웨어공학과	59	4.93 : 1	81.6
		컴퓨터공학과	99	6.81 : 1	74.1
	대구가톨릭대학교 [본교]	모바일소프트웨어전공	40	3.4 : 1	–
		IT공학부	125	7.34 : 1	–
	대구대학교 [본교]	멀티미디어공학전공	49	6.22 : 1	76.1
		컴퓨터공학전공	49	6.76 : 1	–
		컴퓨터소프트웨어전공	47	5.11 : 1	–
		임베디드시스템공학전공	45	5.62 : 1	72.7
		통신공학전공	49	5.76 : 1	62.5
	대구한의대학교 [본교]	스마트IT전공	30	7.13 : 1	–
	동양대학교 [본교]	철도운전제어학과	50	3.56 : 1	52.6
		컴퓨터 · 정보통신군사학과	40	3.78 : 1	–
	안동대학교 [본교]	멀티미디어공학과	32	5.66 : 1	68.3
		컴퓨터공학과	32	6.28 : 1	57.1
		정보통신공학과	31	7.65 : 1	52.9
	영남대학교 [본교]	컴퓨터공학과	100	6.87 : 1	66.7
	포항공과대학교 [본교]	창의IT융합공학과	20	6.0 : 1	–
광주	송원대학교 [본교]	컴퓨터정보학과	30	4.83 : 1	–
		전기전자공학과	20	6.5 : 1	–

지역	대학	학과	모집인원	경쟁률	충원율
광주	전남대학교 [본교]	전자컴퓨터공학부	155	8.01 : 1	71.4
	조선대학교 [본교]	컴퓨터공학과	120	5.37 : 1	62.7
	호남대학교 [본교]	인터넷콘텐츠학과	40	3.93 : 1	94.4
		컴퓨터공학과	37	6.27 : 1	65.4
		정보통신공학과	40	5.43 : 1	83.3
대구	경북대학교 [본교]	소프트웨어학과	27	5.96 : 1	–
		컴퓨터학부	108	10.68 : 1	78.3
		전자공학부모바일공학전공	0	–	100
	계명대학교 [본교]	게임모바일공학전공	40	10.17 : 1	–
		컴퓨터공학전공	80	9.52 : 1	–
대전	대전대학교 [본교]	컴퓨터공학과	90	7.77 : 1	87.9
		전자·정보통신공학과	95	6.68 : 1	–
		정보보안학과	50	5.96 : 1	–
	목원대학교 [본교]	융합컴퓨터·미디어학부	55	4.36 : 1	58.1
		정보통신융합공학부	53	5.89 : 1	70.2
		지능로봇공학과	33	3.85 : 1	81
	배재대학교 [본교]	게임공학과	35	6.0 : 1	64.5
		컴퓨터공학과	62	7.38 : 1	73.3
		사이버보안학과	43	4.97 : 1	–
		정보통신공학과	54	6.39 : 1	62.9
	우송대학교 [본교]	IT융합학부 컴퓨터정보·보안전공	50	9.13 : 1	–
	충남대학교 [본교]	컴퓨터공학과	121	12.4 : 1	81.8
		전파정보통신공학과	64	8.64 : 1	–
	한남대학교 [본교]	컴퓨터통신무인기술학과	165	4.62 : 1	–
	한밭대학교 [본교]	컴퓨터공학과	50	9.56 : 1	–
		정보통신공학과	120	5.63 : 1	–
부산	경성대학교 [본교]	컴퓨터공학과	50	7.81 : 1	–
		정보통신공학과	40	5.35 : 1	83.3
	동명대학교 [본교]	게임공학과	40	6.87 : 1	–
		컴퓨터공학과	60	6.7 : 1	79.2
		정보보호학과	40	5.08 : 1	76.3
		정보통신공학과	40	5.08 : 1	60.5
	동서대학교 [본교]	디지털콘텐츠학부	140	4.55 : 1	–
		컴퓨터공학부	190	6.93 : 1	–
		메카트로닉스 융합공학부	160	6.76 : 1	–

지역	대학	학과	모집인원	경쟁률	합격점수
부산	부경대학교 [본교]	전기전자소프트웨어공학과	10	0.9 : 1	–
		제어계측공학과	46	6.83 : 1	73.7
		IT융합응용공학과	67	7.94 : 1	53.5
		컴퓨터공학과	56	11.2 : 1	65.6
		정보통신공학과	47	6.85 : 1	64
	부산가톨릭대학교 [본교]	소프트웨어학과	35	6.17 : 1	78.3
		컴퓨터공학과	35	7.83 : 1	68
	부산대학교 [본교]	IT응용공학과	31	10.63 : 1	78.3
		전기컴퓨터공학부	209	10.79 : 1	–
	부산외국어대학교 [본교]	경찰정보보호학부 (사이버경찰전공)	20	6.05 : 1	–
		경찰정보보호학부 (정보보호전공)	30	5.2 : 1	–
	한국해양대학교 [본교]	전자통신공학전공	34	8.12 : 1	–
		전파공학과	38	7.24 : 1	60.7
		제어자동화공학부	50	7.94 : 1	–
		해사IT공학부	60	3.73 : 1	–
서울	건국대학교 [본교]	스마트ICT융합공학과	40	16.35 : 1	–
		스마트운행체공학과	40	12.78 : 1	–
	경희대학교 [본교]	컴퓨터공학과	90	15.17 : 1	78
		정보디스플레이학과	55	20.8 : 1	82.9
	고려대학교 [본교]	사이버국방학과	0	–	–
	광운대학교 [본교]	로봇학부	66	11.91 : 1	–
		전자융합공학과	69	12.84 : 1	52.9
		전자통신공학과	79	10.59 : 1	60.3
	국민대학교 [본교]	컴퓨터공학부	0	–	–
		자동차IT융합학과	45	5.0 : 1	–
	덕성여자대학교 [본교]	컴퓨터학과	45	8.49 : 1	69
	동국대학교 [본교]	멀티미디어공학과	40	11.35 : 1	68.2
		컴퓨터정보통신공학부 컴퓨터공학전공	85	12.56 : 1	90.5
		컴퓨터정보통신공학부 정보통신공학전공	85	9.0 : 1	88.9
	동덕여자대학교 [본교]	컴퓨터학과	89	–	–
	명지대학교 [본교]	융합소프트웨어학부	60	6.97 : 1	–
	상명대학교 [본교]	전기전자컴퓨터학부 전기공학과	32	8.5 : 1	–
		게임학과	20	–	–

지역	대학	학과			
서울	상명대학교 [본교]	전기전자컴퓨터학부 컴퓨터과학과	105	–	–
		지능정보공학부 휴먼지능정보공학과	75	8.04 : 1	–
	서강대학교 [본교]	컴퓨터공학전공	101	33.37 : 1	84.4
		컴퓨터공학과	80	12.53 : 1	75.5
		컴퓨터과학과	80	10.24 : 1	82.4
	서울과학기술대학교 [본교]	전기정보공학과	139	13.2 : 1	–
		컴퓨터공학과	101	18.65 : 1	–
		전자IT미디어공학과	145	16.97 : 1	–
	서울대학교 [본교]	전기·정보공학부	156	3.93 : 1	59.1
		컴퓨터공학부	55	6.04 : 1	65.2
	서울시립대학교 [본교]	컴퓨터과학부	58	14.97 : 1	73.1
		전자전기컴퓨터공학부	144	11.88 : 1	83.5
	서울여자대학교 [본교]	정보보호학과	60	8.98 : 1	78.8
	성균관대학교 [본교]	소프트웨어학과	150	18.05 : 1	100
	세종대학교 [본교]	컴퓨터공학과	130	19.15 : 1	73.7
		정보보호학과	30	18.8 : 1	–
		국방시스템공학과	0	–	–
		전자정보통신공학과	210	13.0 : 1	–
		항공시스템공학과	0	–	–
	숭실대학교 [본교]	전자정보공학부 전자공학전공	90	13.37 : 1	–
		글로벌미디어학부	86	11.44 : 1	70.2
		미디어경영학과	2	1.01 : 1	–
		소프트웨어학부	80	15.63 : 1	–
		컴퓨터학부	80	15.35 : 1	78.8
		스마트시스템 소프트웨어학과	55	12.8 : 1	–
	연세대학교 [본교]	컴퓨터과학학과	66	16.7 : 1	81.3
		글로벌융합공학부	20	8.55 : 1	50
	한국성서대학교 [본교]	컴퓨터소프트웨어학과	35	8.65 : 1	–
	한국외국어대학교 [본교]	정보통신공학과	48	–	78.6
		컴퓨터.전자시스템공학부	105	–	–
	한양대학교 [본교]	정보시스템학과	38	21.42 : 1	80.9
		융합전자공학부	120	24.35 : 1	81.4
	홍익대학교 [본교]	정보·컴퓨터공학부	197	12.14 : 1	–

지역	대학	학과	모집인원	경쟁률	점수
세종	고려대학교(세종) [캠퍼스]	전자및정보공학과	120	11.26 : 1	83.8
	홍익대학교(세종) [캠퍼스]	게임학부 게임소프트웨어전공	35	8.03 : 1	60.9
인천	인천대학교 [본교]	컴퓨터공학부	78	8.82 : 1	69.5
		임베디드시스템공학과	38	5.71 : 1	80.8
		정보통신공학과	77	5.84 : 1	72.4
	인하대학교 [본교]	정보통신공학과	120	18.34 : 1	85.5
전남	동신대학교 [본교]	디지털콘텐츠학과	30	3.67 : 1	66.7
		컴퓨터학과	30	4.03 : 1	80
		정보통신공학과	30	4.23 : 1	71.4
	목포대학교 [본교]	컴퓨터공학과	28	6.97 : 1	80
		정보보호학과	26	6.12 : 1	69
	순천대학교 [본교]	컴퓨터공학과	28	6.03 : 1	63.2
		전기전자공학부	70	6.1 : 1	–
		정보통신·멀티미디어공학부	70	5.14 : 1	–
전북	군산대학교 [본교]	IT정보제어공학부 (정보제어공학전공)	35	3.86 : 1	–
		컴퓨터정보통신공학부 (컴퓨터정보공학전공)	64	5.28 : 1	–
		IT정보제어공학부 (IT융합통신공학전공)	34	6.0 : 1	–
		컴퓨터정보통신공학부(정보통신공학전공)	50	3.96 : 1	–
	우석대학교 [본교]	컴퓨터공학과	40	4.85 : 1	–
		정보보안학과	40	4.65 : 1	66.7
		전기전자공학과	40	6.61 : 1	52.6
	원광대학교 [본교]	정보통신공학과	0	6.74 : 1	–
		전자융합공학과	0	6.29 : 1	–
	전북대학교 [본교]	소프트웨어공학과	23	10.91 : 1	–
		IT정보공학과	38	8.24 : 1	–
		컴퓨터공학부	75	7.21 : 1	–
		스마트미디어학과	70	6.92 : 1	65.6
		컴퓨터공학과	55	5.71 : 1	64.7
		정보통신공학과	40	7.18 : 1	65.6
	호원대학교 [본교]	컴퓨터학부	50	–	–
제주	제주국제대학교 [본교]	컴퓨터응용공학과	20	1.35 : 1	–
충남	공주대학교 [본교]	컴퓨터공학부	89	7.64 : 1	–
		정보통신공학부	58	6.17 : 1	–

지역	대학교	학과	모집인원	경쟁률	추가합격
충남	남서울대학교 [본교]	멀티미디어학과	70	4.67 : 1	–
		정보통신공학과	90	5.23 : 1	–
	단국대학교 [제2캠퍼스]	디스플레이공학과	30	6.33 : 1	–
	서남대학교 [제2캠퍼스]	컴퓨터정보학과	50	1.49 : 1	50
		전기전자공학과	50	1.65 : 1	100
	선문대학교 [본교]	컴퓨터공학부	120	3.69 : 1	–
	순천향대학교 [본교]	전자정보공학과	49	6.27 : 1	64.1
		컴퓨터소프트웨어공학과	54	7.44 : 1	74.6
		컴퓨터공학과	53	7.47 : 1	68.3
		정보보호학과	50	6.04 : 1	63.4
		정보통신공학과	51	6.62 : 1	76.1
	청운대학교 [본교]	멀티미디어학과	40	12.8 : 1	70
		컴퓨터공학과	46	13.39 : 1	–
	한국기술교육대학교 [본교]	컴퓨터공학부	135	6.87 : 1	84.8
		전기·전자·통신공학부	135	6.19 : 1	94.6
	한서대학교 [본교]	항공소프트웨어공학과	55	6.36 : 1	68.1
	호서대학교 [본교]	컴퓨터정보공학부	197	–	–
	건국대학교 [글로컬캠퍼스]	ICT융합공학부	270	7.05 : 1	–
	서원대학교 [본교]	융합보안학과	40	4.8 : 1	–
		멀티미디어학과	40	6.1 : 1	–
		컴퓨터공학과	40	6.8 : 1	–
		정보통신공학과	40	6.58 : 1	–
	세명대학교 [본교]	정보통신학부	80	5.23 : 1	70.2
	유원대학교 [본교]	자동차소프트웨어학과	30	6.45 : 1	–
		정보통신보안학과	30	6.06 : 1	88.9
	청주대학교 [본교]	컴퓨터정보공학과	0	5.08 : 1	66.7
	충북대학교 [본교]	소프트웨어학과	80	9.09 : 1	72.7
		컴퓨터공학과	35	9.54 : 1	68.6
		정보통신공학부	95	6.26 : 1	68.6

소개한 표에는 4차산업혁명 이슈 때문인지, '융합'이라는 말이 들어간 학과도 많이 보입니다. 또 이슈가 되는 '보안', '보호'라는 말이 들어간 학과도 많이 볼 수 있습니다. 그리고 표에 나와 있지 않더라도 기본적으로 공학계열 학과에서는 직간접적으로 소프트웨어를 많이 다룬다는 점 알아두시기 바랍니다.

'IT미디어' 또는 'IT콘텐츠'라는 단어가 들어가는 학과도 있는데, 이런 학과에서는 콘텐츠 제작에 관련된 공부를 하지 않을까 하는 생각이 듭니다. 프로그래머를 목표로 하는 학생에게는 맞지 않을 것 같습니다만, 학교의 정확한 커리큘럼을 확인하시기 바랍니다. IT라는 말이 붙었다고 해서, 모두 프로그래머와 관련이 있는 것은 아닐 수도 있지요.

제가 대학입시 전문가는 아니기 때문에 이런 학과에 진학해서 정확히 무슨 공부를 하는지, 합격하기 위해서는 어떻게 준비해야 하는지에 대한 정보는 명확히 제시할 수는 없습니다. 하지만 구인 회사 입장에서 어떤 자격과 경력을 주목하는지 써보겠습니다.

대기업의 경우 이력서를 필터링하는 시스템이 있습니다. 입사지원자가 홈페이지에서 입력한 내용을 소프트웨어적으로 자동으로 걸러낼 수도 있고, 사람이 직접 어떤 항목을 보고 그건 무조건 불합격시킨다는 내부 규정 같은 게 있을 수 있습니다. 대기업의 상하반기 정기채용에는 워낙 많은 지원자들이 몰리기 때문에 그 모든 서류를 사람 손으로 검토하는 것이 어려운 일이겠지요. 삼성 공채는 매번 지원자가 10만 명을 넘기는 경우가 다반사입니다. 그런 대규모 채용이 아닌 경우, 대부분의 회사에서는 채용담당자가 신입사원 채용에 있어서 다음과 같은 부분을 체크하여 서류 심사를 합니다. 번호 순서가 중요도 순서이기도 합니다.

1. 학교와 전공학과 그리고 학점
2. 외국어가 필요한 경우에는 외국어 능력
3. 자기소개서의 내용을 읽고 직무수행에 적합한지 판단
4. 직무와 관련 있는 활동사항 (동아리, 연수, 아르바이트 등)

이런 내용들을 확인하는 서류 심사를 거쳐 면접일정을 통보합니다. 면접에 대해서는 3장의 후반부에 함께 다루겠습니다.

전공학과 출신이라는 이유만으로 큰 점수를 얻는 것은 아닙니다. 프로그래머로서 좋은 실력을 가졌느냐 하는 것은, 대학에서 전공수업을 잘 들어 좋은 학점을 받았다고 검증될 수 있는 것이 아니기 때문입니다. 회사는 대학졸업자가 대학수업에서 배웠던 것을 업무에 곧바로 활용할 수 있다고 생각하지 않습니다. 기초 소양 정도의 역할을 한다고 믿을 뿐입니다. 소프트웨어의 종류는 1장에서 소개한 것처럼 매우 다양하고, 그걸 개발하는 프로그래밍 도구도 다양합니다. 또한 만들게 될 제품과 연결해서 사용하는 소프트웨어와 하드웨어가 다양할 경우 더욱 복잡해질 수 있습니다. 이런 변화와 발전이 IT업계에서는 매우 빠르게 전개되고 있습니다. 대학에서 프로그래밍 관련 수업들이 다 피가 되고 살이

되는 경험임에는 틀림없으나, 대부분은 회사에 와서 그 회사에 맞게 다시 배워야 하는 경우가 많습니다.

각 회사의 프로그래머 직무 특성에 맞게 구인회사에서는 최대한 신중하게 후보자를 선별합니다. 만약 해당 업무가 초보자도 몇 개월 배워서 할 수 있다면, 기초지식과 인성 그리고 적성만 만족스러워도 채용할 수 있습니다. 채용도 2배수 혹은 3배수를 뽑아서 수습기간 혹은 인턴기간을 거친 후 정직원을 다시 선발하는 과정을 거칠 수도 있습니다. 그러나 기반 지식과 경험이 많이 필요한 분야는 해당 전공학과를 우수한 성적으로 졸업한 지원자나, 연수 혹은 아르바이트 등의 업무 경험을 추가로 요구할 수 있고, 석사학위나 박사학위까지 취득한 지원자를 채용할 수도 있죠.

프로그래머를 채용할 때, IT관련학과를 선호하는 이유는 프로그래머라는 직무를 잘 수행하기 위해서 논리적이고 분석적인 사고력이 필요하기 때문입니다. 그런 사고력을 키우기 위해서는 수학에 기반한 공학계열 전공자이거나, 공학분야에 적성 있는 사람이 더 유능할 수 있어 IT 관련학과 전공자를 선호하지요. 또한 이력서나 면접에서 책임감, 인내심, 도전정신을 확인하려고 노력합니다. 구인회사 입장에서는 일일이 한 사람 한 사람 만나서 자세히 얘기를 해보고 확인하면 좋겠지만, 그게 불가능하기 때문에 전공학과를 보고 면접 볼 후보자를 줄여나가지요. 그런 점에서 IT 관련학과를 전공한 후보자가 유리한 위치에 있다고 말할 수 있습니다.

Document.Write(1) :

IT 관련학과를 전공하지 않고 취업하기 </>

앞서 언급한 것처럼 프로그래머로 취직하는 데 IT 관련학과를 전공한 것이 유리한 위치에 있는 건 사실이지만, 그것이 필수적인 요소는 아닙니다. 회사에서 진행하는 프로젝트에 관련학과 전공자가 꼭 필요한 경우와, 벤처기업 등록 등의 행정적인 이유로 IT 관련학과 출신이 필요한 경우를 제외하면 말입니다. 다른 경우 전공학과는 입사를 좌우하는 결정적인 이유가 되지는 않습니다. 실제 회사에서 필요로 하는 프로그래밍 능력만 있다면 입사하는 데 문제가 없습니다.

그렇지만 프로그래밍 능력을 갖추는 게 그리 간단하지 않지요. 프로그래밍 언어의 문법만 안다고 해서 채용하는 건 아니기 때문입니다. 중요한 건 실제 어떤 프로젝트를 해봤는지, 그래서 그 분야의 실무과제를 주면 코드를 구현해낼 수 있는지가 관건입니다.

그런 능력을 쌓을 수 있는 방법을 소개하겠습니다.

요즘은 독학하기에 좋은 다양한 프로그래밍 책이 나와 있어서 노력만 한다면 혼자서도 책을 통해 실무 프로그래밍 능력을 공부할 수도 있습니다. 또한 어떤 책들은 저자가 인강 형식의 동영상 강의도 함께 무료로 제공하기 때문에 공부하기 좋은 환경인 것 같습니다. 그러나 역시 선생님이나 선배, 동료와 함께 공부하는 것이 가장 좋은 방법입니다.

컴퓨터 학원

가장 먼저 쉽게 접할 수 있는 곳이 컴퓨터학원입니다. 최근 들어서는 코딩학원이라고 이름을 바꾼 곳도 있으니 참고하십시오. 강남에 있는 큰 학원도 좋고, 동네에 있는 작은 학원도 좋습니다.

한 가지 고려해야 할 것은 책 내용만 수업하는 학원보다는 실무 프로젝트를 실습하는 학원을 다녀야 한다는 겁니다. 실무 프로젝트도 자기가 향후 취업을 원하는 분야, 예를 들면 게임이나, 사무용 소프트웨어, 의료용 소프트웨어 등 자신의 취업목표와 관련이 있는 분야의 실무 프로젝트를 하는 학원을 고르는 것이 좋습니다. 또 유명 학원 외에 동네 학원을 잘 찾아보면 현업 프로그래머가 아르바이트로 주말특강을 하는 곳이 있습니다. 그런 곳의 강의를 들으시면 현업에서 일하는 프로그래머의 살아 있는 지식과 경험을 공부할 수도 있습니다.

학원 중에서 강남의 유명 학원의 경우, 주5일 종일수업으로 6개월을 수강하는데, 3개월은 이론, 3개월은 실무프로젝트를 수행합니다. 수강료는 550만 원(2017년 11월)입니다. 실무 프로젝트의 내용이 뛰어나서 취업에도 도움이 많이 되는 것으로 알려진 학원입니다. 이런 비싼 고급학원 말고도 동네에 있는 월 수강료 20~30만원 하는 학원도 있습니다. 학원에서 실무 프로젝트를 할 수 있는지, 현업 프로그래머가 강의 하는 특강이 있는지를 알아보고 수강하시기 바랍니다. 또한 학교에서 하는 좀 더 저렴한 강의도 있는데 간혹 유명학원 강사가 출강하는 형식으로 학교에서 하는 강의가 아주 실속 있는 경우도 있으니, 학교의 외부강사 초빙 특강 등도 수시로 확인해보세요.

학원생활을 하면서 사귀게 되는 사람들과의 인맥도 매우 중요한 자산이 됩니다. 학원 선생님들은 수료한 후에도 궁금증을 풀어주는 데 도움이 될 수 있고, 같은 기수의 동료 학원생들이나 학원 내의 다른 모임에 합류하여 그 모임의 선후배들과도 지속적인 친분을 쌓아 상부상조하는 관계로 발전시킬 수도 있습니다.

온라인 카페, 블로그, 포럼

비슷한 일을 하는 프로그래머들 간의 정보 교환을 위한 수많은 카페, 블로그, 홈페이지가 있습니다. 자신이 공부하는 언어나 분야의 카페나 개발자 모임 혹은 개발자 커뮤니티를 검색해서 활용할 수 있습니다. 하드코딩하는사람들(하코사), 프로그래밍을 배우자, 아두이노 스토리, 안드로이드 개발자 커뮤니티, 디벨로이드 등은 저도 도움을 많이 받는 네이버카페입니다.

프로그래밍 문법에 대한 기초적인 질문부터 코딩을 하다가 어려운 부분에서 막혔을 때, 코드를 보여주면서 질문을 하면 어느 누군가는 친절하게 해결책을 제시해줍니다. 아니면 해외의 어떤 웹페이지를 참고해보라는 정보라도 주는 사람을 반드시 만날 수 있습니다.

해외에서는 이런 커뮤니티를 검색할 때, community 또는 forum이라는 단어를 붙여서 검색하면 쉽게 찾을 수 있습니다. 스마트폰용 앱 개발 도구인 안드로이드 스튜디오에 대한 해외 프로그래머들의 조언을 듣고 싶다면 android studio developer(또는 programmer) forum(또는 community)이라고 검색하면 많은 웹사이트를 발견할 수 있습니다.

이런 온라인 사이트는 내가 해결해야 할 문제에 대해 조언을 듣기 위해서도 활용할 수 있지만 운이 좋으면 본인이 지금 만들고 있는 부분과 유사한 코드 전체를 복사해서 사용할 수도 있습니다. 프로그래머가 어떤 기능을 구현할 때, 처음부터 끝까지 자기가 전부 코딩하는 경우는 거의 없습니다. 남들이 이미 만들어놓은 코드를 가져다가 수정해서 사용하는 경우도 많고, 어떤 특정한 새로운 기법 같은 것들은 위와 같은 개발자 포럼에 가면, 누군가 신기술을 알리기 위해 올려놓은 소스코드 혹은 라이브러리(프로그램에서 불러서 편리하게 사용할 수 있도록 미리 기능을 만들어 놓은 코드)나 컴포넌트(라이브러리와 유사한 코드)를 다운받아 그대로 사용할 수도 있습니다. 프로그래머 중 과거에 이런 도움을 받아서 일한 사람이 많지요. 그래서 남들에게 다시 도움을 주기 위해 그런 소스를 무료로 공유하는 사람들이 있습니다. 물론 어떤 경우에는 유료로 판매하는 개발자들도 있어요. 저도 유료로 구매해서 사용한 경우도 많습니다.

프로그래머에게 온라인 사이트에서의 활동은 필수적입니다. 신기술 동향에 대한 정보교환, 소스코드 문제점 질의응답, 회사를 이직할 때 회사에 대한 정보교환 등을 위해 아주 유용하게 활용할 수 있습니다. 초보 프로그래머일 때 오프라인 모임에도 참여해 프로그래머 인맥을 쌓아놓는 것이 좋습니다. 경력이 많아지면 회사 내에서 직급도 높아져 관여하는 업무가 많아지고, 그만큼 나이가 들면 가정일도 많아지기 때문에 오프라인 모임에 참석할 시간이 점점 줄어듭니다. 대학생이나 신입사원 시절이 그런 인맥을 만들기 위한 적절한 시기입니다.

대학교 프로그래밍 동아리 활동

각 대학별로 컴퓨터공학과 학생을 주축으로 한 프로그래밍 동아리가 있습니다. 비전공 학생도 참여할 수 있기 때문에 그런 동아리 활동을 통해서도 프로그래밍을 전공학과 학생 못지않게 공부할 수 있지요. 저도 적록색약이라서 인문계학과로 대학을 진학한 후 프로그래밍 동아리활동으로 프로그래밍을 배웠습니다. 오히려 저는 전산학과(컴퓨터공학과의 과거 명칭) 학생들보다 프로그래

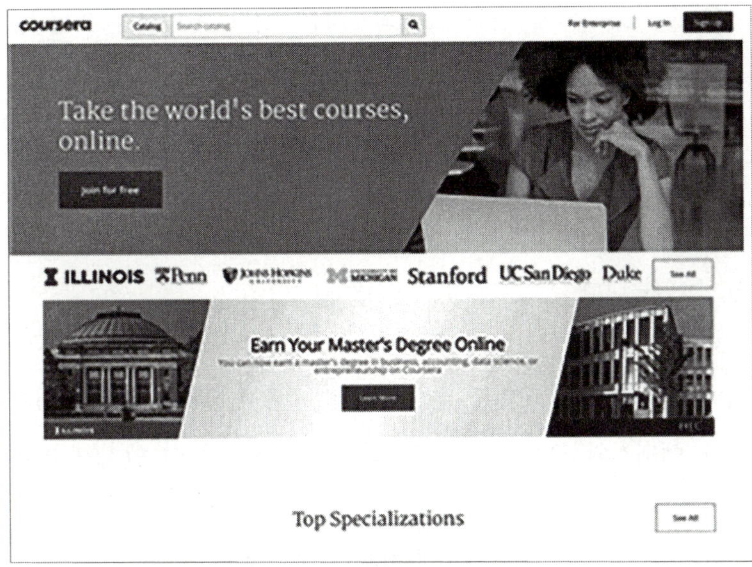

田… 코세라 홈페이지(출처 : www.coursera.org)

밍에 대한 열정이 더 컸고, 동아리방에서 항상 더 오랫동안 공부
하는 학생이었고, 시간이 갈수록 전공학과 학생들보다 제가 공부
하는 프로그래밍 분야에서는 훨씬 더 전문적인 기술들을 연마할
수 있었습니다.

무료 인터넷강의 – 코세라

영어로 강의를 들을 수 있는 독자들을 위해 유용한 인터넷 강의
서비스가 있어 추천하고자 합니다. 대규모 사용자를 대상으로 제
공하는 온라인 공개 수업을 '무크-MOOC(Massive Open Online
Course)'라고 합니다.

무크는 2010년에 처음 소개되었지요. 여러 단체가 강의를 공개했습니다. 처음엔 대학강의를 그대로 녹화해서 공개하는 경우도 있었지만, 인기가 많아져 지금은 무크 강의를 위한 스튜디오에서 따로 녹화하여 제공되고 있어요. 여러분이 잘 아시는 '테드 TED(Technology, Entertainment, Design)'도 무크의 한 종류라고 할 수 있습니다.

세계적으로 인기 있는 서비스는 '유다시티', '에덱스', '코세라'입니다. 유다시티는 현재는 유료강의가 많아서 추천하지는 않겠습니다. 에덱스와 코세라가 무료강의인데 코세라가 더 인기가 높습니다.

미국 스탠포드 대학에서 강의하던 앤드류응 교수와 다프네콜러 교수가 만든 서비스가 코세라(coursera)인데요, 이 두 사람은 코세라 이전에 이미 컴퓨터과학 및 데이터과학 분야에서 이름난 권위자였습니다. 다프네콜러 교수가 TED 강연에서 밝힌 내용에 따르면, 세계에는 대학등록금이 너무 비싸 금전적인 이유로 좋은 수업을 받지 못하는 사람이 많다는 걸 알게 되었고, 온라인 강의가 그 문제를 위한 해결책이 될 수 있다는 판단에서 코세라를 시작했다고 합니다.

2012년에 만들어진 이 서비스는 2017년 10월 현재 가입자가 2800만 명, 강의 수는 2000개가 넘는다고 합니다. 모든 강의 시청은 무료이며, 미국 유명 사립대의 교수인 강사와 사이버대학의 수업처럼 과제를 받아 제출하거나 질의응답을 하거나 시험을 보는 등의 활동을 하고 싶다면 유료로 등록하면 됩니다. 또한 그렇게 수업을 받은 학생들에게는 유료로 정식 수료증도 발급해줍니다. 코세라의 강의는 영어, 중국어, 스페인어 자막이 기본으로 제공됩니다. 영어 리스닝 능력이 부족한 경우에는 영어자막의 도움을 받아 공부할 수도 있습니다.

위와 같이 IT 관련학과를 전공하며 대학수업에서 프로그래밍을 공부하지 않았다 하더라도 프로그래머가 되기 위해 공부할 수 있는 방법은 많이 있습니다. 전공을 했다 안 했다 하는 것은 그 후보자의 기초지식, 적성, 진로에 대한 열정 그런 면들을 좀 더 어필하는 수단이 될 수는 있지만, 열정과 소질은 있지만 어떤 이유로 IT학과를 전공하지 못한 비전공자들도 저처럼 프로그래머가 될 수 있습니다. 자기가 주어진 환경에서 항상 관심을 갖고, 계획을 세우고 방법을 찾아 행동해 나가면 꿈을 이룰 수 있습니다.

```
<script language=KOR.script> </script>
prompt(/) // Temp <> Tempold THEN
document.myform.Documnet.focus(1);
```

Document.Write(1) :

프로그래머 자격증과 프로그래밍 대회 입상 </>

프로그래머로 취업하기 위해 필요한 것은 프로그래밍 능력이라고 다시 한 번 강조드립니다. 관건은 그 능력을 어떻게 인정받아 서류심사를 통과하느냐입니다. 취직하는 데 있어 1차 관문은 서류심사 통과니까요. 면접은 그다음입니다. IT관련학과를 우수한 성적으로 졸업하고 외국어 성적이 우수하다는 것은 좋은 기초를 가졌다는 사실을 증명하는 정도입니다. 실제 구인회사에서 필요한 프로그램의 종류와 프로그래밍 언어에 대한 확실한 경험만 있다면, 그런 내용이 쓰여 있는 이력서와 자기소개서로 면접 기회가 주어질 것입니다. 면접에서도 서로 간의 대화로 프로그래밍 능력을 충분히 파악할 수 있지요.

프로그래밍 경력이나 능력을 소개하는 이력서의 첨부문서를 '포트폴리오'라고 합니다. 포트폴리오는 여러 분야에서 사용되는 단어입니다. 창작을 하는 예술가나 IT분야의 그래픽 디자이너에게는 자기가 만든 작품 리스트나 샘플 작품을 가리키는 말이고, 프로그래머에겐 자기가 만든 프로젝트를 설명하는 문서가 포트폴리오라고 할 수 있습니다. 이런 포트폴리오가 지원하는 회사의 업무와 관련이 많다면 자격증보다 훨씬 더 입사에 효과가 있습니다.

특별히 준비된 포트폴리오가 없다면, 서류심사를 통과하기 위한 일종의 다리 역할로 자격증이 도움이 될 수 있습니다. 다시 말씀 드리지만, 입사지원자가 주의해야 할 것은, 프로그래머에 있어서는 여러분이 생각하는 자격증의 가치만큼 구인회사에서는 그것을 중요한 조건으로 인정해주지 않는다는 사실입니다. IT 관련 자격증은 학원에서 자체적으로 발급하는 것까지 합치면 많은 종류가 있고 그중 70~80% 이상이 구인회사 입장에서는 별로 관심 갖지 않는 것들입니다. 그러므로 잘 선택해서 투자해야 합니다.

IT 회사에 프로그래머로 취직한다는 것은 순수하게 프로그래밍만 하는 것이 아닌 경우가 많습니다. 회사의 네트워크 관리, 서버 관리, 데이터베이스 관리, 홈페이지 관리, 이메일 서버 관리 등등 IT 관리업무를 전체적으로 맡아서 하는 경우도 많기 때문에 회사에서는 프로그래밍 능력뿐만 아니라 그런 IT인프라 관리능력도 함께 갖춘 후보자를 더 선호합니다. 물론 이런 회사에서는 프로그래머가 할 일이 많아서 고달픈 직장생활이 될 확률이 높아집니다. 이 점은 미리 각오하시기 바랍니다. 그러나 저는 IT 관리업무도 프로그래머로서 갖춰야 할 자격이라고 생각합니다. 자신의 프로그래밍 능력을 향상시키기 위해서는 프로그램이 사용되는 네트워크의 특성, 관련 하드웨어(다양한 단말 장치들, 웹 서버, 데이터 베이스 서버 등)들의 특성 등 전반적인 주변 환경들을 잘 알고 있어야 개발하는 업무나 디버깅이라고 하는 에러를 수정하는 업무에 있어 전문성을 키울 수 있으니까요.

프로그래머 자격증과 앞서 말한 여러 IT 관리업무 자격증, 두 가지로 나눠서 자격증에 대해서 살펴보겠습니다.

프로그래머 자격증

프로그래머 자격증으로는 한국산업인력관리공단에서 시행하는 '국가기술자격증'과 외국기업이 시행하는 '자바 언어 자격증' 두 가지가 있습니다.

국가기술자격증 체계는 동일하기 때문에 다음 쪽 표에 보이는 기술사, 기사 같은 구분에 '정보처리'라는 말을 붙이면 됩니다. '정보처리기술사', '정보처리기사' 이런 식으로 이해하면 됩니다.

대표적인 자격증이 정보처리기사입니다. 2005년까지는 실기에서 프로그래밍 시험을 봤지요. 그 이후에는 실기도 서술형 필답고사로 바뀌어 프로그래밍 능력을 시험보지는 않습니다. 회사에서도 이 자격증은 그냥 "아 이런 것도 공부했구나" 정도로만 인식하고 있습니다. 공무원시험에서도 2010년까지는 가산점이 3%였으나 이듬해부터는 1%로 줄어 자격증의 인기도 줄어들었다고 합니다. 프로그래머로 취직하려는 사람들에게 추천하고 싶지는 않

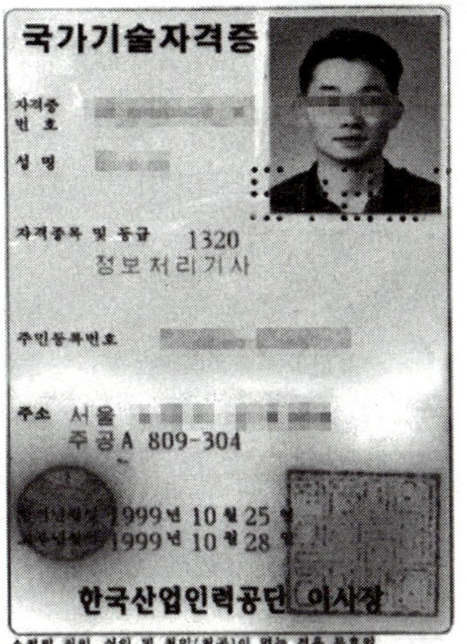

⊞… 정보처리기사 자격증

습니다만 국가기술자격증이 이것밖에 없어서 소개합니다. 시험이 바뀐 후로는 기출문제만 풀어도 합격한다고 하니 혹시 필요한 수험생은 기출문제집을 사서 암기하면 될 것 같습니다.

주최 : **미래창조과학부 주관**
시행 : **한국산업인력관리공단**

1) 필기시험
- ▶ **시험과목** : 데이터베이스, 전자계산기구조, 운영체제, 소프트웨어공학, 데이터
  통신
- ▶ **시험방법** : 각 과목당 20문제, 총 100문제 객관식 문제 풀이
- ▶ **시험시간** : 150분
- ▶ **합격기준** : 전 과목 100점 만점에 평균 60점 이상. (과락 40점 기준)
- ▶ **수험료** : 19,400원

2) 실기시험
- ▶ **시험과목** : 어플리케이션, 데이터베이스, 업무프로세스, 신기술동향, 전산영어
- ▶ **시험방법** : 각 과목당 4-5문제 주관식 필답형 문제 풀이
- ▶ **시험시간** : 180분
- ▶ **합격기준** : 전 과목 100점 만점에 평균 60점 이상. (과락 없음)
- ▶ **수험비용** : 22,600원

연도	필기			실기		
	응시	합격	합격률(%)	응시	합격	합격률(%)
2016	54,325	25,040	47.9%	35,696	23,371	65.5%
2015	51,015	26,511	51.4%	39,168	22,024	56.2%

⊞… 정보처리기사 자격증 응시 인원과 합격률

등급	응시요건			
	기술자격 소지자	관련학과 졸업자	비관련학과 졸업자	경력
기술사	• 기사 + 경력 4년 • 산업기사 + 경력 6년 • 기능사 + 경력 8년 • 외국에서 동일한 등급 또는 종목에 해당하는 자격 소지자	• 대졸 + 경력 7년 • 3년제 전문대 + 경력 8년 • 2년제 전문대졸 + 경력 9년 • 노동부령이 정하는 교육훈련기관의 기사(산업기사) 수준에 해당하는 기술훈련과정 이수자 + 경력 7년(9년)	• 대졸 + 경력 9년 • 3년제 전문대졸 + 경력 9.5년 • 2년제 전문대졸 + 경력 10년	11년
기사	• 동일 직무분야 기사 • 산업기사 + 경력 1년 • 기능사 + 경력 3년 • 외국에서 동일한 등급 또는 종목에 해당하는 자격 소지자	• 대졸(졸업예정자) • 3년제 전문대졸 + 경력 1년 • 2년제 전문대졸 + 경력 2년 • 노동부령이 정하는 교육훈련기관의 기사 수준에 해당하는 기술훈련 과정 이수자 • 노동부령이 정하는 교육훈련기관의 • 산업기사 수준에 해당하는 기술훈련과정 • 이수자 + 경력 2년 • 학점인정 등에 관한 법률에 의해서 106학점 이상 인정받은 자 • 학점인정 등에 관한법률에 의해서 응시하고자 하는 종목이 속하는 동일 직무 분야에서 전문대학졸업자와 동일한 학력을 인정받은 자 + 경력 2년	• 대졸 + 경력 2년 • 3년제 전문대졸 + 경력 2.5년 • 2년제 전문대졸 + 경력 3년	4년
산업기사	• 동일 직무분야 산업기사 • 기능사 + 경력 1년 • 외국에서 동일한 등급 또는 종목에 해당하는 자격 소지자	• 2년제 또는 3년제 전문대(졸업 예정자) • 노동부령이 정하는 교육훈련기관의 산업기사수준에 해당하는 기술훈련과정 이수자 • 학점인정 등에 관한법률에 의해서 41학점 이상 인정받은 자	• 대졸 • 3년제 전문대졸 + 경력 0.5년 • 2년제 전문대졸 + 경력 1년	2년
기능장	• 산업기사 + 경력 6년 • 기능사 + 경력 8년 • 외국에서 동일한 등급 또는 종목에 해당하는 자격 소지자	• 해당직무분야의 산업기사 또는 기능사 자격을 취득 후 기능대학 기능장과정 이수자(예정자)		11년
기능사	• 제한 없음			

⊞ ⋯ 국가기술자격증 등급별 응시자격 기준

이 자격증 시험은 자바 언어에 대한 프로그래밍 문법이나 구조, 간단한 문제해결을 요구하는 문제로 구성되어 있습니다. 객관식 50~60문항이 출제되며 150분 시험시간이 주어지고, 61% 이상 득점 시 합격됩니다. 외국기업의 자격증이기 때문에 수험료가 300달러로 비싼 편입니다. OCJP 자격증도 학원이나 독학으로 자바를 공부하며 동시에 프로젝트를 수행하면서 그 프로젝트를 정리한 포트폴리오를 준비하는 것이 입사에 훨씬 더 도움이 된다고 생각합니다.

프로젝트라는 뜻은 실무에서 사용할 수 있는 수준의 프로그램

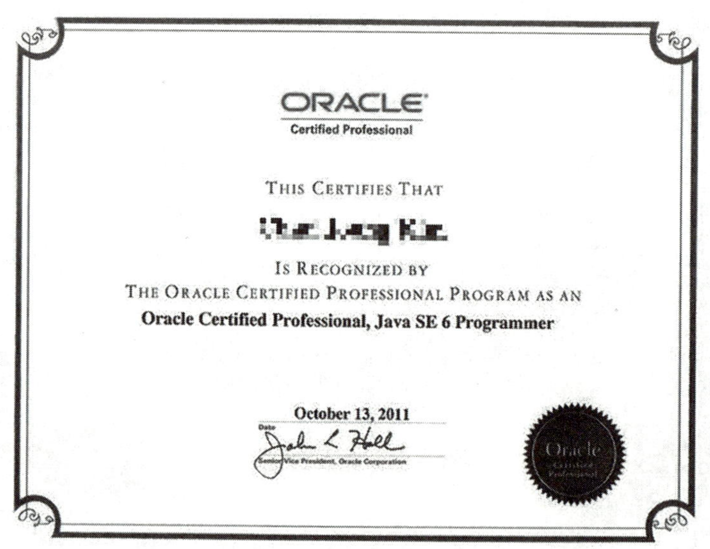

⊞… 자바 언어 자격증

을 직접 만들어보는 것을 말합니다. 예를 들어, 게임 프로그래머가 되고 싶다면 간단한 수준이라도 자바를 이용해서 게임 프로그램을 직접 만들어보고 그 과정과, 게임 앱의 구조를 문서로 정리해서, 내가 직접 이런 걸 만들었다, 그걸 이렇게 문서로 정리도 해서 당신에게 설명도 할 수 있다는 점을 내세우는 것이 취업에 훨씬 더 유리하다고 판단됩니다.

IT관리자 자격증

다음에서는 IT 관리자 자격증에 대해 설명하겠습니다.

IT 관리자 자격증은 프로그래머 자격증보다는 가치를 인정받는 자격증입니다. 그래서 IT 네트워크 엔지니어로서 입사 시, 가산점을 받고 싶은 분들은 취득해놓는 게 좋겠습니다. 프로그래머가 자신의 능력을 네트워크관리 분야로 확장하고 싶고 취업 시 그 능력도 함께 인정받을 필요가 있다면 좋은 스펙이 될 수 있습니다.

IT관리자 자격증은 크게 세 가지 회사에서 발급하는 자격증이 있습니다.

세계 최대의 네트워크 회사인 '시스코(CISCO)'에서 발급하는 네트워크 관리자 자격증으로서 이 자격증을 취득하면 지식적인 측면에서 네트워크를 구축하고 관리할 수 있는 능력이 있다고 인정받을 수 있습니다. 실무에서는 너무나 많은 복잡한 문제들이 생기기 때문에 이 자격증만 있다고 해서 그런 능력까지 가졌다고 인정하지는 않습니다.

　다음은 '마이크로소프트'에서 발급하는 IT관리자 자격증인데요. MS는 여러분이 사용하는 PC용 윈도우즈라는 운영체제 이외에도 아주 많은 사무용 솔루션 제품들을 갖고 있습니다. 이메일서버, 웹서버, 데이터베이스서버, 협업솔루션 등이 있는데, 이런 기업용 제품들을 설치하고 운영할 수 있는 능력을 증명하는 자격증이라고 보면 됩니다. MS에서 시행하는 자격증은 이 외에도 더 있지만, 여기서는 두 가지만 언급하였습니다.

　마지막으로 세계 최대의 데이터베이스와 서버 컴퓨터 회사인 오라클에서 발급하는 데이터베이스 관리자 및 웹 관리자 자격증이 있는데, 이것들을 취득하면 데이터베이스 프로그래밍이나, 데이터베이스서버 관리, 웹서버 관리자로서 지식을 가졌다고 볼 수 있습니다. 오라클의 자격증도 매우 다양하지만 여기서는 데이터베이스와 관련된 세 가지만 설명합니다.

　외국회사가 발급하는 자격증이기 때문에, 문제는 모두 영어 객관식 문제이고, 수험료도 과목당 기본적으로 100~300달러입니다. 기초 자격증은 한 과목만 합격해도 취득할 수 있지만, 중급 이상의 자격증 시험에서는 필기 여러 과목 또는 실기시험도 합격해야 취득할 수 있기 때문에 전체 수험료가 1~2백만 원이 되는 것도 있습니다.

　시험준비는 '덤프'라고 하는 기출문제를 많이 풀어보면 됩니다. 유사하거나 그대로 나오는 문제가 많아 시간 투자만 잘 하면 취득하는 데 큰 어려움은 없습니다. 그러나 경험이 없이 덤프만 암기해서 자격증을 취득하면 면접에서 실력이 탄로 날 수 있습니다. 구인회사에서는 자격증 자체보다는 실제 업무능력을 확인해서 합격시키기 때문에 회사에서 아르바이트를 하든, 학교나 학원에서 실습을 하든 실무능력을 겸비해야 합니다.

자격증의 내용은 다음 표를 참고하시기 바랍니다.

자격증	업무분야	시험과목
CCNA – Cisco Certified Network Associate	PC 100대 규모의 네트워크 구축 및 관리	1과목 필기시험
CCNP – Cisco Certified Network Professional	PC 100~500대 규모의 네트워크 구축 및 관리	3과목 필기시험
CCIE – Cisco Certified Internetwork Expert	네트워크 관리전문가 대기업 네트워크 관리 가능	1과목 필기시험 실기시험 (도쿄 지점)
MCSA – Microsoft Certified Solutions Associate	MS 제품의 설치 및 관리	3 과목 필기시험
MCSE – Microsoft Certified Solutions Expert	MS 솔루션의 구축 및 관리	MCSA 취득후 2과목 추가 필기시험
OCA – Oracle Certified Associate	Oracle DB 관리자로서 초급과정	2과목을 선택
OCP – Oracle Certified Professional	Oracle DB 관리자로서 중급과정	교육이수 및 3과목
OCM – Oracle Certified Master	Oracle DB 관리자로서 고급과정	OCP 취득후 추가로 2과목 및 실기시험

⊞⋯ IT 관리업무 관련 자격증

　프로그래밍 대회 또는 소프트웨어 공모전

프로그래밍 능력을 겨루는 대회가 많이 있습니다. 국제 프로그래밍대회, 국내 프로그래밍대회도 있고 또는 대기업이나 소프트웨어전문기업에서 채용을 목적으로 시행하는 프로그래밍대회도 있습니다. 이런 대회에서 입상한다면 소프트웨어기업에 입사가 보장된다고 봐도 무방합니다. 다만 허술하게 운영하는 국내 대회도 있으니 잘 알아보고 참가하는 게 좋습니다.

프로그래밍대회 몇 가지를 아래에 소개합니다. 참고로 프로그래밍 대회의 문제는 대부분 창의수학을 기반으로 하는 '알고리즘 구현' 문제들입니다. 알고리즘 구현이란 문제의 답을 찾기 위해 계산하는 과정을 코딩으로 표현하는 것을 말합니다. 예를 들면, 스토리텔링 수학문제와 같은 시험문제를 읽고, 이야기 속에서 제시된 조건하에서 답을 결과 값으로 보여주는 코딩을 하는 것입니다. 코딩을 하는 방법은 수십 수백 가지가 될 수 있기 때문에 일단, 코딩의 결과값이 정답과 같아야 할 것이며, 해당 코딩이 얼마나 간결하며 논리적으로 잘 만들어졌는가, 해당 언어의 문법을 얼마나 효율적으로 잘 활용하였는가 등에 초점을 맞춰 채점을 합니다. 프로그래밍 언어는 C, C#, C++, Python, JAVA 등이 사용되며 코딩교육으로 많이 사용되는 스크래치와 엔트리 등도 내년부터는 추가될 예정이라고 합니다.

먼저 유명한 국제대회는 여러 가지가 있지만, 가장 권위 있는 대회를 하나 소개하자면 '아이비엠(IBM)'과 국제 소프트웨어 학회인 '에이씨엠(ACM)'이 주관하는 대회인 '국제 대학생 프로그래밍 대회(ACM-ICPC)'가 있습니다. 우승상금은 50,000 달러(약 5천5백만원)입니다. 이 외에 '페이스북'에서 실시하는 '페이스북 해커컵

대회'가 있습니다. 해킹이라는 것이 네트워크 관리, 서버 관리, 프로그래밍 등 여러 분야를 알아야 잘 할 수 있는 분야이기 때문에 프로그래밍 대회라고 하기엔 적절하지 않을 수도 있지만, 정보보안 분야로 진로를 생각한다면 아주 좋은 경험이 될 수 있을 것입니다.

국내 대회로 유명한 대회는 다음 네 가지 입니다.

2017년 34회를 맞이한 '미래창조과학부'에서 매년 주최하는 '정보올림피아드 대회'가 있습니다. 기존 컴퓨터학원의 우수한 학생들이 항상 목표로 하는 대회입니다. 입상자에게는 소프트웨어 특기 전형으로 대학입시에서 유리한 경력이 될 수 있습니다. 다른 대회에 비해서 수학실력을 많이 요구하는 문제가 출제됩니다.

2016년에 만들어진, 게임회사 '넥슨'이 실시하는 '넥슨 청소년 프로그래밍 챌린지(NYPC)'가 있습니다. 다수의 입상자에게 각 500만 원의 상금을 지급합니다. 문제는 창의성과 수학 모두를 요구하는 문제가 출제됩니다. 청소년 대회이기 때문에 12~19세 청소년에게만 참가자격이 주어집니다. 이 대회도 올림피아드 대회처럼 장관상이 주어지기 때문에 많은 학생들이 참가하고 있습니다.

'다음카카오'에서 시행하는 '카카오 코드페스티벌'은 올해 처음 시행되었는데, 규칙적으로 시행하는 지에 대한 정확한 소식은 찾을 수 없었습니다. 대학생과 대학원생에게만 지원 자격이 주어지고 문제도 수학문제가 아닌 실제 회사에서 프로그래밍할 때 만나게 되는 문제를 출제하고 있어, 문제가 흥미로웠습니다. 게임화면

if(yourage==청춘) playcoding();

최고의 프로그래머를 꿈꾸는 대학생들의 축제

삼성 대학생 프로그래밍 경진대회

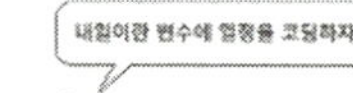

참가자격

대학생
(전문학사, 학사, 석사, 박사 재학생 또는 휴학생 / 전공 무관)

대회 운영 방식

제한된 시간 내에 알고리즘 문제를 풀고 문제풀이 소스 코드 제출
(C, C++, Java 중 사용 언어를 선택)

대회 일정

참가신청 및 온라인 예선은 www.codeground.org에서 진행

참가신청 2016년 05월 26일 ~ 06월 23일
1차 예선 2016년 06월 29일 ~ 06월 30일
2차 예선 2016년 07월 14일
본선대회 2016년 08월 15일

본선 시상

순위	인원	상금	부상
1등	1명	1,000만원	해외 컨퍼런스 참관
2등	2명	각 500만원	해외 컨퍼런스 참관
3등	5명	각 200만원	
4등	10명	각 100만원	
5등	20명	각 50만원	

입상자는 대회 성적에 따라 삼성전자 채용전형 우대

SNS 공유 이벤트

SCPC 소식 공유하고 커피 한 잔의 여유를 즐기세요. 추첨을 통해 커피 쿠폰을 제공합니다.

1 각 학교 게시판 등에 게시된 제2회 SCPC 포스터 사진을 찍고 해시태그 #SCPC2016, #삼성대학생프로그래밍경진대회, #코딩하자로 인스타그램에 게시글 올리기.

2 SCPC 공식 페이스북에 게시된 삼성 대학생 프로그래밍 경진대회의 포스터를 공유하고 "코딩하자!@친구야!"로 친구를 태그 하여 댓글 남기기.

페이스북과 인스타그램에서  scpc.samsung 를 검색하세요!

코드그라운드

이나, 앱의 화면을 조건으로 주고 어떤 현상을 해결하라든지, 어떻게 되도록 구현하라든지 하는 문제들입니다. 입상자에게는 상금과 함께 카카오 인턴십 프로그램에 참여하는 특전을 준다고 합니다.

마지막으로 2015년에 '삼성'이 만든 프로그래밍 경진대회로 '코드그라운드'가 있습니다. 우승상금은 2천만 원입니다. 입상자에게는 삼성그룹 입사 특혜가 주어집니다. 문제는 수학과 창의성을 함께 발휘해야 합니다. 이야기 속의 조건을 읽고 문제해결을 해야 하며, 프로그래밍 언어에 대한 문법 조건도 함께 문제에서 제시하고 있습니다. 'LG' 도 유사한 'LG 코드챌린저'라는 대회를 2014년도부터 실시하고 있습니다.

정리하자면, 자격증은 취득한 사람의 생각만큼 구인회사에서는 큰 가치를 부여하지 않습니다. 특히 프로그래밍 자격증은 더욱 그렇습니다. 오히려 프로그래밍 회사가 아닌 회사에 입사할 때, 이런 것도 공부했구나 라며 약간의 가산점을 기대할 수 있을지 모르겠습니다. 네트워크 자격증은 구인회사에서도 인정하지만, 역시 실무경력이 우선한다는 걸 명심하시기 바랍니다. 제가 추천하는 가장 좋은 스펙은 프로그래밍 대회 입상이므로 기회가 된다면 꼭 참가해보시길 권해드립니다.

```
<script language=KOR.script> </script>
prompt(/) // Temp <> Tempold THEN
document.myform.Documnet.focus(1);
```

Document.Write(1) :

이력서와 자기소개서 작성 요령 </>

이력서와 자기소개서 작성요령에 대해서는, 인터넷에서 검색하면 잘 만들어진 샘플도 볼 수 있고, 작성법도 쉽게 공부할 수 있지만, 구인회사에서 채용을 담당하면서 직접 이력서의 합격 여부를 결정했던 사람의 입장에서 몇 가지 조언을 드리고자 합니다.

취업의 첫 번째 관문은 서류전형을 통과하는 것입니다. 그러므로 이력서는 최종 합격의 수단이 아니라 면접을 보기 위한 수단이어야 합니다. 이 후보자는 면접을 보고 싶다는 인상을 주는 것이 이력서와 자기소개서 작성의 목적입니다. 그렇다면 어떻게 써야 면접을 보고 싶어 할까요?

거짓말을 하면 안 되지만, 자신이 갖고 있는 자격과 능력을 해당 포지션에 맞게 잘 각색해서 써야 할 것입니다. 후보자가 입사하고 싶은 자리가 나의 학력이나 경력과 좀 다르더라도, 잘 꾸며

서 본인이 적임자가 될 수 있다는 걸 분명하게 알려야 한다는 뜻
인데요. 그 포지션에 딱 맞는 자격을 갖춘 사람은 거의 없습니다.
비슷한 자격을 갖춘 후보자들끼리 경쟁하는 경우가 보통입니다.
여기서 얼마나 잘 꾸며서 쓰고, 또 서류가 통과되어 면접을 볼
때, 날카로운 질문에 얼마나 잘 대답할 수 있는지가 중요합니다.
너무 과장에만 치중하다 보면 면접에서 들통나니까요. 면접관들
은 그런 일을 수년 동안 한 사람들이기 때문에 면접에서 의심스
러운 구석이 발견되면 예상하지 못한 질문을 통해 거짓말을 찾아
내는 능력을 갖고 있지요 그러므로 이력서에서 과장된 표현을 썼
다면, 철저히 준비하고 면접에 임해야 합니다.

　신입사원의 경우에는 인성, 적성, 기초지식 등만 통과되면 서류
전형은 합격할 수 있습니다. 그러나 경력사원의 경우에는 해당 포
지션에 딱 맞는 인재라는 걸 보여주는 것이 중요합니다. 경력을
포장하는 게 중요하지요. 내용만 중요한 게 아니고, 파일형식과
같은 사소한 것도 후보자의 인상을 결정짓는 중요한 포인트가 될
수 있습니다. 회사에서 hwp 한글 파일로 보내라고 했는데, doc
워드 파일로 보낸다든가, 회사에서 정한 이력서 양식이 있는데,
본인이 임의로 작성한 양식으로 보낸다든가 하면 벌써 첫인상에
서 마이너스를 받을 수밖에 없겠죠. 회사에서 파일형식을 지정하
지 않았다면 PDF 형식으로 보내는 것이 가장 보기 편한 방법입
니다. 또한 파일이름을 정할 때도 그냥 "이력서.hwp" 이렇게만 되
어 있으면 안 되고, "이력서_공대규_VOIP개발팀장_20171116.hwp"

이런 식으로 이름, 지원하는 직위, 날짜를 함께 써서 나중에라도 참고할 때 파일명만 보고도 쉽게 구별할 수 있도록 한다면 혹시 이번에 채용이 안 되더라도 다음에는 내 이력서를 더 쉽게 알아보고 연락이 올 수도 있습니다.

대기업이나 중견기업들은 보통 홈페이지에서 자신들이 정한 양식으로 이력서를 제출하도록 하는 경우가 대부분이고, 구인구직 사이트에서도 정해진 입력양식에 입력하게 되어 있습니다. 뒤에 소개해 놓은 제 이력서 샘플은 벤처기업이나, 소프트웨어 전문기업, 외국계기업, 혹은 헤드헌터에 보낼 때 사용했던 것입니다. 한글 이력서와 영어 이력서 두 가지를 참고해보시기 바랍니다.

이력서의 형식은 소프트웨어 회사가 창의적이고 젊은 사람들이 모인 회사인 만큼 전통적인 양식보다는 좀 더 세련된 양식이 적합할 것입니다.

이력서의 목차는 내가 지원하는 구인포지션 즉 지원분야, 내가 갖고 있는 경력분야, 경력을 두세 줄로 요약한 경력요약, 경력을 좀 더 쉽게 설명하는 경력사항, 나의 학력과 기타 자격사항을 설명하는 교육 및 자격사항으로 구성됩니다.

영어로는 지원분야가 'OBJECTIVE'라고 표기하고, 경력요약이 'EXECUTIVE SUMMARY', 경력사항이 'BUSINESS EXPERIENCE', 교육 및 자격사항이 'EDUCATION & QUALIFICATIONS', 보통은 요구하지 않지만 개인신상정보를 요구할 경우 표시하는 'PERSONAL INFORMATION' 등이 있습니다. 이런 목차를 가지고 자신이 해당 포지션에 딱 맞는 사람이라는 걸 최대한 표현하여 제출합니다.

한 장의 샘플로 보여드리기 위해 폰트를 작게 통일시킨 모습입니다. 실제로는 각 항목의 제목이 내용보다 조금 커야합니다.

다음은 영문 이력서입니다. 외국계기업으로의 취업에 대해서는 다른 챕터에서 더 상세히 다룰 예정입니다. 여기서는 이력서와 커버레터만 참고하시기 바랍니다.

다음은 자기소개서입니다. 영문 이력서에서는 자기소개서라는 건 없고 비슷한 서류를 COVER LETTER라고 하는데 내용이 조금 다릅니다.

우리나라의 자기소개서는, 태어나서 성장한 과정부터 지금 입사지원하기까지 말 그대로 자기의 인성, 적성, 지원동기, 포부 등을 소개하는 문서이지만, 영문 커버레터는 좀 더 간소한 내용으로 구성됩니다. 어느 포지션에 지원하는 누구라고 한다, 왜 지원하게 되었다, 나는 어떠해서 이 포지션에 적임자라고 생각한다, 그래서 면접을 봤으면 좋겠다는 것으로 마무리하는, 설득력 있는 편지 형식입니다.

우리나라의 자기소개서는 신입사원용과 경력사원용이 다릅니다. 신입사원용은 인터넷에 있는 틀에 박힌 내용이 많이 있는데요. 구인회사에서는 그런 내용은 당연히 눈여겨보지 않을 겁니다. 소프트웨어 회사의 직원들은 보통 논리적이고 업무 중심적인 사람이기 때문에 업무와 관계없는 내용을 장황하게 얘기하는 것

공 대 규

주소: ▮▮▮ ▮▮▮ ▮▮
전화번호: ▮▮▮▮▮▮▮
E-mail: ▮▮▮▮▮▮▮

지원분야

- Telco 솔루션 아키텍트

경력분야

- IP 통신분야 : 메신저, 화상회의, VOIP, UC, IP 셋탑, SIP/IMS (총 17 년)

경력요약

1. 2004 년부터 2009 년까지 최근 6 년간은 화상회의 및 멀티미디어 통신 외국계 벤더의 솔루션으로 국내 혹은 아시아에서 솔루션 아키텍트, 기술 컨설턴트로 근무
2. – 중략 –
3. 외국어 : 영어 (비즈니스 영어 능통, ▮▮▮ ▮▮▮ ▮▮▮▮ ▮▮), 일어 (일상회화 가능)

경력사항

- **Alcatel-Lucent Korea** ▮▮▮ ▮▮▮▮▮ ▮▮▮▮
  - -직급/부서 : Solution Architect 부장 / Application Software Group (APAC HQ 소속)
  - -사업 분야 : 통신사업자를 위한 멀티미디어 통신 서비스 솔루션(IPCC, UC, IMS, VoIP, V2oIP, NGN) 제공
  - -주요 고객 : 한국 통신사업자 (KT, SKT, SKBB, LG-DACOM, LGT 등) 및 APAC 지역 통신사업자(Singtel, VNPT, MTNL 등)
  - -역할 : 각 RFx 영업단계의 솔루션 설계 담당자로서 제품기술정보 제공, PT 및 솔루션 설계 컨설팅, 본사 R&D 팀과의 업무협의
  - -프랑스 알카텔사와 미국 루슨트사가 2006 년 합병되어 탄생한 통신벤더, 77000 명 이상의 전세계 종업원, 주로 통신사 대상의 통신장비 및 통신서비스 관련 어플리케이션 사업

- **RADVISION Korea** ▮▮▮▮▮▮ ▮▮▮▮▮
  - - 중략 –

교육 및 자격사항

- ▮▮▮ · ▮▮   서강대학교 대학원 정보통신공학과 석사 졸업
- -중략-
- 1998 년 대우정보시스템, 사내 소프트웨어 경진대회 금상 수상
- 2001 년 닛시미디어, 미국 LA CT-EXPO 전시회에서 The Best of the show 상 수상

본인은 위의 사실과 틀림없음을 증명합니다.

Kong, Dae Kyoo

S▓▓▓▓▓▓
Telephone: ▓▓▓▓▓▓
Email: t▓▓▓▓▓▓

OBJECTIVE

- Solution Manager for Telco

EXECUTIVE SUMMARY

Career Fields

- IT/Telecomm: Software, Wireless, Wireline, Voice, Video, NGN, Multimedia, UC, OSS/BSS (Total 17 Years)

My strengths for this position

- Technical Presales, Solution Architect and Project Manager for Korea and APAC in multi-national vendors of IP & Mobile Software business for the recent 6 years, from 2004 to 2009
- -중략-
- Language : Fluent English, Intermediate Japanese

BUSINESS EXPERIENCE

- **Alcatel-Lucent Korea**　　　　　▓▓▓▓▓▓
  - Job Title: Solution Architect, APAC HQ
  - R&R: Solution Architect and Technical Presales of software business for services of Mobile operators and Network operators in Korea and APAC region
  - Achievement: Solution Architecture for below projects
    - PC based UC solution for MMAA(Military Mutual Aid Association) in Phase 1. After we won this project in Phase 1, we proposed FMC phone(Dual mode mobile phone) based UC solution for phase 2.
    - Solution Architecture for OSS/BSS solution of LG DACOM, SKBB
  - Company Info: French-American telecommunication vendor. It has over 77000 employees worldwide. Its major fields are telecommunication related box selling business and application software business for Telcos..

- **RADVISION Korea**　　　　　▓▓▓▓▓▓
  - 중략 -

EDUCATION & QUALIFICATIONS

- Graduate school of Sogang university　　　　▓▓▓▓
  Master of Engineering of Information and Communication
- -중략-

PERSONAL INFORMATION

- Date of Birth: ▓▓▓▓▓▓

보다는, 간결하고 이해하기 쉽게 포지션에 맞는 적성과 능력을 어 필하는 내용의 자기소개서를 선호합니다.

경력사원은 특히 그런 경향이 더욱 뚜렷합니다. 자기소개서의 샘플은 인터넷 상에 좋은 정보가 많이 있기 때문에 검색을 통해 참고하시고, 제가 도움을 드릴 만한 것은 외국계기업 지원을 위한 자기소개서 즉, COVER LETTER이기 때문에 그 샘플을 소개하겠 습니다.

담당자의 이름을 알고 커버레터를 보내는 경우에는 처음에 이 름으로 호칭으로 합니다. Dear Mr. Chapman 이렇게요. 그러 나 이름을 모르는 경우에는 보통 인사부서에서 담당하기 때문 에 'Dear Personnel Manager'라고 합니다. 또한 커버레터는 우리 의 자기소개서와 다르게 비즈니스 편지이기 때문에 끝맺을 때는 Best Regards, 또는 Sincerely 같은 편지의 끝인사 형식을 갖춰 야 합니다.

Cover Letter

Dear Personnel Manager,

It's a great pleasure to introduce myself to your company. I majored in business administration in university, information & communication technology in graduate school. And I have been working in multimedia communication field for over 14 years. I have developed software products of multimedia communication field such as video conference, groupware(ERP), telemedicine, e-learning, karaoke s/w, video streaming etc for the first 8 years. This experience includes work of customer support and technical training as well. And I have also worked in a multimedia communication R&D institute of big IT company-Daewoo Information system for this period.

After that, I developed multimedia communication solution such as video conference, multimedia messenger, VoIP, UMS and my second role was a project manager between our company and foreign companies to find oversea market. I had a lot of experience of communications with foreign technical guys and sales guys for this period.

I have been working as a VP in sole distributor of video conferencing network devices of American company-LifeSize for recent 3 years. My actual job is a project manager of video conferencing network products such as Multi-point Control Unit, End-point, IP-VCR, Gatekeeper, Gateway, software video conference, VoIP etc. Besides, I have a lot of experience about network devices, audio/video equipments as well.

I think I have basic instinct and good human network of multimedia communication field and I have ability to learn quickly about this filed as well, even new technology and new product since I have over 14-year-experience. My dream is working in a foreign company as country manager in future, so I am eager to work in a foreign company for my future dream.

Thank you very much for reading and I am looking forward to having the interview.

Sincerely,

면접 노하우와 연봉협상 </>

면접 노하우

면접 노하우에 대해서 인터넷 상에서 검색하여 볼 수 있는 흔한 팁들은 언급하지 않겠습니다. 제가 알려드릴 내용은, 제가 직접 면접관으로서 수많은 지원자들을 인터뷰하면서, 이렇게 하면 좋겠구나, 이렇게 하면 안 되겠구나 라고 느낀 살아 있는 정보를 공유하고자 합니다.

첫째, '첫인상'이 가장 중요합니다. 피면접자들은 서류 전형을 통과한 후보자들입니다. 학력, 스펙 이런 부분은 구인회사 입장에서 괜찮다고 생각해서 면접이 성사된 것이죠. 그렇다면 사람의 인상이나 느낌, 이력서 상의 내용이 혹시 거짓된 사실을 기록한 건 없는지 이 정도가 당락을 결정하게 됩니다.

첫인상이라고 하면, 인터뷰시간 지키기, 깔끔한 복장과 외모, 인사하는 태도 이런 것들입니다. 이런 부분은 급하게 준비를 해도 어느 정도 커버할 수 있는 부분들입니다. 그렇기 때문에 더욱 구인회사는 이런 부분에서 안 좋은 모습을 보이면 아무 준비도 안 했구나라고 느끼게 되는 것입니다.

둘째, '말하는 방법'입니다. 말하는 방법에는 여러 가지 요소가 있습니다. 답을 할 때는 결론부터 얘기하는 게 좋고, 분위기나 반응을 봐서 부연설명을 짧게 할지, 조금 더 길게 할지 결정해야 합니다. 질문을 들을 때는 경청해야 합니다. 면접에서는 답하는 것이 중요한데, 잘 대답하기 위해서는 먼저 잘 들어야 하기 때문입니다. 그리고 자신의 말투나 목소리를 평소처럼 해야지, 인위적인 말투와 목소리는 어색해질 수밖에 없습니다. 무언가를 설명할 때, 조심해야 하는 것이 있습니다. 바로 어휘 선택입니다. 그 분야를 잘 아는 사람에게는 전문용어를 사용하며 설명해도 되지만, 그 분야를 잘 모르는 사람에게는 쉬운 어휘로 설명해야 합니다. 해당 회사에서 해당 업무를 하는 사람들만 익숙한 전문용어들이 있습니다. 그런 어휘 사용에 주의하시기 바랍니다. 말하는 방법이라고 하는 것들은 사실 습관에 가까운 것들입니다. 평소에 독서나 공부를 통해 숙지하고, 좋은 습관으로 바꿔 나가는 노력을 지속하시기 바랍니다.

셋째, '긍정성'을 보여주는 것입니다. 회사는 함께 일을 성공시켜서 그 부와 명예를 나누고 또 더 큰 일을 모색해나가는 조직입니다. 부정적인 태도처럼 안 좋은 모습은 없을 겁니다. 자신의 경험이나 과거 이력을 설명할 때, 또는 미래를 설명할 때, 항상 긍정적인 태도를 유지하는 것이 좋습니다.

이런 내용들이 면접에 임하는 후보자에게 제가 강조하고 싶은 것들입니다만, 여기에는 공통 규칙이 하나 있습니다. 자연스럽게 너무 긴장하지 않고 하는 것입니다. 긍정적이어야 한다고 끝없이 긍정만 외치면, 긴장해서 아무 말이나 막하는구나 하는 인상을 심어줄 겁니다. 그 점만 추가로 유념해주시기 바랍니다.

프로그래머의 면접에 대해서 하나 더 말씀드리고 싶은 것은, 포트폴리오에 대한 프레젠테이션입니다. 자신이 만든 프로그램에 대해서 설명하고 질의응답을 하는 면접과정인데, 경력자로 입사하기 위한 면접에서는 종종 요청받게 됩니다. 프레젠테이션 면접도 슬라이드에 따른 발표내용을 미리 적어 연습하고, 예상질문도 준비하여 숙지한 후, 면접에 참석해야 합니다.

외국계기업의 경우에는 대면 면접뿐만 아니라, 화상회의 면접과 전화 면접도 많이 이용합니다. 채용담당자가 한국에 없기 때문에 그런 경우가 많은데요. 회상회의 면접은 TV 앞에서 영상통화 장치를 이용해서 면접을 하게 됩니다. 전화 면접은 조용한 장소에서 스피커폰으로 인터뷰를 진행합니다. 서로 시차가 있기 때문에 6시나 7시 같은 매우 이른 아침에 하는 경우도 있고, 밤 9시나 10시처럼 밤늦게 하는 경우도 있습니다.

외국계기업의 면접은 영어 능력을 얼마나 요구하는 직무인가에 따라, 본사의 임원과 대화를 깊이 있게 하는 경우도 있고 한국 지사의 상사가 한국어로 면접을 보는 경우가 있지요. 프로그래머로서 외국계기업에 취업할 때는 보통 여러 분야의 엔지니어, 프리세일즈(기술컨설팅, 기술영업), 솔루션아키텍트, 기술지원 같은 분야로 입사를 하는데, 기술지원을 제외하고는 영어 능력이 매우 중요한 직무입니다.

한국어 면접이든, 영어 면접이든 준비만 잘 하면 성공할 수 있습니다. 회사에 대해서, 부서에 대해서, 맡게 될 업무에 대해서 사전에 충분히 공부하고, 예상질문을 최소 20개는 준비해서 숙지해 간다면 훨씬 긴장도 덜 하고, 성공적인 결과를 기대할 수 있을 겁니다. 특히 혼자서 전화 면접을 보는 경우에는 예상질문과 대답을 적은 종이를 책상에 펼쳐놓고 그때그때 참고해가면서 대답하는 데 도움을 받는 것도 좋은 방법입니다.

연봉협상에 대해

연봉은 보통 기본급과 인센티브로 구성됩니다. 한국 회사에서 연봉을 애기할 때는 보통 기본급만을 애기하는 경우가 많습니다. 만약 연봉 5천만 원이라고 한다면, 5천만 원을 12개월로 나눠서 월 급여가 지급되고 추가로 실적에 따른 인센티브는 연봉 계약하기에 따라 더 받을 수 있는 구조가 됩니다. 그러나 외국계기업의 경우에는 그걸 확실하게 확인할 필요가 있습니다. 보통 외국계기업의 연봉이라고 하면 인센티브를 포함한 경우가 많습니다. 만약 연봉 5천만 원이고, 기본급 비율이 7:3이라면, 3천5백만 원은 기본급으로 12개월로 나눠 월 급여를 주고, 1천5백만 원은 소속 부서나 팀이 실적을 100% 달성하면 주지요. 실적 초과 달성 시 계약조건에 따라 더 주기 때문에 그것까지 포함하면 물론 5천만 원을 넘길 수도 있지만, 기본급이 적은 구조입니다.

문제는 외국계기업에서는 이런 얘기를 당연시 여기기 때문에 합격이 결정되고 나서 출근하기 직전에 얘기하는 경우가 많습니다. 그러므로 면접 시 후보자들도 확인하고 넘어가는 게 좋습니다. 기본급은 영어로 짧게 Base 또는 Base Pay라고 합니다. 인센티브는 영어로도 Incentive이고, 초과 실적에 대한 상여금은 Bonus라고 합니다. 또한 외국계기업의 경우, 여러 가지 수당이나 보험 등 직원들을 위한 복지혜택(복리후생제도)을 Benefits Package라고 부르는데, 이것도 협의하기에 따라 더 받아낼 수가 있기 때문에 미리 사전조사를 하고 요구할 수준을 정하고 면접에 임하는 것이 좋습니다.

```
<script language=KOR.script> </script>
prompt(/) // Temp <> Tempold THEN
document.myform.Documnet.focus(1);
```

Document.Write(1) :

헤드헌터 활용하여 경력사원으로 이직하기 </>

신입사원이나 경력사원이나 회사를 알아볼 때 보통 구인구직 사이트를 이용합니다. '잡코리아', '사람인' 같은 구인구직사이트를 이용하는 방법은 취준생이라면 다들 잘 알고 계실 거라 생각합니다. 그래서 따로 설명하지 않겠습니다. 2017년 하반기 랭키닷컴의 종합 구인구직 분야 웹사이트 순위입니다. 1위는 잡코리아로 꼽혔고 2위는 사람인, 3위는 워크넷입니다. 4위는 인크루트, 5위는 커리어였습니다.

제가 알려드리고 싶은 것은 헤드헌터 회사를 이용하는 방법입니다. 물론 이직에 있어 가장 좋은 방법은 지인을 통해 소개받는 것입니다. 회사의 정확한 정보를 알 수 있고, 나의 정보도 정확하게 회사에 전달할 수 있기 때문입니다. 헤드헌터는 아무래도 자신의 이익관계에 따라 움직이고, 무엇보다 IT 직무에 대한 전문적

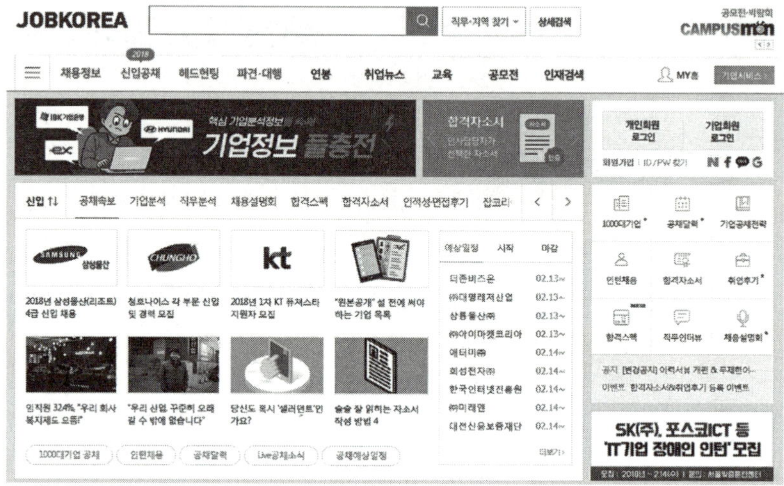

⊞… 잡코리아

인 이해도가 떨어지기 때문에 오픈 포지션에 꼭 맞는 적임자를 찾는 것에 한계가 있지요. 그러나 많은 인사담당자가 헤드헌터를 이용하고 있습니다. 인사담당자도 어차피 IT 직무에 대한 전문성이 떨어지는 것은 마찬가지이기 때문에 그렇게 하고 있습니다. 그래서 어떤 회사들은 저의 경우처럼 개발팀장이나 연구개발본부장이 직접 채용과정을 담당하기도 합니다.

헤드헌터가 IT업계에서 이직시장에 참여하는 비중이 크고, 헤드헌터를 이용해서 여러 차례 성공적인 이직을 해본 경험자로서 독자들께 그 정보를 공유하고자 합니다.

헤드헌터는 인재를 헌팅해서 회사에 소개해주는 직업을 가진 사람들입니다. 임원이나 사장 같은 높은 직급의 사람들을 소개하기도 하지만, 대리나 과장급 정도의 후보자를 소개하는 일도 합니다. 실제로는 대리나 과장 정도 레벨의 사람들이 헤드헌터 시장에서 가장 활발하게 소개되는 사람들입니다. 그들은 사람을 소개해주고 성공적으로 계약을 하게 되면 구인회사로부터 그 사람 연봉의 10~30%를 소개비로 받고 일을 합니다.

어떤 분야의 전문가로서 경력을 갖게 되면 자신이 갖고 있는 경력의 가치를 알고 있어야 합니다. 그래서 제가 아는 어떤 사람은 이직 의사가 없는데도 1년에 한 번씩 헤드헌터에 이력서를 올리고 희망연봉을 적어놓은 후 오퍼가 오는지 안 오는지 확인한다고 합니다. 오퍼가 오면 아, 내가 업계에서 가치가 아직 있구나라고 느낀다고 하더군요.

헤드헌터를 이용할 때 가장 먼저 해야 할 일은 이력서를 헤드헌터 업체의 홈페이지에 등록해놓는 일입니다. 지금 당장 이직 의사가 없어도 어느 정도 전문 경력이 생기면 이렇게 이력서를 등록해놓는 것이 좋습니다. 단, 오해를 살 수 있으므로, 개인 이메일로만 연락을 한다든지 해서 근무시간에 연락이 오는 일은 없도록 해야 합니다. 헤드헌터를 이용하게 되면 한 가지 조심해야 하는 문제가 생깁니다. 바로 평판조회라고 하는 과정인데요. 헤드헌터들끼리 서로 연결하여 나의 업무능력뿐만 아니라 평판을 조회하는 겁니다. 회사생활하면서 문제를 일으키지는 않았는지, 인성은 어떤지, 인간관계는 어떤지 등까지도 헤드헌터들이 조사합니다. 직급이 낮은 직원보다 높을수록 이런 평판조회는 꼭 필요한 과정이 되는데요. 당연한 말이겠지만, 자신의 명성에 누가 되는 일은 평소에 하지 말아야 헤드헌터들을 통해 구직활동을 잘 할 수 있습니다.

헤드헌터가 평판조회를 한다고 해도 별 소득 없이 끝나는 경우도 많습니다. 그래서 헤드헌터는 직접 본인이 인터뷰를 해서 1차적인 판단을 합니다. 헤드헌터와의 면접에서 주의할 점을 몇 가지 알려드리겠습니다. 헤드헌터는 취직된 사람이 몇 개월 내에 이직을 또 하면 수수료의 얼마를 다시 반환해야 하는 패널티 계약이 있는 경우도 있어, 이 사람이 이직 후 지속적으로 잘 근무할 것인지도 중요한 관심사 중 하나입니다.

헤드헌터들이 이직사유로 인정해주는 괜찮은 이유들은 다음 세 가지 정도입니다. 회사의 경영악화, 새로운 도전의 필요성, 건강상의 이유. 이 세 가지가 아닌 이유가 있다면 잘 포장해서 면접에서 탈락하는 원인이 되지 않도록 조심해야겠습니다. 구인회사나 헤드헌터들이 싫어하는 유형의 후보자가 이직이 잦은 사람입니다. 일단 이직이 잦은 사람은 어떤 변명을 해도 채용되긴 힘들기 때문에 본인의 커리어 관리를 장기적인 관점에서 신중하게 해야 합니다.

또 하나, 중요한 것은 헤드헌터를 이용할 때 후보자의 가장 큰 강점은 전문성입니다. 즉, 한 분야에서 오랜 기간 전문경력을 쌓는 것이 중요합니다. 이직을 하더라도, 같은 분야의 업무를 할 수 있는 곳으로 이직해서 그 경력을 계속 발전시켜나가는 게 중요합니다.

'사람인'이나 '잡코리아' 같은 구인구직사이트에도 헤드헌터들이 올린 구인공고가 있습니다. 그러나 헤드헌테에게 직접 이력서를 등록해 놓으면 훨씬 더 효과가 좋습니다. 마치 그들에게 내 사람이라는 인식을 심어주기 때문입니다. 그리고 한번 회사를 소개해서 성공적으로 근무하게 되면, 그 헤드헌터에게 작은 선물 같은 걸 준비해서 인사도 하며 좋은 관계를 맺어두는 게 필요합니다. 우리나라 IT업계가 어찌 보면 그렇게 넓은 세상이 아니라 어떤 일로 또 만날 수 있기 때문입니다. 내가 구직을 할 때 만날 수도 있고, 내가 구인을 할 때 만날 수도 있습니다.

IT 전문헤드헌터라는 게 큰 의미는 없습니다. 헤드헌터 업체마다 IT분야 담당자는 다 있긴 있지만, 전문성이 떨어지기 때문인데요. 프로그래머 출신이 헤드헌터를 한다면 조금 더 전문성이 있겠지만, 그런 헤드헌터도 거의 없고, 프로그래머라 할지라도 IT분야가 워낙 다양하기 때문에 한 프로그래머가 모든 IT영역을 다 커버할 수도 없기 때문입니다. 제가 경험했던 헤드헌터 회사와 현재 2017년 11월 IT분야 구인 정보를 많이 갖고 있는 헤드헌터 회사는 에이치알맨파워그룹, 굿커리어, 엔터웨이파트너스, 피플스카우트, 맨파워코리아, 스카우트피플, IT SEARCH ,스카우트서치, 드림솔루션입니다.

헤드헌터 업체들 중에는 '인재파견'이라는 일을 하는 업체들도 있습니다. 프로그래머로 전문성 있는 커리어를 쌓기보다는 당장 돈벌이가 급해서 이런 업체들과 연결되어 분야에 상관없이 개발

⊞⋯ 에이치알맨파워그룹

일이라면 무작정 하는 그런 프로그래머들도 보았습니다. 다양한 업무를 경험해보고 싶다면 모를까, 장기적인 자신의 커리어 관리에 있어서는 권하고 싶지 않는 직장생활입니다. 비전 있는 분야를 잘 선택해서 작은 회사에서라도 그 분야의 경력을 발전시켜 나갈 수 있는 직장이 좋은 직장이라고 생각합니다.

순간의 선택이 10년, 아니 프로그래머로서의 인생을 좌우합니다. 한 분야의 전문 경력을 키울 수 있는 직무에 취직 포커스를 맞추길 바랍니다.

INSTANCE MESSAGE

"결국 당신 코드를 유지보수하게 될 친구가 당신이 어디에 사는지 아는 광폭한 싸이코패스가 될 것이라고 여기고 코드를 작성하라."

"Always code as if the guy who ends up maintaining your code will be a violent psychopath who knows where you live."

- 존 우즈(John F. Woods)
  영국의 게임 개발자 겸 프로듀서

메시지를 입력하세요...

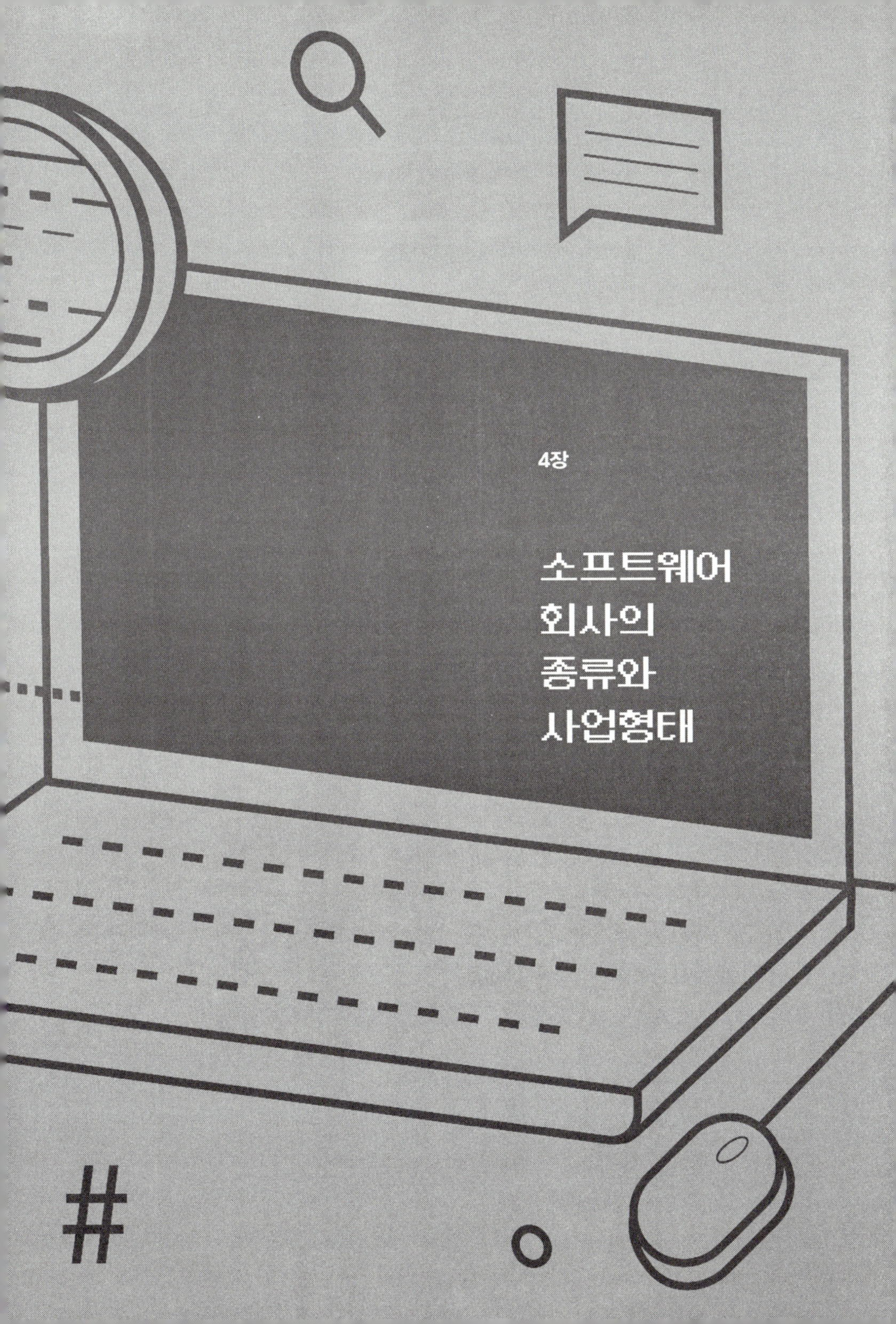
4장

소프트웨어
회사의
종류와
사업형태

프로그래머를 위한 회사들 </>

이번에는 여러분들이 모든 과정을 성공적으로 통과하여 프로그래머가 된 후 근무하게 될 '회사'에 대해서 얘기해보겠습니다. 회사의 종류는 요즘 많이 회자되는 1인 기업부터 삼성, LG 같은 대기업과, 많은 프로그래머들이 꿈꾸고 있는 외국계기업 등 다양한 형태가 있습니다. 회사의 종류와 사업형태 등 제가 경험한 내용을 바탕으로 서술해보겠습니다.

여기에서 제가 설명한 내용이 모든 중소기업과 대기업, 외국계기업을 일반화시켜서 정의를 내리는 것이 아니라는 점을 미리 말씀드립니다. 제가 여기서 설명하는 내용은 한 개인이 겪은 내용으로, 프로그래머를 꿈꾸는 학생들이나 취업준비생들에게 참고용 자료로 소개하는 겁니다.

소기업 </>

소기업이라고 하면, 직원 규모가 1~5인 이하의 회사를 의미합니다. 그렇게 구분하는 정식화된 규칙이 있는 것은 아닙니다. 제가 이 책에서 편의상 그렇게 구분했습니다.

우선 소기업을 창업하는 이야기를 해보겠습니다.

소기업 설립 시, 개인사업자로 할 것인지, 법인사업자로 할 것인지를 결정해야 합니다. 그 구분은 다음 표의 세율 차이를 기준으로 생각하면 됩니다.

특별한 사유가 없는 한, 자신이 하는 사업의 매출 규모에 따라 적용받을 세율을 보고 자신에게 유리한 형태로 사업장을 설립하면 됩니다. 매출이 적으면 개인사업자의 세율이 유리하고, 매출이 2억 이상으로 많으면 법인사업자의 세율이 유리합니다.

설립절차는, 개인사업자는 임대차계약서만 있으면 세무서에 가

법인		개인사업자	
매출 과세표준	세율	매출 과세표준	세율
2억 원 이하	10%	1,200만 원 이하	6%
2억~200억 원	20%	1,200만~4,600만 원	15%
200억 초과	22%	4,600만~8,800만 원	35%
		8,800만~1억5천만 원	35%
		1억5천만 원 초과	38%

⊞… 법인사업자와 개인사업자의 세율 차이

서 간단하게 신고할 수 있고, 요즘은 온라인상으로도 간편하게 설립 신고를 할 수 있으며, 법인사업자는 법무사를 통해서 별도의 설립인가절차를 거쳐야 합니다. 법인설립비용은 두 가지가 있습니다. 자본금의 규모에 따라 납부하는 법인설립세가 있고, 법무사에 주는 수수료가 있습니다.

'법인설립세'는 법인이 있는 지역이 과밀억제권역이냐, 그 이외의 지역이냐에 따라 다시 나누어집니다. 예를 들어 자본금 1천만 원의 경우, 과밀억제권역에서 회사를 설립하면 설립세가 418,000원이고, 그 외 지역에서 설립하면 215,000원 정도 하는 등, 차이가 크게 벌어집니다.

'법무사 수수료'는 대행을 맡기면 들어가는 비용인데 최근에는 보통 50만 원 내외를 요구합니다. 그러나 대법원 인터넷 등기소 또는 중기청 온라인 법인설립 웹사이트를 이용하여 본인이 직접 한다면 수수료를 절약할 수도 있습니다.

⊞… 중소기업벤처기업부 홈페이지

　자금이 부족하여 도움이 필요할 때, 정부에서 운영하는 중소기업청의 '중소벤처기업부 창업지원 프로그램'을 통해 도움을 받을 수 있지요. 이를 위해서는 완벽한 사업계획서, 기술특허, 시제품이 있어야 합니다. 아니면 연초에 있는 사업공모에 자신의 사업계획서로 공모해서 선정이 되면 지원받을 수도 있어요. 정부의 지원금을 받아 창업한다는 것은 쉽지 않은 일입니다.

　구글캠퍼스처럼 외국계기업 혹은 대기업에서 운영하거나, 아니면 창업 인큐베이팅 사업을 전문으로 하는 스타트업 인큐베이팅 업체를 활용할 수도 있습니다. 기술이나 아이디어가 뛰어난 경우에는 이런 업체를 이용해서 창업지원을 받을 수 있는데요. 미국의 캘리포니아 서니베일에 있는 플러그앤플레이 테크센터는 약 8000평 부지에 조성된 스타트업 인큐베이팅의 성지로서 관광명

⊞⋯ 구글캠퍼스 홈페이지

소이기도 하며, 국내 스타트업을 포함해서 세계에서 모인 400여 개 스타트업이 입주해서 열정을 불태우고 있습니다. 우리나라에는 아직까지 스타트업을 위한 그런 대규모 센터는 없습니다만 여러분들이 사회에 진출할 때엔 만들어져 있길 기대해봅니다.

소기업은 회사 규모만 작을 뿐이지 회사에서 일어나는 모든 일들이 다 발생합니다. 기획, 인사, 총무, 회계, 연구개발, 영업, 고객지원 등 회사의 모든 일을 대표가 다 책임져야 하는 회사입니다. 다양한 업무 경험을 쌓는 데는 좋지만, 그만큼 책임감에 따른 스트레스가 심할 수 있고, 물론 잘 된다면 성취감은 다른 규모의 회사보다 몇 십 배 클 겁니다. 이렇게 발생하는 많은 분야의 업무를 대표가 혼자서 꼭 해야 하는 것은 아닙니다. 아웃소싱이라는 방법이 있습니다. 인사, 세무, 회계 관련 일은 월 10만 원 미만의 비용으로 세무사 사무실에서 대행해주고, 전화를 받는 모든 일은 비서 대행업체가 해주고, 시제품을 만드는 일도 외주제작업체를 통해서 할 수도 있습니다.

소기업으로 시작해서 성공적으로 운영이 되면, 회사 규모가 조금씩 커지고 투자 제안도 받게 되는데요. 소기업인들은 투자를 원하기도 하고, 한편으론 투자를 두려워하기도 합니다. "투자를 받았다가 회사 소유권이 넘어가면 어떡하지?" 하고 말이죠. 간혹 나쁜 사람들도 있지만, 보통의 투자자는 경영권을 탐내는 것이 아닙니다. 그들은 투자수익이 목표이지요. 그러므로 회사의 기술과 경영 능력을 갖고 있는 대표의 자리를 빼앗는 것보다는 대표를 잘 도와 회사를 키워서 수익을 내는 일에 관심을 갖고 있습니다. 그러므로 그런 걱정보다는 더 발전된 회사의 미래를 위해 긍정적으로 협력과 제휴 그리고 투자유치에 적극적일 필요가 있습니다.

```
<script language=KOR.script> </script>
    prompt(/) // Temp <> Tempold THEN
    document.myform.Documnet.focus(1);
```

Document.Write(1) :

중소기업 </>

소프트웨어회사로서 중소기업이라고 하면, 구분하는 규칙이 있는 건 아니고, 제가 설명하기 편리하게 나눈 것으로 보통 직원 규모는 10~50명 정도 되는 IT벤처기업을 뜻합니다. 2000년 이후 소위 벤처붐을 타고 정말 많은 회사가 벤처회사로 창업되어 모험의 길을 걸었었고, 지금도 여전히 많은 벤처기업이 흥망성쇠의 길을 걷고 있습니다. 이런 회사는 투자도 이미 받았고, 창업 이래로 사업경력도 수년이 지난 회사들입니다. 매출 규모도 적게는 10억 원 많게는 100억 원 정도 되는 규모를 말합니다. 물론 사업이 잘 되면 현재보다 더 크게 회사를 키우기 위해 새로운 투자를 또 받는 경우도 있습니다.

회사 조직도 어느 정도는 체계를 갖춰서 재무, 총무, 인사 업무를 담당하는 별도의 팀이 있거나 최소한 경영지원팀이라고 해서 그런 것들을 총괄해서 담당하는 부서가 별도로 있습니다. 그리고 영업팀도 고객부문별로 분리되어 있습니다. 상대하는 고객이 기업이냐, 정부냐 아니면 대리점이냐에 따라 영업 스타일이나 전략이 다르기 때문에 영업팀도 분야별로 나뉘어 있습니다.

연구개발팀도 작은 회사는 한 팀으로만 운영 되겠지만, 10명 이상이 되면 '개발1팀', '개발2팀' 이런 식으로 분야를 나눠 일을 하게 됩니다. IT벤처기업의 경우 기술연구소가 반드시 있어야 하기 때문에, 연구소나 연구개발부서를 별도로 두어 운영하며 그 안에 제품개발 관련 세부적인 팀들이 존재합니다.

회사가 체계 있는 모습을 갖춰 가면 반드시 마케팅 부서를 만들게 되는데요. 작은 규모일 때는 영업팀 혹은 대표가 직접 마케팅 업무를 담당하지만, 제대로 된 제품이나 서비스가 있다면 홍보 관련한 업무가 늘어나기 마련이고 그럴 때 마케팅 팀원들의 활약이 필요하게 됩니다. 마케팅팀은 주로 언론사를 접촉해서 홍보업무를 하거나, 제품의 홍보를 위해 필요한 자료를 제작하는 일을 합니다. 제품카탈로그, 브로셔 제작부터 홈페이지 관리, 제품발표회 같은 각종 이벤트를 맡아서 합니다.

IT 벤처기업은 주로 젊고 창의적이며 개성이 강한 사람들이 모여 있어, 회사 분위기가 밝고 자유로우며, 업무지시보다는 토론을 많이 하고, 상하 직급 구분이 강조되지 않는 경우가 많습니다. 단점으로는 너무 자유롭고 개성이 강하다 보면 직원 서로 간에 충돌이 일어날 가능성도 많다는 것입니다. 더구나 연봉이나 근무조건이 대기업보다 취약한 경우가 많기 때문에 이직률이 상대적으로 높은 편입니다.

2017년 7월 벤처기업협회의 자료에 의하면, 벤처기업의 대졸 신입사원 평균연봉은 2,116만 원이라고 합니다. 그리고 한국경제연구원이 2017년 4월 조사한 상반기 대기업 신입사원의 평균연봉은 3,880만 원이라고 하고요. 벤처기업의 평균연봉이 대기업에 비해서 약 55% 정도밖에 되지 않습니다. 대기업의 경우에는 신입사원의 연봉 편차가 그렇게 심하진 않지만, 벤처기업의 경우에는 회사에 따라 편차가 심한 편입니다. 저는 IT벤처기업의 신입사원 연봉이 벤처기업협회의 통계보다는 높다고 생각합니다. 2017년 기준으로 제가 아는 서울 경기권 IT벤처회사들은 신입사원 평균연봉으로 2400~2600만 원 정도 주는 것으로 알고 있습니다. 계약연봉에는 인센티브가 포함되어 있는 경우가 많습니다. 인센티브는 실적 달성에 따라 지급되는 부분이기 때문에 실적 달성 가능성을 따져보고 판단해야 합니다.

연봉 말고도 비교하고 따져봐야 하는 것들이 있습니다. 각종 수당이나 복지혜택 같은 여러 가지 복리후생제도들입니다. 대부분 대기업이 더 좋습니다만, 일부 연매출이 100억 이상 되는 소위 잘나가는 벤처기업의 경우에는 대기업보다 오히려 더 좋은 조건의 복지혜택을 제공하는 회사들도 있습니다. 제가 아는 어떤 IT 회사는 직원이 10명 정도인데, 1년에 한 명씩 한 달 간 회사가 모든 비용을 부담하고 유급으로 해외여행을 보내줍니다. 또한 벤처기업의 독특한 혜택으로 스톡옵션이라는 것이 있는데요. 스톡옵션은 회사가 계약조건에 따라 몇 년 후에 주식을 얼마만큼 주겠다고 약속하는 걸 말합니다. 코스닥에 상장할 가능성이 희박한 회사라면 무의미하겠지만, 상장할 가능성이 많거나 가까운 장래에 예정되어 있는 회사라면 매우 좋은 조건이 될 수 있습니다.

마지막으로 한 가지 더 고려해야 하는 것은 회사의 업무환경입니다. 야근이 많다거나, 부서 간 충돌이 많다거나, 자금이 많이 부족하다거나 하는 내부 사정을 말합니다. 면접을 보러 갈 때, 사무실의 분위기, 직원들의 복장 상태나 헤어스타일, 입사지원자를 대하는 태도 같은 걸 보면, 그런 것들을 조사하지 않아도 대략 파악할 수 있습니다. 옷차림이나 헤어스타일이 말끔하지 않고 심지어 한쪽 구석에 침대가 있다거나 하면 야근이 빈번하게 있을 것이라고 예상해야 합니다. 또한 직원들의 인상이 밝지 않고, 사무실의 인테리어나 청결상태가 좋지 않다면 자금 사정이나 여러 가지 회사의 사정이 좋지 않다는 걸 의미합니다.

자신의 커리어를 관리하는 측면에서, 중소기업 직장생활의 장점은 회사 사정을 함께 공유하면서 생활하기 때문에 벤처회사라는 것이 어떻게 돌아가는지 파악할 수 있다는 것입니다. 그러나 회사가 잘 되면 좋지만, 잘 안 되면 말단 직원도 회사 대표가 하는 걱정을 같이 하기 때문에 장점이 곧 단점이 되는 경우도 있습니다. 또 다른 장점은 어린 나이에도 팀장이 되어 의사결정권을 갖고 일할 수 있어서 권한과 책임감을 갖고 사업의 모든 부분에 관심 갖고 배울 수 있다는 것입니다. 이 점도 성공했을 때는 좋은 경험도 되고 보람도 크지만, 실패했을 때는 본인이 책임을 져야 하고 스트레스도 심하기 때문에 단점이 될 수도 있습니다.

```
<script language=KOR.script> </script>
prompt(/) // Temp <> Tempold THEN
document.myform.Documnet.focus(1);
```

Document.Write(1) :

대기업 </>

대기업 중에서도 그룹의 계열사인 IT회사들이 있습니다. 삼성 SDS, LG CNS, SK C&C, 대우정보시스템 같은 회사들이 그런 회사들입니다. 이 회사들은 일반 소프트웨어 회사와는 다르게 그룹 계열사들을 위해 존재하는 회사들입니다. IT 사업 중에 SI/SM 사업이란 것이 있습니다. SI(System Integration)는 시스템 통합이라는 뜻이고, SM(System Management)은 시스템 관리라는 뜻인데요. 시스템 통합이란 계열사 간의 업무 통합을 위한 IT사업들을 의미하고, 시스템관리란 말 그대로 계열사들의 전산실이나 IT 자원 관리 업무를 의미합니다.

그룹의 계열사 간에는 IT업무가 많습니다. 각 회사별로 전산실도 운영해야 하고, 각 회사에서 사용하는 소프트웨어를 만들기도 하고, 유지보수도 해야 하는 등 그룹 내의 IT 일만 하더라도 큰 기업이 맡아서 할 만큼 많은데요. 각 그룹들은 계열사로 IT 회사를 두고 그런 사업을 담당하게 합니다. 같은 그룹에서 자원이 중복 투자되는 걸 방지하거나, 그룹의 정보보안을 유지할 필요가 있기 때문에 그렇게 그룹 내부 회사를 활용하게 되는 것입니다. 아래 표에서 보시는 것처럼 대기업 SI 계열사들은 자신들의 그룹 계열사 업무 비중이 매우 높습니다.

순위	기업	매출액(원)	계열사 거래 비중(%)
1	삼성 SDS	3조6265억	63.1
2	LG CSN	2조571억	45.5
3	SK C&C	1조4752억	63.9
4	포스코 ICT	8300억	72.4
5	현대오토에버	5631억	90.9
6	포스텍(STX)	5327억	68.8
7	한화 S&C	5194억	60.4
8	롯데정보통신	4091억	80.1
9	노틸러스효성	4058억	10.1
10	신세계 I&C	3036억	65.2

⊞… 대기업 시스템통합(SI) 업체의 계열사 거래 비중(2010년, 지식경제부)

이런 그룹의 SI/SM 업체들도 순수하게 그룹 일만 하는 것은 아니고, 정부를 위한 공공부문의 사업이나 다른 기업용 솔루션으로 대외사업을 병행해서 합니다. 그래서 SI/SM 업무를 하는 직원들은 각 계열사로 파견을 가서 근무하는 사람들이 많고, 공공부문이나 다른 기업 고객을 위한 대외사업부서의 개발자들은 본사나 기술연구소에서 근무합니다.

대기업에서 근무하면 안정적이라는 큰 장점이 있습니다. 물론 대기업도 구조조정을 해서 불안할 때도 있지만, 일반적인 벤처기업이나 중소기업보다는 훨씬 안정적인 건 사실입니다. 또한 노조가 있는 경우에는 더욱 안정적이지요. 구조조정 같은 일도 노조가 있는 대기업에서는 함부로 하지 못하게 되어 있고, 구조조정 대상자가 되더라도 노조의 도움으로 훨씬 안전한 대안을 찾을 가능성도 높습니다.

대기업 경력자로서 장점 중에 하나는, 이직 시 중소기업 출신보다 유리하다는 것입니다. 대기업 조직에서 몸에 밴 조직생활을 중소기업 입장에서 본받고 싶기도 하고, 다른 직원들에게 전파시켜주길 원하기도 하고요. 또한 대기업 출신으로서 기업의 인맥이 사업에 도움이 될 것이라고 생각하기 때문이기도 합니다.

그룹 계열사에 입사하면, 신입사원 연수 때부터 그 자부심을 느낄 수 있습니다. 그룹 연수원에서 연수를 받으며 그룹의 일원이 된 걸 실감할 수 있지요. 대기업의 직장생활은 장기적인 계획 하에 움직이게 되기 때문에 중소기업처럼 단기적인 변화가 심하지 않습니다. 회사마다 사정에 따라 다르겠지만, 보통 대기업은 중소기업보다 업무에 있어 여유가 있고 야근이 보편적이지 않습니다.

프로그래머는 기술연구소에서도 많이 근무하는데요. 그룹 SI업체의 기술연구소는 사업부서가 아니기 때문에 부서장급의 높은 직책이 아닌 이상, 실적에 얽매이지 않고 부담 없이 소프트웨어 개발에 전념할 수 있습니다. 새로운 기술도 연마할 수 있어 커리어에도 도움이 되지요. 대기업 기술연구소에서는 산학 공동연구 과제나 국내 또는 해외 협력업체와의 공동연구과제를 통해 신제 품 개발과 연결시키려는 노력을 하고 있어요. 국내 최고 연구소인 ETRI와 공동과제를 수행한다든지, 회사와 연결 고리가 있는 대학 이나 국내외 협력업체와 공동과제를 수행한다든지 하는 활동을 통해서 실적을 만들지요.

제가 영상통화 소프트웨어 기술의 전문가가 된 것 역시 대우정 보시스템 기술연구소 재직 시, 아주대학교와 원격진료시스템 공 동연구과제를 수행한 덕분이지요. 저는 거기서 현미경 영상을 원 격지에 있는 전문의에게 전송하는 영상전송기능을 담당했는데, 이때 영상통신에 대한 프로그래밍 기법을 배울 수 있었습니다. 그 후 수행했던 ETRI와의 영상회의 시스템 공동연구에서도 영상 처리 기법에 대해서 많이 배울 수 있었지요. 아쉽게도 두 연구 모 두 대우정보시스템에서는 제품화가 이루어지진 않았습니다만 이 후 저의 커리어에서 큰 도움이 되었습니다.

소프트웨어 전문 중견기업 </>

제가 소프트웨어 전문 중견기업이라고 구분한 회사는, 우리가 이름을 알고 있는 게임회사나 소프트웨어 기술 하나로 유명해진 회사들을 말합니다. 네이버, 다음카카오, 엔씨소프트, 안철수 연구소, 한글과 컴퓨터 같은 회사를 말합니다. 이런 회사들은 프로그래머들에게는 꿈의 기업입니다. 회사의 매출 규모에 따라 다르긴 하지만, 이런 회사들은 프로그래머를 정말 소중한 인재로 대우해주기 때문에 프로그래머로서 궁극적인 목표가 될 만한 회사이지요. 저는 아쉽게도 이런 회사에서 근무해볼 기회는 없었습니다만, 거래처로 방문해본 경험과 이런 회사들에 근무하고 있는 지인들의 경험을 토대로 소개하겠습니다.

이런 소프트웨어 전문 기업들은 직급체계가 없는 경우가 많습니다. 카카오의 경우, 입사하면 영어이름을 만들어 별도의 직급

⊞… 소프트웨어 전문
중견기업

호칭 없이 영어이름으로만 호칭한다고 합니다. 예를 들어 우리가 회의에서 토론을 할 때 신입사원 입장에서, "김철수 이사님, 의견에 동의할 수 없습니다"라고 하는 것보다 "David, 의견에 동의할 수 없습니다"라고 하는 것이 발언하기가 좀 더 자유로울 겁니다. 연령이나 직급이 높은 상사들과 회의할 때, 경직된 분위기로 자유로운 의사교환이 어려운 것이 사실인데, 이런 영어이름으로 호칭하면서 회의한다면 한결 덜 부담스럽게 자신의 의견을 말할 수 있을 것 같네요. 이런 기업문화가 더 빠르고 과감한 의사결정을 가능하게 함으로써 시장변화에 발 빠르게 대응할 수 있고, 전체적인 업무 속도를 높이는 데에도 긍정적인 영향을 주어 그만큼 생산성이 높아지게 됩니다.

이런 회사들은 코스닥에 상장을 한 경우가 많습니다. 이런 회사의 스톡옵션은 큰 수입이 될 수 있기 때문에 연봉계약 시 스톡옵션에 관한 내용을 잘 따져보시기 바랍니다.

또한 이런 회사는 대부분 흑자를 내고 있어, 직원들을 위한 근무환경이나 복지제도가 매우 훌륭합니다. 소프트웨어 전문 기업은 사업이 자리를 잡기만 하면 제조업에 비해서 훨씬 큰 영업이익을 냅니다. 소프트웨어의 특성상 제조, 변경, 업그레이드가 용이하기 때문에 재료비나 공장이 필요하지 않습니다. 제품을 출시하기 전까지 연구개발 기간을 잘 견디고 판매가 잘 되는 제품을 출시한다면 소프트웨어 사업은 매우 높은 영업이익을 달성할 수 있지요. 모바일 콘텐츠 회사로 유명한 '선데이토즈'의 경우 영업이익률이 무려 90퍼센트에 달합니다.

```
<script language=KOR.script> </script>
prompt(/) // Temp <> Tempold THEN
document.myform.Documnet.focus(1);

Document.Write(1) :
```

외국계기업 </>

한국에 진출해 있는 외국계기업의 형태는 다양합니다. 먼저 대기업처럼 운영되는 회사가 있습니다. 저의 마지막 직장인 '알카텔-루슨트'가 그랬습니다. 담당하는 업무별로 부서조직이 다 갖춰져 있고 연봉이나 사무실 근무환경, 직원들을 위한 복지혜택도 대기업처럼 좋은 케이스입니다.

다음으로는 직원이 5~10명 정도 되는 회사들입니다. 한국에서 정식 법인으로 등록되어 있는 회사도 있고, 그냥 아시아본부 소속으로 파견된 사무실 형태로 한국에서는 법인 등록이 되어 있지 않은 회사도 있습니다. 한국에서 법인 등록이 되어 있지 않으면, 보통 홍콩이나 싱가폴에 있는 아시아 본부에 직원으로 등록되어 있는데요. 그러면 월급의 세금이 외국에서 계산되어 차감됩니다. 그러니 한국의 4대 보험과 비교해서 많을 때도 있고 적을 때도 있으니 세금문제를 확인해봐야 합니다. 또 어떤 경우에는, 그 나라에서 세금을 공제하지 않고 그냥 송금해주는 경우도 있습니다. 외국에 있는 회사로부터 송금 받은 급여는 본인이 직접 신고하여 소득세를 납부해야 합니다.

이 두 종류의 외국계기업은 제대로 된 외국계기업이라고 할 수 있습니다. 나머지 한 형태는 '혼자서 일하는 외국계회사'입니다. 한국시장에 진출하려고 시험적으로 직원을 한 명 두는 경우인데요. 이렇게 하기 전에는 아시아본사 소속직원이 한국으로 출장을 자주 와서 일처리를 하다가, 한국에 고정적인 직원을 두고자 채용을 하는 경우입니다. 이런 경우 고용상태는 불안정합니다. 급여는 제대로 받을 수 있을지 모르나, 언제 없어질지 모르는 불안한 직장이라는 걸 감안해야 합니다.

외국계기업은 본사가 있는 나라의 문화를 따릅니다. 각 지사가 있는 나라의 문화를 존중해주겠지만, 그래도 주인은 그 나라 사람들입니다. 일하는 방식이나 사고방식 자체가 우리나라 사람들과 다릅니다. 그런 부분을 인정하고 받아들이지 않으면 일하기 힘들어할 수 있습니다.

외국계기업에서 일하는 사람들은 개인주의가 심합니다. 그게 개인의 성격상 그럴 수도 있지만, 직원들이 업무적으로 워낙 독립되어 있어서 크게 서로를 상관하지 않는 경우도 있습니다. 동료직원들끼리 서로 상사가 다른 경우가 많습니다. 나는 상사가 싱가폴에 있는 사람인데, 내 옆자리 직원은 상사가 프랑스에 있는 사

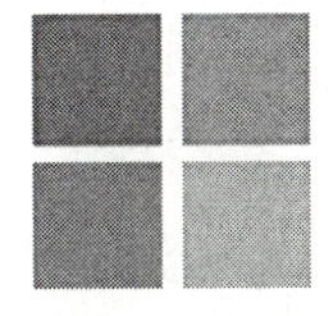

⊞… 외국계기업

람일 수도 있지요. 오히려 본사 직원들은 자기들이 주인이라고 생각해서 그런지 각 나라의 지사 사람들에게 우호적으로 대해줍니다만, 각 지사 직원들끼리는 개인주의가 심합니다. 자기 앞가림은 자기가 알아서 해야 하지요. 인맥을 만들고 싶다면 본인이 알아서 생존전략을 추진해야 합니다. 한국회사에서는 회식 문화를 통해 친구 사귈 기회가 많고, 학연, 지연 등으로 기댈 언덕을 찾는 방법이 많지만, 큰 규모의 외국계기업 사무실 직원들 간에는 한국 회사처럼 회식도 없어 친해지기도 어렵고 같은 회사 직원들끼리도 서로 경쟁 관계처럼 인식하는 경우가 많습니다.

프로그래머로 근무하다가 외국계기업으로 커리어를 바꾸면 소프트웨어 개발업무는 소홀해질 수밖에 없습니다. 외국계기업의 한국 지사 업무분야에 따라 소프트웨어 개발 또는 유지보수 일을 하는 경우도 있습니다. 또 한국 지사에 개발팀이나 연구소를 두고 있는 회사도 있습니다. 예전에 한국용 제품을 직접 만들거나 변경해서 출시하는 모토롤라코리아가 그랬던 것처럼 말이죠. 그리고 여기서 두각을 나타내는 프로그래머는 본사의 연구소로 발령을 받을 수도 있는데 이런 경우가 가장 승진했다고 볼 수 있습니다.

이런 회사를 제외하고는 한국의 외국계기업은 자신들이 만든 제품을 한국 시장에 판매하기 위한 영업조직이 대부분입니다. 그러다 보니 프로그래머가 커리어를 바꿔 외국계기업에 취직하면, 영업에 도움을 주는 역할을 합니다. 저처럼 통신솔루션을 설계하는 담당자가 되는 경우가 대표적이지요. 혹은 '프리세일즈'라고 해서 고객사의 기술팀에게 회사의 제품이나 솔루션의 기술을 소개하고 상담을 해줍니다. 제품 판매 이후에도 기술지원을 해주기도 하지요. 외국계 회사의 프로그래머가 되는 게 아니라, 제2의 직업으로 이직한다고 생각해야합니다. 그래서 장기적으로 은퇴할 때까지 프로그래머를 계속하고 싶다면, 커리어를 바꾸는 일에 대해 심각하게 고민해봐야 합니다. 당장 좋은 연봉에 좋은 근무조건으로 취직하는 것에 마음이 흔들리면, 프로그래머로서의 커리어 관리를 망칠 수도 있으니까요.

프리랜서

프리랜서로 일하는 프로그래머들도 많습니다. 회사에서의 조직 생활이 체질에 맞지 않는 사람들이 이 길을 택합니다. 독보적인 기술을 갖고 있는 프로그래머로서 젊은 시절부터 회사생활을 하지 않고 프리랜서로 충분한 돈을 벌수 있는 사람들도 있고요. 40대가 넘어가면서 새로 취직하는 게 어려워진 프로그래머들도 프리랜서로 전향해 일을 하게 되는데요. 프로그래밍을 잘할 수 있어도 일거리가 없으면 돈을 벌 수 없으니 프리랜서도 결국 영업이 중요합니다.

프리랜서는 자유롭다는 게 가장 큰 장점인데요. 직장생활을 하면서 겪는 스트레스는 다양합니다. 야근이 잦아서 육체적으로 힘들다든지, 월급이 적어서 겪는 어려움들, 일이 적성에 맞지 않아 재미가 없는데 마땅히 다른 대안은 없어서 겪는 일 등등 다양한 스트레스가 있지요. 가장 큰 스트레스는 아무래도 직장 내부 사람들이나 거래처 사람들과의 관계에서 받는 스트레스가 아닐까 싶습니다. 그런데 프리랜서로 일하면 그런 일이 많이 줄어듭니다. 저도 프로그래머로 직장생활을 하면서, 주말에 아르바이트로 프리랜서 일을 해본 경험이 몇 번 있습니다. 거래처에서도 프리랜서와의 일은 결과물만 일정에 맞게 제공해주면 아무런 스트레스를 주지 않습니다.

프리랜서로 살아남기 위해서, 영업적으로는 신규고객 발굴과 기존고객 관리가 중요하고, 지속적인 경쟁력 확보를 위해 업계 트렌드 조사 및 신기술 습득 같은 노력들이 중요합니다. 개인적인 능력은 혼자서 연구해서 얻을 수 있지만, 고객 발굴과 관계유지는 사람 관리로 얻을 수 있지요. 사람들과의 관계를 소중히 여기고 만남을 두려워하지 않는 자세가 프리랜서로서 매우 중요한 자질입니다.

프리랜서의 단점은 소속감이 없어 외롭다는 것입니다. 소속된 조직이 없기 때문에 안정감, 동료들과의 우정, 조직의 힘, 그런 것들을 경험할 수 없습니다. 저는 오랜 기간 프리랜서를 해보지 않아서 직접적인 경험은 없으나 회사생활을 하다보면 싫든 좋든 동료가 있고, 회사라는 조직이 내 뒤에 있다는 것 때문에 느낄 수 있는 든든함이 있습니다. 그런데 프리랜서는 그걸 느낄 수가 없는 존재라서 그 부분은 감안을 하고 선택해야 합니다.

병역특례업체 </>

군입대를 앞두고 있는 대학생이나 군대를 미리 면제받길 원하는 고교졸업생들이 관심 갖고 있는 회사가 병역특례업체입니다. 병역특례제도는 방위산업체나 병역특례업체에서 산업기능요원이나 전문연구요원을 채용하여 일정기간 근무하면 군복무를 면제해주는 제도입니다. 병역특례업체로 지정되기 위해서는 중소기업으로서 10인 이상의 근로자가 있는 공장을 소유한 제조업체이거나 소프트웨어 개발업체이어야 합니다.

2015년까지는 특성화고 또는 마이스터고 졸업생만 산업기능요원으로 지원할 수 있었으나, 2016년도부터 인문계고교 졸업생과 대학생도 병역특례업체에 산업기능요원으로 지원할 수 있도록 자격이 변경되었습니다. 전문연구요원은 석사 학위 이상만 지원할 수 있습니다. 학력에 대한 자격만 그렇게 변경되었고, 자격증이나 구인회사에서 필요로 하는 기술을 갖고 있어야 채용될 가능성이 높아지기 때문에 장기간 준비해야 하지요. 특성화고나 마이스터고와 협약을 맺고 있는 병역특례업체에는 해당 고교 졸업자들이 더욱 유리합니다. 신검판정 기준으로 1~3급이면 국가자격증이 1개 이상 있어야 하고, 4급 보충역이면 자격증이 없어도 되는 등의 자격요건도 있습니다. 그리고 이런 내용들은 해마다 바뀔 수 있으니 병무청이나 검색사이트에서 최신 정보를 항상 확인하고 진행해야 합니다.

병역특례업체에 채용되면 회사원 경력도 쌓고 군대 월급과는 비교할 수 없는 월급도 받을 수 있어 군복무에 비해 훨씬 좋다고 생각할 수 있습니다. 그리고 본인 능력에 따라, 병역특례기간이 끝나면 정규직 사원으로 채용될 수도 있기 때문에 좋은 기회가 아닐 수 없습니다. 그러나 병역특례 근무자가 중도에 퇴사를 하면 다른 병역특례업체에 신규 채용이 될 수 없고, 마치지 못한 기간만큼 군복무를 해야 합니다. 회사와 합의하에 다른 병역특례업체로 이직하는 경우에는 나머지 기간 동안 특례근무 하는 것이 가능합니다.

간혹 특례근무자에게 부당한 대우를 하는 회사가 있습니다. 그래서 할 수만 있다면 아는 사람이 있는 병역특례업체에 입사하는 게 안전합니다. 아니면 매출 규모와 직원 규모가 큰 중소기업이나 이름이 알려진 회사 등에서 병역특례 근무하는 것을 권합니다. 병역특례업체에서 '부당하게 대우받았다'는 안 좋은 얘기도 있

습니다만, 잘 선택해서 활용하면 직장경력도 쌓고 군복무도 대체
할 수 있는 좋은 기회가 될 수 있습니다.

5장

소프트웨어
개발팀의
조직구성

연구소장(CTO)</>

프로그래머 즉, 소프트웨어 개발자가 되면 구성원 2-3명의 개발팀에 소속될 수도 있고, 수십 명 혹은 수백 명의 연구소나 '연구개발본부'라는 부서에 소속될 수도 있지요. 여기서는 큰 조직을 가정해두고 조직구성원들의 업무와 역할에 대해 소개하겠습니다.

먼저 연구소장입니다. 'CTO(Chief Technology Officer or Chief Technical Officer)'는 해당 회사의 기술을 총괄하여 업무를 담당하는 사람을 말합니다. 직함은 연구소장, 연구개발본부장, 개발실장, 개발팀장, CTO라고 다양하게 부를 수 있습니다. 작은 회사에서는 그냥 개발팀장이나 개발실장이라고 부르겠지만, 중소기업이나 중견기업 이상이 되면 연구소장이나 CTO라고 부르는 경우가 많습니다.

CTO는 회사의 제품이나 서비스의 모든 기술적인 문제에 대한 최종 의사결정을 합니다. 물론 회사의 대표와 의논하여 하겠지만,

기술적인 문제에 대해서는 최고의 권한과 책임을 갖게 되고 회사의 대표도 그 부분은 CTO를 전적으로 신뢰하며 회사경영을 합니다.

아래에서는 CTO의 역할에 대해 항목별로 소개하겠습니다.

제품 및 서비스의 개발에 대한 마스터 로드맵

마스터 로드맵 또는 마스터 플랜을 책임진다는 것은 하나의 제품이나 서비스 개발 계획뿐만 아니라 그다음 또 그다음의 제품과 서비스까지, 회사의 제품개발에 대한 미래 계획을 총괄한다는 뜻입니다. 그러므로 제품 하나의 독립적인 의미뿐만 아니라, 제품 상호간이나, 제품과 서비스, 서비스와 다른 서비스 간의 상호 연관성까지도 고려해서 계획하는 능력이 필요합니다. 해당 분야에서 최소 10년 이상의 개발경험과 사업경험을 갖고 있어야 이런 의사결정을 할 수 있을 것이라 생각합니다.

인력 및 자금 할당

모든 계획에는 인력과 자금 투자가 필요합니다. CTO는 제품과 서비스 개발에 있어서 인력과 자금 계획에 대한 책임과 권한을 갖고 다른 최고책임자들 즉, CFO(최고 재무 책임자), COO(최고 운영 책임자), CEO(최고 경영자) 들과 협의하여 최종 결정을 합니다. 새로운 채용을 결정하고 진행하기도 하며, 인력의 부서 배치를 변경하거나 새로운 부서를 만들 수도 있습니다.

거래처 관리

거래처라고 하면 영업적인 거래처, 아웃소싱 거래처 다양하겠지만 CTO가 관리하는 거래처는 기술 아웃소싱 거래처를 말합니다. 우리 회사가 무언가를 개발할 때, 100% 우리 기술로만 개발하는 경우는 많지 않습니다. 다른 회사의 솔루션이나 제품을 도입해서 그것에 우리 기술을 덧붙여 새로운 제품을 개발하게 되는데 이때 외부 업체의 솔루션이나 제품 도입을 CTO가 결정합니다. 이런 의미에서의 기술협력 거래처 관리라는 업무가 있습니다.

개발일정 관리

제품이나 서비스의 개발업무에 있어 가장 중요한 업무는 일정관리라 해도 과언이 아닙니다. 일정관리라는 말에는 많은 내용이 숨어 있습니다. 인력에 대한 관리, 기술에 대한 관리, 거래처 관리, 회사 내부 다른 부서와의 협업 관리 등등. 이 모든 걸 잘해야지만 일정 관리가 성공할 수 있습니다.

IT회사에서는 소프트웨어 제품이나 서비스를 만들어 사업을 하기 때문에 신제품 개발이나 업그레이드 개발을 회사의 계획에 맞게 출시하는 것에 회사의 사활이 걸려 있지요. 영업적으로는 소비자를 상대할 때 중요하고, 투자자에게도 잘 보이기 위해 중요하지요. 일정을 맞추느냐 못 맞추느냐가 그 회사의 기술력을 판단하는 기준이 되기 때문입니다. IT기업은 기술을 믿고 소비자와 투자자가 거래를 하기 때문에 CTO의 일정관리 능력은 그만큼 중요합니다.

기술문서작성

소프트웨어 회사는 기술력이 가장 중요하다고 했는데요. 기술력을 보여주는 방법은 제품이나 서비스를 시연해서 그 기능이나 성능을 실제로 보여주는 방법이 있습니다. 그리고 문서로 표현해서 배포하는 방법도 중요하지요. 시연을 하기 위해서는 모든 기계장치들과 네트워크를 준비해야 하는데, 그것이 보여주는 사람이나 보는 사람이나 쉬운 일이 아니기 때문입니다.

기술을 잘 설명하는 문서는 홈페이지에서 보여주기 위한 형태, 제휴업체와의 사업제안서, 투자유치를 위한 IR(Investor Relations) 자료로서, 회사에서 없어서는 안 되는 자료입니다.

이 문서는 보통 기술책임자와 마케팅 담당자가 함께 만듭니다. 기술책임자의 문서작성 능력이 뛰어나다면 마케팅 담당자가 개입할 필요가 없겠지만, 보통 기술책임자는 내용은 충실하게 만들 수 있어도 보기 좋게 만드는 능력은 떨어지기도 하지요. 그래서 마케팅팀이나 디자인팀에서 보기 좋게 만드는 작업을 도와주곤 합니다. 특히 IR 자료는 스타트업 기업에서 매우 중시됩니다. 이런 자료를 잘 만들어 회사의 기술력을 잘 어필하느냐 못하느냐에 따라 IT벤처회사의 미래가 달려 있다 해도 과언이 아닙니다.

제가 근무했던 미국계 벤처기업도 실제 갖고 있는 제품개발기술보다 이 IR제안서를 잘 만들어 4천만 달러의 투자를 유치했거든요. 저도 함께 그 대성공을 직접 목격했지요.

프로그래머 채용

소프트웨어 기업의 CTO는 프로그래머 즉 개발자 채용에 있어 CEO와 함께 최종결정권을 갖고 있습니다. 작은 회사에서는 채용 공고 내용을 작성하여 구인구직사이트에 올리는 것부터 면접, 연봉 결정 등 모든 채용과정의 업무를 총괄합니다.

한국 중소기업에서 CTO의 역할은 참 애매합니다. 기술자인지 관리자인지 말이죠. 한국 기업에서는 개발자가 경력이 쌓이고 연봉이 높아지면 그 연봉이 기술분야에 기여하는 것만으로는 아깝다고 생각하는 모양입니다. 기술연구에 전념하도록 가만 놔두지 않고, 수익에 관련한 부분이나 회사 관리업무 등 책임지는 게 많아요. 외국 소프트웨어 기업에서 CTO로 근무하는 머리가 하얀 백발의 60대 개발자를 인터넷뉴스 기사로 접한 적이 있습니다. 그분이 너무 부러웠습니다. 여러분이 프로그래머로 일할 때는 우리나라에도 그런 개발자가 존재하는 사회가 되길 기대해봅니다.

개발팀장

개발팀장이라는 직책은 소프트웨어 회사에서 가장 흔한 관리자급 프로그래머를 가리킵니다. 개발팀장의 업무는 연구소장(CTO) 업무의 축소판이라고 할 수 있습니다. 그러므로 개발팀장의 업무도 연구소장의 그것과 비슷하지만 약간 범위가 작을 수 있구나하고 짐작하면 됩니다.

프로젝트 관리자 </>

소프트웨어 솔수션 기업에서 PM(Project Manager), 프로젝트 관리자는 대기업이나 외국계기업이 아닌 이상은 보통, 앞서 소개한 연구개발본부장, 개발팀장 등이 그 역할을 담당하는 경우가 많이 있습니다. 대기업이나 외국계기업에서 제품라인이 다양한 경우 각 제품별로 제품관리자도 PM(Product Manager)이라고 부르는데 이 직책과 혼돈하지 않기 바랍니다. 프로젝트매니저는 업종별로 업무가 다를 수 있습니다. 제가 소개하는 PM은 소프트웨어 회사에서의 PM 업무입니다.

PM은 자기가 담당하고 있는 분야의 사업 프로젝트가 발생했을 때, 그 프로젝트를 성공시키기 위해 회사의 여러 인적자원과 물적 자원을 준비해서 동원하고 프로젝트가 끝날 때까지 관리하는 업무를 담당합니다. 예를 들어, 통신회사에 서비스를 구축하는 프

⊞… 프로젝트 매니저는 다양한 업무를 맡는다

로젝트를 맡았다면, 업무 내용을 평가하고, 우리 회사가 단독으로 할 수 있는 일, 외부업체의 협력이 필요한 일 등으로 업무를 구분하며 동원할 수 있는 내부 자원과 외부 자원을 이용해서 일정을 잡습니다. 필요한 소프트웨어, 하드웨어를 준비하고 고객사의 일정을 고려하여 구축 작업을 추진합니다. PM은 보통 사람관리가 대부분입니다. 기술적인 설계는 아키텍트라는 담당자가 처리를 하고, 실제 기술개발, 설치, 커스터마이징(고객 환경에 따라 변경해주는 작업) 업무는 엔지니어가 담당합니다. PM은 업무에 따라 국내 해외 인력을 구성하여 프로젝트를 실행에 옮기는 관리자 역할을 합니다. 이런 PM의 역할로 수행한 프로젝트를, 보고서 작성을 통해 회사 내에 업무자산으로 등록하지요. 이를 관리하는 업무도 중요합니다.

PM 업무를 수행하면 보통 고객사나 협력사가 다른 지역에 있기 때문에 출장을 많이 다닙니다. PM은 타지역을 돌아다니며 근무하는 데 익숙한 사람, 혼자서 새로운 사람들과 협력하는 데 익숙한 사람이 적합합니다. 회사 내부에서도 PM은 늘 새로운 조직을 구성하여 일을 하다 보니 일반적인 부서의 소속원에 비해 자기 부서라는 개념이 적습니다. 그래서 한편으로는 외톨이가 되기 쉽고, 한편으로는 새로운 부서와 잘 협력해야 성과를 낼 수 있는 직책이라 회사 내부에서 정치를 잘해야 하는 입장이 되기도 합니다.

대기업의 PM은 책임지는 프로젝트의 규모가 수십억 원에서 많게는 수백억 원에 이르기도 합니다. 그러므로 사업의 성공과 실패 여부가 회사에 매우 중요한 영향을 미치기 때문에 그 책임감이 막중하지요. 그만큼 성공했을 때는 보상과 보람도 크지만 실패했을 때는 스트레스가 매우 심한 직책입니다.

설계자(Architect)</>

소프트웨어 프로그래머 출신으로 한 분야에서 10년 이상 경력을 쌓으면 '아키텍트', 즉 설계자 역할을 할 수 있습니다. 아키텍트는 고객의 요구사항을 분석하여, 우리 회사의 제품이나 솔루션으로 어떻게 고객이 요구하는 서비스나 제품을 만들어 제공할 수 있는지를 검토하고 상담하지요. 우리 회사가 제공할 솔루션을 설계해주기도 합니다.

때문에 해당 분야에 대한 깊고 폭넓은 지식과 경험이 필요합니다. 설계자들은 자신이 회사의 모든 제품이나 솔루션에 대해 전문가 수준으로 알 수는 없기 때문에 각 제품관리자(Product Manager)와 협력하여 일합니다. A라는 제품과 관련된 고객의 요구사항을 A제품 관리자에게 전달하여 가능한지, 가능하게 하려면 어떻게 해야 하는지를 파악하여 자신의 설계에 적용해야 합니다. 여러 제품관리자와 이런 과정을 거쳐서 고객의 전체 요구사항을 충족하는 솔루션을 제안할 수 있습니다.

예를 들어 제가 했던 일처럼, 통신회사에 영상통화 솔루션을 제공한다고 했을 때, 해당 통신회사가 어느 정도 품질의 영상통화를 원하는지, 사용자 규모는 어느 정도를 커버해야 하는지, 어떤 통신 표준을 지원해야 하는지, 스마트폰에서 사용하는 영상통화 앱은 어떤 것을 사용할 것인지 등에 대한 상세한 요구사항을 고객사로부터 받아서 분석하여, 우리 회사의 제품이나 솔루션으로 어디까지 제공할 수 있으며 어떤 것은 불가능한지, 불가능한 것은 외부 협력업체의 제품으로 대신 공급할 수 있는지 등등에 대한 답변을 주는 역할이 아키텍트의 역할입니다.

아키텍트 직책은 업무별로 분업화 및 전문화가 잘 되어 있는 대기업이나 큰 외국계기업에 존재하는 직책입니다. 벤처기업이나 중소기업에서는 개발팀장이나 연구소장의 직책을 가진 직원이 그 업무를 병행합니다.

연구원 </>

기술연구소를 갖고 있는 IT 회사의 경우에는 직급 체계를 사원, 대리, 과장, 차장, 부장 이런 식으로 사용하지 않고, 연구원, 선임연구원, 책임연구원, 수석연구원, 연구소장 이렇게 사용하는 회사들이 있습니다. 다음 표에서 보듯이, 일반적인 회사의 직급인 사원은 연구원, 대리부터 과장은 선임연구원, 과장부터 차장은 책임연구원, 차장부터 부장은 수석연구원 이런 식으로 근무경력에 따라 구분을 합니다. 기술연구소가 아니더라도 소프트웨어 개발팀을 운영하는 회사에서는 이런 연구원 호칭을 사용하는 경우가 많습니다.

선임연구원, 책임연구원, 수석연구원의 경력 연차도 회사의 규모에 따라 달라지는데요. 대기업의 경우 대리는 3~4년차에 진급하고, 과장은 7~8년차, 차장은 10년 이상 걸립니다. 그러나 중소기업의 경우에는 더 빨리 진급하기도 합니다.

표에서 보이는 연구원들의 근무 연수는 대기업의 경우를 말합니다. 회사에서 진급은 경력이나 나이와 무관합니다. 학력이나, 아니면 회사에 기여한 바에 따라 빠른 진급을 하는 경우도 있고, 사정에 따라서는 늦게 진급하는 경우도 있습니다. 이처럼 연구원, 선임연구원, 책임연구원, 수석연구원이라는 직급 체계를 사용하는 이유는 많은 직급체계가 주는 직급간의 위화감이나 소통의 불편함을 방지하고 연구라는 전문적인 업무영역 담당자라는 의미를 부여하기 위해서라고 할 수 있습니다.

직급	경력 기준
수석 연구원	16년 이상
책임 연구원	16년 미만
선임 연구원	12년 미만
전임 연구원	8년 미만
주임 연구원	4년 미만

⊞… 다양한 연구원 직급 체계

<script language=KOR.script> </script>
prompt(/) // Temp <> Tempold THEN
document.myform.Documnet.focus(1);

Document.Write(1) :

디자이너 </>

소프트웨어 개발팀 내에는 반드시 디자이너가 함께 일합니다. 소프트웨어의 외형이 바로 컴퓨터 그래픽이기 때문입니다. 작은 IT회사의 디자이너는 홈페이지를 만들거나 관리하기도 하고, 개발팀의 디자이너 역할도 담당하며, 마케팅팀에서 일어나는 이벤트 행사 관련 업무, 보도자료 작성, PPT 발표 자료를 만드는 등 다양한 일을 하는 경우도 있습니다.

프로그래머는 항상 디자이너와 함께 일해야 하므로 디자이너와의 협업은 매우 중요합니다. 특히 게임회사처럼 멋진 외형이 중요시되는 소프트웨어에서는 디자인이나 애니메이션 등을 만드는 그래픽팀의 역할이 개발자 못지않게 중요한데요. 어떤 프로그래머는 자신이 필요한 디자인을 자신이 직접 만들어 사용하는 사람도 많이 있습니다. 디자이너는 미적인 감각에 기반한 창의력도 중

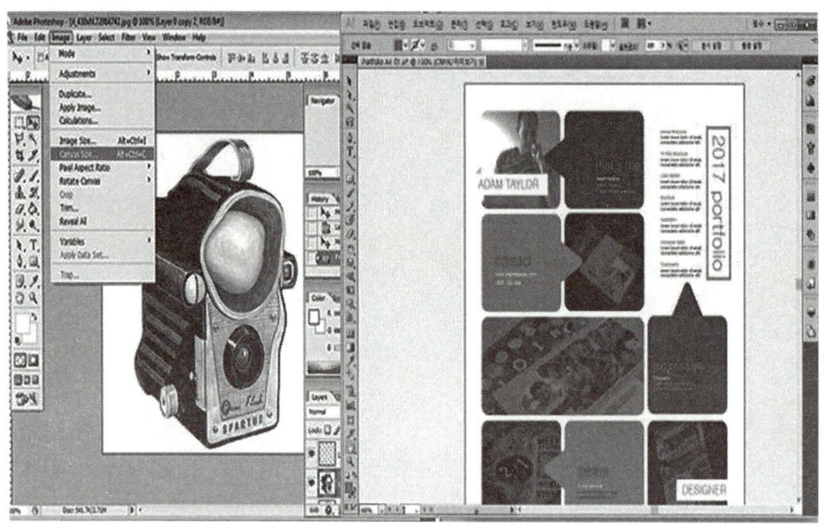

포토샵과 일러스트레이터 작업 화면

요하지만 자신이 사용하는 그래픽 소프트웨어에 대한 숙련도가 매우 중요합니다. 그래야 생산성이 높아지기 때문입니다. 포토샵이나 일러스트레이터 같은 그래픽 소프트웨어는 학원에서 배워서 기초지식을 쌓을 수 있지만, 품질 좋은 결과물을 만들기 위해서는 소질 있는 디자인 감각과 많은 실무경험으로 그 능력을 높일 수 있습니다.

```java
import java.util.ArrayList;           /*******************************************************/
import java.util.Scanner;             /* Author: CS307 Course Staff                          */
import java.io.File;                  /* Date: February 14, 2018                             */
import java.io.IOException;           /* Description: Demos constructors, static vs instance methods, */
import java.util.Arrays;              /*              and method overloading.                */
                                      /*******************************************************/
public class AirlineProblem {         public class DemoClass
                                      {
                 int    private int x, 4, 1, 2, 3];
```

```java
                // the goal so check its partners
                // now I have been here
        airlinesVisited.add(current);
```

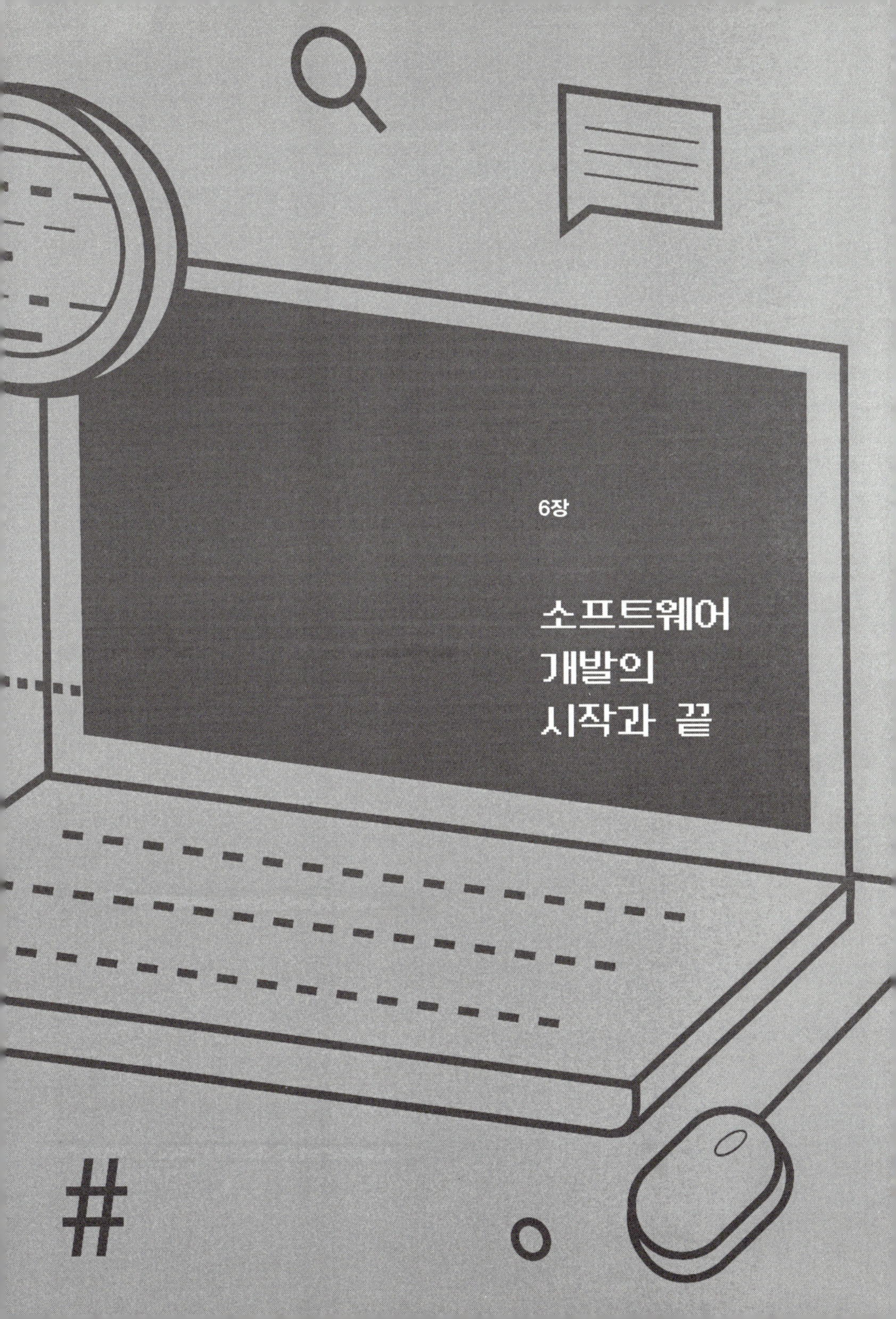
6장

소프트웨어
개발의
시작과 끝

소프트웨어 개발의 업무단계</>

소프트웨어를 개발하기 위해 시작하는 일은 무엇이고 단계별로 어떤 과정을 거쳐 진행되며 또 어떻게 일이 마무리되는지에 대해 이야기해보지요.

소프트웨어 개발이라는 주제를 자세히 다루려면 이 부분만으로도 책 한권 이상의 분량이 될 수 있습니다. 여기서는 여러 회사에서 소프트웨어 개발자, 개발팀장, 연구개발본부장을 역임하며 겪었던 경험 위주로 서술하겠습니다. 회사의 소프트웨어 개발팀이 소프트웨어를 개발한다고 하면 그 목적이 제품일 수도 있고, 서비스일 수도 있습니다. 고객의 주문에 의해 개발을 해야 하기도 하고, 회사의 계획에 따라 출시할 제품이나 서비스를 개발해야 하기도 하지요. 또 기존에 있던 어떤 제품에 대한 정보도 없는 상태에서, 그 위에 무언가 기능을 추가해달라는 골치 아픈 개발 프로젝트를 맡을 수도 있어요.

　소프트웨어 개발 일을 하다 보면, 이런 다양한 상황들을 만나게 되는데요. 대부분 오른쪽과 같은 업무 단계들을 거쳐 진행합니다. 6장에서는 이런 소프트웨어 개발의 다양한 단계별 업무를 소개하겠습니다.

Step 1. **요구사항명세서 작성**

Step 2. **소프트웨어 설계**

Step 3. **제안서**

Step 4. **프리젠테이션**

Step 5. **입찰**

Step 6. **업무분장 및 개발일정 관리**

Step 7. **테스트**

Step 8. **개발 검수확인서**

Step 9. **유지보수와 업데이트**

⊞⋯　일반적인 업무 단계

Document.Write(1) :

요구사항명세서 작성 </>

'요구사항명세서(Software Requirements Specification)'는 제품을 주문한 고객과, 제품을 만들어서 제공해야 할 개발회사 사이에, 이런 기능을 가지고 만들겠다고 협의하여 약속한 '기능정의문서'라고 할 수 있습니다. 이 문서가 향후 제품설계, 개발, 테스트, 검수, 유지보수 과정에서 항상 기준점이 되기 때문에 이 문서를 잘 만들어야 하는데요. 이 문서를 만들기 위해서는 먼저 요구사항 수집과 분석 과정을 거쳐야 합니다.

소프트웨어 회사에서 회사의 내부계획에 의해 제품이나 서비스를 개발하는 경우, 고객이 이렇게 만들어 달라고 주문한 요구사항이 없기 때문에 회사의 기획팀이나 마케팅팀, 또는 개발팀이 직접 요구사항을 정의해야 합니다. 이 제품을 어떤 사용자층이 사용할 텐데, 그들은 어떤 기능이나 디자인을 원할 것이라는 것을 예상해서 만들 수밖에 없습니다. 이 경우 기존에 있는 유사한 국내 혹은 해외 제품의 기능, 디자인, 인기도 등을 벤치마킹해서 분석하지요. 그리고 우리 제품의 기능과 디자인을 계획합니다. 유사한 제품들의 기능비교표 같은 것을 만들어 기본적으로 다들 갖고 있는 필수 기능과 제품별 특징 기능들을 따로 분석하고, 우리가 계획하고 있는 제품이 시장에서 경쟁력을 갖기 위한 우리 제품의 요구사항명세서를 만듭니다. 그러나 소프트웨어 개발을 의뢰한 고객이 있을 때는 고객의 요구사항을 출발점으로 해서 요구사항명세서를 만듭니다.

요구사항명세서를 만드는 일은 소프트웨어 개발에서 가장 중요한 단계이지요. 요구사항명세서가 잘못되면, 향후 제품설계가 잘못되어 변경하는 일, 코딩이 잘못되어 변경하는 일, 개발이 완료되고 나서 유지보수 단계에서 잘못된 걸 변경하는 일 등 엄청난 비용이 들어가기 때문입니다. 소프트웨어 공학에서 요구사항분석 오류는 개발 단계가 지나가면 지나갈수록 그 수정 비용이 기하급수로 증가한다고 알려져 있습니다. 마지막 단계인 유지보수 단계에서 요구사항분석 오류를 바로 잡으려면 요구사항분석 단계에서 바로 잡는 것보다 200배의 비용이 더 든다고 얘기합니다. 물론 2000년대 초반부터 등장한 '애자일'이라는 소프트웨어 개발방법론에서는 수시로 프로토타입을 만들어 요구사항 변경에 유연하게 대처할 수 있도록 개선된 개발방법이 나타났습니다. 이렇게 개발환경이 발전하고는 있습니다만 아직도 요구사항명세서-설계-

개발-테스트라는 전통 개발방법론(폭포수이론)에 입각한 프로그래밍을 하는 회사가 많습니다. 그러므로 오류가 없는 요구사항명세서를 만드는 것이 프로젝트를 성공으로 이끄는 데 가장 필요한 핵심이라고 할 수 있습니다.

그렇다면 소프트웨어를 개발하는 데 있어 요구사항의 종류에는 어떤 것들이 있을까요? 다음에 보시는 표가 요구사항의 종류들인데요, 이 표는 제가 직접 사용했던 표입니다. 여기서는 소프트웨어 공학을 가르치려는 목적이 아니기 때문에 깊이 설명하지는 않겠습니다.

요구사항의 종류	내용
시스템 장비구성 요구사항	목표사업 수행을 위해 필요한 하드웨어, 소프트웨어, 네트워크 등의 시스템 구성에 관한 요구사항
기능 요구사항	목표시스템으로 사용자가 수행해야 할 기능에 대한 요구사항
성능 요구사항	목표시스템의 처리속도 및 시간, 처리량, 가용성 등 성능에 대한 요구사항
인터페이스 요구사항	목표시스템과 외부를 연결하는 시스템 인터페이스와 사용자 인터페이스에 대한 요구사항
데이터 요구사항	필요한 초기자료 구축 및 데이터 변환을 위한 요구사항
테스트 요구사항	도입되는 장비의 성능 테스트 (BMT: Benchmark Test) 또는 구축된 시스템이 계획된 목표 대비 제대로 운영되는가를 테스트하고 점검하기 위한 테스트 요구사항
보안 요구사항	정보 자산의 기밀성과 무결성을 확보하기 위한 요구사항
제약사항	목표시스템 설계, 구축, 운영과 관련하여 사전에 파악된 기술·표준·업무·법제도 등 제약조건 등을 파악하여 기술
프로젝트 관리 요구사항	프로젝트의 원활한 수행을 위한 관리 방법 및 추진 단계별 수행방안에 대한 요구사항을 기술

아래 표는 국제전기전자기술자협회인 IEEE에서 권고하는 요구사항 항목표입니다. 이걸 표준처럼 얘기하는 경우도 많으니 참고하면 좋겠습니다.

항목	설명
외부 인터페이스 요구사항 (External Interface Requirement)	모든 소프트웨어 시스템으로의 입력과 출력에 대한 요구사항을 상세히 기술한다. 사용자 인터페이스, 하드웨어 인터페이스, 소프트웨어 인터페이스, 통신 인터페이스 등으로 분류될 수 있으며, 다음과 같은 형식의 내용이 포함되어야 한다. - 항목의 이름 (Name of item) - 목적 상세 설명 (Description of purpose) - 입력의 시작점 및 출력의 도착점 (Source of input or destination of output) - 유효 범위, 정확도, 오차 (Valid range, accuracy, and/or tolerance) - 측정 단위 (Units of measure) - 시간 (Timing) - 다른 입력 및 출력과의 관계 (Relationships to other inputs/outputs) - Screen formats/organization; - Window formats/organization; - 데이터 형식 (Data formats) - 명령 형식 (Command formats) - 종료 메시지 (End message)
기능 요구사항 (Functional Requirement)	소프트웨어의 입력 처리와 출력을 생성하는 처리 과정에서 발생할 수 있는 기본적인 동작에 대하여 기술하며, '시스템은 ~해야 한다' 형식으로 작성되어야 하며 아래와 같은 항목들이 포함된다. - 입력의 유효성 확인 (Validity checks on the inputs) - 동작의 정확한 흐름 (Exact sequence of operations) - 비정상 상황에 대한 동작 (Responses to abnormal situations, including, Overow, Communication facilities, Error handling and recovery) - 파라미터의 영향 (Effect of parameters) - 출력에서 입력까지의 관계 (Relationship of outputs to inputs, including Input/output sequences, Formulas for input to output conversion)
성능 요구사항 (Performance Requirement)	소프트웨어 전체적으로 사람과의 상호작용 혹은 소프트웨어에서 확인할 수 있는 정적이고 동적인 수지적 요구사항를 기술한다. - 정적인 수지적 요구사항(static numerical requirements): 소프트웨어에서 다루어지고 있는 정보의 양이나 타입과 같은 고정적인 수지적 요구사항 - 동적인 수지적 요구사항(dynamic numerical requirements): 정해진 시간이 아니라 일정 시간 안에 수행해야 하는 것처럼 정해진 수치가 없는 요구사항
논리적 데이터베이스 요구사항 (Logical Database Requirement)	데이터 베이스에서 사용될 정보를 위한 논리적 요구사항에 대하여 기술하며, 다음과 같은 항목을 포함한다. - 여러 기능에서 사용될 정보의 타입 (Types of information used by various functions) - 사용 빈도 (Frequency of use) - 접근 가능성 (Accessing capabilities) - 데이터 엔티티 및 관계 (Data entities and their relationships) - 무결성 제약조건 (Integrity constraints) - 데이터 유지 요구사항 (Data retention requirements.)
설계 제약사항 (Design Constraints)	다른 표준이나 하드웨어적 제한으로 인해 적용되는 설계적 제한사항에 대하여 기술한다.
소프트웨어 시스템 속성 (Software System Attribute)	신뢰도(Reliability), 사용가능성(Availiability), 보안(Security), 유지보수(Maintainability), 이식성(Portability) 등의 소프트웨어 속성을 요구사항으로서 기술한다.

　요구사항을 분석하는 기법도 매우 다양하고, 회사 마다 나름대로의 경험을 통해 자신만의 기법을 사용할 수도 있습니다. 여기서는 간단하게 세 가지만 아래 표를 통해 소개하도록 하겠습니다.

분석기법	내용
기능 지향적인 분석 (FOA : Function-Oriented Analysis)	기능 위주로 요구사항을 분석
데이터 흐름 지향적인 분석 (DFOA : Data Flow-Oriented Analysis)	데이터 흐름 위주로 요구사항을 분석
객체지향적인 분석 (OOA : Object-Oriented Analysis)	어떤 일을 수행하는 객체 중심으로 기능과 데이터에 대한 요구사항을 함께 분석

　이런 요구사항 분석을 토대로, 실제 프로그램이 어떻게 만들어져서 사용되어야 하는지, 그 시나리오를 만들어 요구사항의 타당성을 검토하지요. 그리고 이것을 향후 소프트웨어 설계에 이용하는데, 그런 방법 중에 하나가 다음 페이지에 보이는 '유스케이스 다이어그램(USE CASE DIAGRAM)' 모델링이라는 방법입니다. 유스케이스 다이어그램에서는 고객이 식당에서 음식을 주문하고 식사를 한 후 음식 값을 지불하는 일과 관련하여 발생하는 기능들을 표현한 다이어그램입니다. 이런 식으로 프로그램에 등장하는 객체들과 그것들이 해야 하는 기능들을 하나하나 그려서 서로 연결해 보면 프로그램의 전체 기능을 한눈에 볼 수 있는 그림이 나옵니다. 이것을 관계자들이 서로 의견 교환할 때 사용하면 요구사항분석을 좀 더 완벽하게 할 수 있지요.

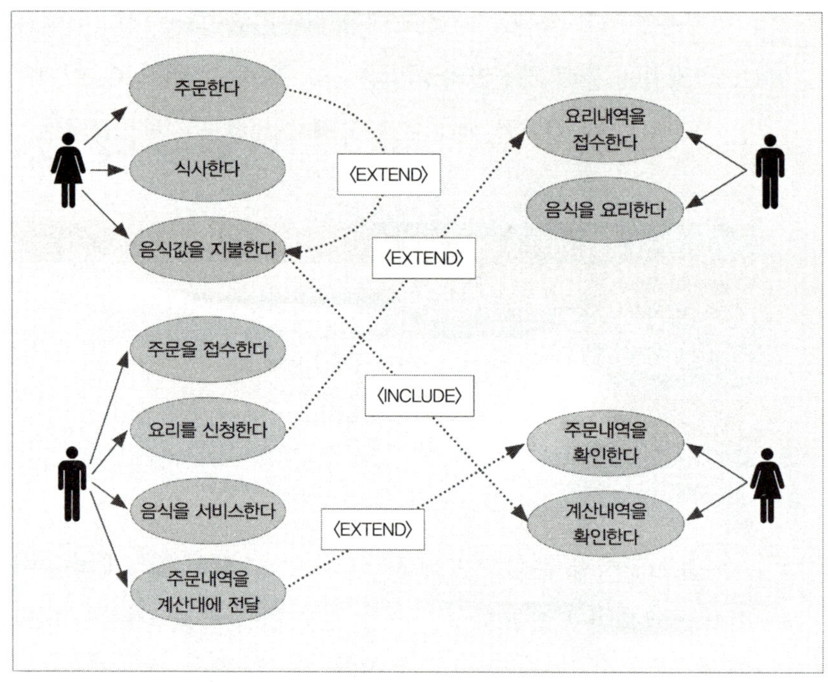

田… 유스케이스 다이어그램

　　요구사항 수집이나 분석 업무는 회사에서 관계자 인터뷰, 설문 조사를 뜻하는 서베이, 관계자들 사이의 브레인스토밍 미팅, 대규모 관계자들 간의 회의를 뜻하는 워크샵 등으로 이루어져요. 이런 분석을 통해 만들어지는 산출물 중 앞서 말한 유스케이스 다이어그램은 초기단계에 사용하는 자료이고, 1차적인 요구사항 분석이 완료되면, 실제와 같이 시험용으로 시제품을 만들어보는데 이것을 '프로토타입(Prototype)'이라고 하며, 이걸 만드는 과정은 '프로토타이핑(Prototyping)'이라고 합니다. 프로토타입의 다른 명칭은 '목업(Mockup)'이라고 하기도 합니다. 목업이라고 해서 한국어인 줄 아는 사람도 있는데, 목업(Mockup)은 영어입니다. 정확한 발음으로는 '마컵'이라고 합니다.

또한 소프트웨어 제품이나 서비스에서 유스케이스 다이어그램과 함께 많이 쓰이는 방법이 '스토리보드'입니다. 스토리보드는 영화나 CF제작에서 촬영될 장면을 미리 그림과 설명으로 만들어 활용하는 콘티와 같다고 생각하면 됩니다. 스토리보드에는 소프트웨어의 화면 디자인과 화면의 각 구성요소들, 그리고 구성요소들을 클릭했을 때 수행해야 할 기능들을 설명하는 내용들이 들어갑니다. 예전에는 손으로 그려서 스토리보드를 만들었는데 몇 년 전부터는 POWER MOCKUP 같은 스토리보드를 만들기 위한 소프트웨어도 출시되었습니다. 파워포인트와 연결되어 파워포인트 슬라이드에서 스토리보드를 만들기 편리하게 해주는 툴입니다.

다음은 간단한 요구사항명세서 일부분의 샘플입니다. 이런 명세서가 각 분류별, 기능별로 여러 장이 만들어지고 프로젝트가 크면 수십 장이 만들어지기도 합니다.

요구사항명세서 작성 담당자는 개발조직 내에서 가장 경험이 많은 사람이 해야 합니다. 요구사항명세서를 만들다 보면, 여러 이해관계자의 이해가 상충되기 마련입니다. 고객은 무조건 싸게 좋은 품질의 제품을 얻으려 할 것이고, 회사에서는 최소 비용으로 고객의 요구사항을 충족시키는 제품을 만들기를 원할 것이며, 아웃소싱 제공 업체에서는 개발프로젝트에 활용되기 위해 자신들의 솔루션을 비싸게 팔려고 할 것이기 때문에 요구사항명세서 담당자는 이 모든 이해관계자들 사이에서 회사에 가장 유리한 조건으로 요구사항을 정의해야 하기 때문에 고객의 요구를 충족시키는 최신 기술, 저렴한 비용의 솔루션, 기술을 갖고 있는 외부 협력업체 등에 대한 정보를 모두 갖고 있는 사람이어야 합니다.

요구사항명세서

	작성	검토	승인
성명	이민호		
일시	7 / 11 / 2017		

	기능	요구사항	구현방안		비고
			자체기술	아웃소싱	
영상통화	기본통신프로토콜	H.323, H.324, SIP	○	○	H.324 구매 예정
	영상압축방식	H.263, H.264, H.265	○	○	H.265 구매 예정
	음성압축방식	G.723.1, G.728, G.729	○		
	음성 딜레이	200ms 이하	○		
	영상프레임레이트	15 FPS 이상	○		
	최대 다중 통화	4자 통화 지원	○		

⊞… 요구사항 명세서의 예

소프트웨어 설계 </>

소프트웨어의 요구사항명세가 결정되면, 개발팀장 또는 설계자(아키텍트)가 요구사항명세서를 토대로 전체 소프트웨어의 구조를 설계합니다. 요구사항명세서를 준비하면서 유스케이스, 프로토타입, 스토리보드 등을 함께 만들었다면, 그걸 그대로 소프트웨어 설계에서도 이용할 수 있어 설계 시간을 단축할 수 있습니다.

요구사항명세서의 목적은 여러 가지가 있지만, 주문한 고객과 협의를 위한 목적과 향후 제품개발의 기준을 정하는 목적이 가장 큽니다. 고객이 이런 기능을 가진 제품을 원할 때, 우리 기술로 그 기능들 중에서 되는 것은 무엇이고 안 되는 것은 무엇인지, 또 대안은 무엇인지 등을 약속하고 개발을 진행하겠다는 것을 명시한 문서이지요. 그러나 소프트웨어 설계의 목적은 개발팀의 업무분장, 일정수립, 인력관리에 있습니다.

제가 사용했던 소프트웨어 설계 방법은 블록다이어그램으로
전체 구성을 한 장으로 표현하는 방법과, 소프트웨어의 내부를
모듈별로 보여주는 방법, 소프트웨어의 사용자 메뉴를 기준으로
보여주는 방법, 화면구성을 기준으로 보여주는 방법 네 가지를 주
로 사용했습니다.

다음에 보이는 첫 번째 설계방법은 전체 구성을 볼 수 있는 '블
록다이어그램' 방식입니다. 절전형 Green PC 솔루션의 전체 구현
방식을 소개하는 설계화면입니다.

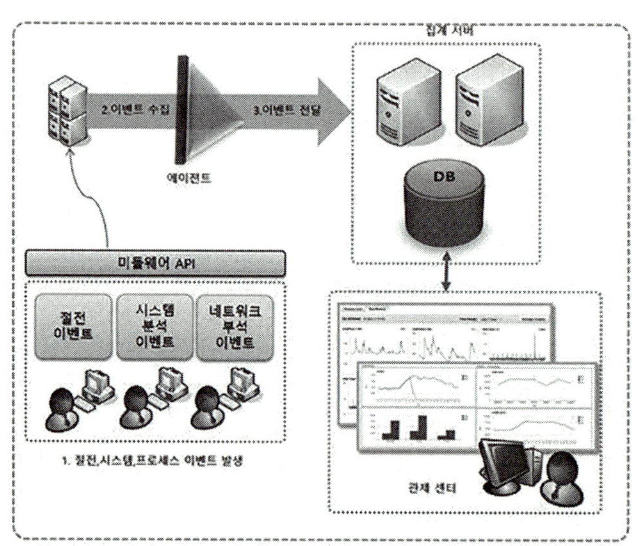

⊞… 블록다이어그램 방식

두 번째는 소프트웨어의 내부를 모듈(기능적인 단위)별로 보여주는 설계방법입니다. 다음 설계 그림에 등장하는 용어를 잠깐 설명해보지요.

소프트웨어를 만들다 보면 PC에서 실행되는 부분을 '클라이언트(Client)'라고 하고 IDC(Internet Data Center)센터에 있는 대용량 컴퓨터인 서버(Server)에서 실행되는 부분을 '서버(Server)'라고 표현합니다. '레거시(Legacy) 시스템'이란 회사에서 예전에 만들어 사용하고 있던 부분을 말합니다. 마지막으로 'API'란 Application Programming Interface의 약자로, 서로 다른 프로그램 간에 데이터를 주고받을 수 있도록 약속을 정해놓고 그걸 이용하는 방법

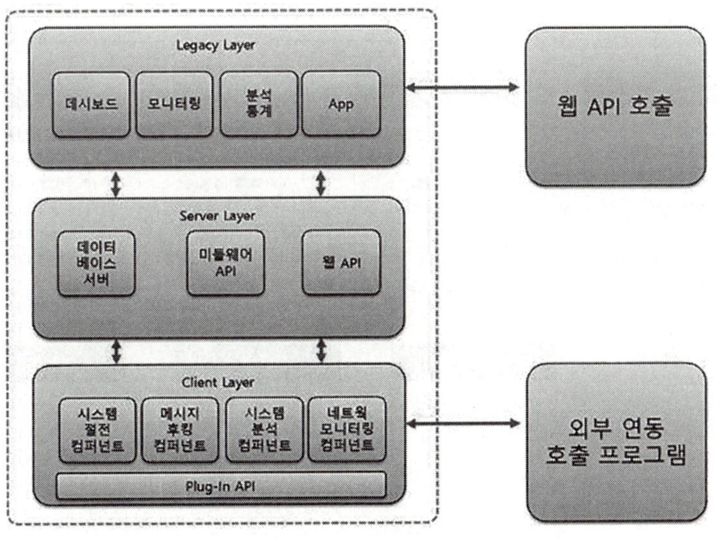

田… 소프트웨어 내부 모듈별로 보여주는 설계방식

이지요. 프로그래머가 프린터를 이용할 때, 프린터를 컨트롤하는 프로그램을 직접 또 코딩할 필요 없이, 프린터 제조업체나 윈도우즈라는 운영체제가 만들어놓은 걸 이용합니다. 이때 그 프린터를 컨트롤하는 프로그램을 API라고 부르고 우리는 그 API를 호출해서 사용하면 프린터를 간단히 이용할 수 있지요.

세 번째입니다. 소프트웨어라는 것이 보통 메뉴 기반으로 되어 있습니다. 사용자는 그 메뉴 중에 하나를 클릭해서 사용합니다. 때문에 메뉴 기준으로 보여주는 설계 방법이 있습니다. 아래 화면은 회사의 모든 경영활동을 관리하게 해주는 기업 업무관리 소

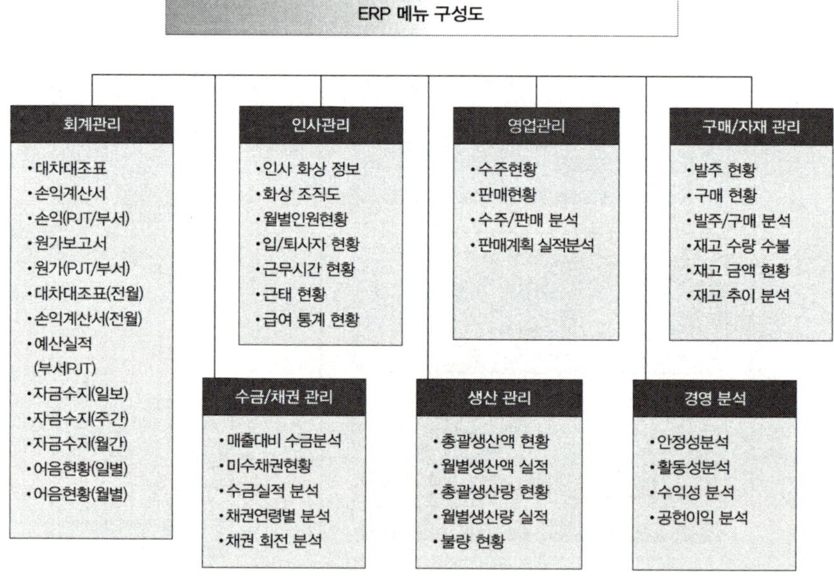

⊞… ERF 소프트웨어의 메뉴 구성

프트웨어인 'ERP(Enterprise Resource Planning, 전사적자원관리) 소프트웨어'의 메뉴 구성입니다. 이렇게 모든 메뉴를 나열해보면 뭘 개발해야 할지 모든 개발 업무가 나열될 수 있고 분야별로 인원을 배정할 수 있습니다.

마지막 네 번째는 화면구성을 보여주면서 설계하는 방법입니다. 소프트웨어 중에서도 특히, 사용자 측에서 실행되는 소프트웨어인 경우 사용자가 사용하는 화면을 만드는 것이 곧 설계가 됩니다. 다음 화면은 거래명세표를 보여주는 부분의 화면구성 설계의 예입니다.

거래명세표(품목 입력 화면)

작성일자	공급가액	세액	할인율	할인액	운임	합계	영세/부가세
2011-03-23	1,000,000			100,000		900,000	영세

품목	규격	수량	단가	DC	공급가액	세액	박스	반품	직송
지우개	개	10	600	10%	5,400		2		
스케치북	박스	10	6000	10%	5,4000				v

[품목의 규격,DC율에 따라서 공급가액이 자동 계산됩니다]

지우개
스케치북

개
박스
만

[품목입력란에 입력한 한글이 포함된 품목을 하단에 표시,선택합니다]

[선택한 고객의 매출현황과 할인정보를 한곳에 표시합니다] [선택한 품목에 대한 기본정보,재고정보,규격정보를 표시합니다]

고객 매출 정보

고객 판매 정보

금년판매	₩20,000,000
금월판매	1,000,000
수 금 액	15,000,000
미수잔액	5,000,000
최근거래	2011년 02월 20일

고객 할인 정보

매입처별 할인율

매입처	할인율
팝콘	50%
진흥	45%
아카데미	55%
아모스	50%

특별 할인 품목

매입처	품목	할인율
팝콘	막지우개	48%
아모스	아이클레어	49%

품목 정보

품목명	먹지마 지우개		
매입처	팝콘	매입가	500
도매가	600	현재재고	2,000

작	10개	6000	봉	20개	12000
판	10개	6000	Box	20개	12000

라벨옵션 박스 수 [4 박스] √ 자동라벨 수동라벨 라벨출력

추가   삭제   전체삭제   명세표출력   저장   닫기

⊞… 화면구성을 보여주면서 설계하는 방식

지금까지 소개한 것들은 소프트웨어를 기능, 화면구성적인 측면에서 설계하는 방법을 얘기했는데요. 이것과 함께 소프트웨어 설계에 있어 중요한 부분이 데이터베이스 설계입니다. 소프트웨어를 개발한다고 할 때 자료구조가 빠질 수 없습니다. 그런 자료들을 저장해두고 읽어서 사용하는 장치를 데이터베이스, 즉 DB라고 합니다. DB는 서버 컴퓨터의 저장장소이기도 하지만, 소프트웨어적으로 쓰거나 읽기 때문에 소프트웨어라고 할 수 있습니다.

DB 소프트웨어는 일반적인 파일 구조보다 저장과 검색이 훨씬 빠른 자료구조를 갖고 있습니다. 그래서 파일로 데이터를 저장해서 사용하지 않고 DB에 저장해서 사용하지요. 혹시 들어봤을지 모르겠는데요, '오라클(ORACLE)'이라고 하는 세계 최대의 DB 소프트웨어 회사가 있습니다. 지금은 다양한 사업을 하고 있지만, 데이터베이스 소프트웨어 하나로 세계에서 마이크로소프트 다음으로 큰 대기업의 반열에 오른 회사입니다. 저도 한때는 오라클을 많이 사용했는데요. 오라클 같은 DB 소프트웨어는 방대한 양의 데이터를 저장해놓고 빨리 검색해서 인터넷을 통해 그 결과를 제공하여 다른 프로그램에서 데이터를 사용할 수 있게 해줍니다.

예를 들어, 대한민국 국민의 신상정보를 갖고 있는 정부의 주민등록 데이터베이스라고 가정을 해보면, 성명, 사진, 지문, 주민번호, 주소 등등의 기본 데이터가 5천만 명이 있을 텐데 그걸 일반적인 파일에 저장해놓고 전국의 주민센터에서 서울의 중앙컴퓨터에 있는 데이터를 검색해서 읽어가면 굉장히 느려집니다. 여러 사람이 한꺼번에 접속했을 때의 문제도 많이 발생할 것입니다. 동시에 누가 쓰고 지우고 수정하고 하면 말이죠. 그런 오류가 나지 않게 잘 관리해서 작동하도록 하고, 속도도 빠르게 해주는 소프트웨어가 바로 '데이터베이스'입니다. DB는 전체 이름이고 그 안에 각각의 데이터 조직의 단위를 테이블이라고 부릅니다. 정부의 국민연금관리공단에서 DB를 설계한다고 하면, 주소록이라는 테이블이 있을 수 있고, 이달 국민연금 납부금액이라는 테이블이 있을 수 있고, 연체내역이라는 테이블이 있을 수 있듯이 말이죠. 그리고 하나의 테이블 안에 있는 각각의 데이터 이름을 '필드'라고 합니다. 이름, 주소, 전화번호 같은 것들을 필드라고 합니다. 이런 테이블 설계를 잘하는 것이 소프트웨어의 전체 성능이 빨라지느냐, 느려지느냐에 많은 영향을 미칠 수 있습니다. 그러므로 설계업무 역시 경험이 많은 개발팀장이나 DB전문가가 주로 담당합니다.

제안서 </>

소프트웨어 개발 과정에 제안서를 넣는다는 게 좀 어색하긴 하지만, 프로그래머가 개발팀장 정도의 경력이 되면, 제안서와 프레젠테이션은 필연적으로 수행해야 합니다. 그러므로 개발과정의 한 단계로 포함시켜 설명하겠습니다.

소프트웨어를 고객의 주문으로 만들게 된 경우에는 이미 고객이 알고 있고, 목적물에 대해서 고객과 공급자 간에 동의한 내용이기 때문에 따로 소개할 일이 없겠지만, 회사 내부의 계획에 의해 소프트웨어 개발을 계획했다면 개발 착수와 동시에 제안서나 브로셔의 형태로 외부에 홍보를 해야 합니다. 그래야 투자를 받을 수도 있고, 계약을 해서 계약금으로 경영활동도 할 수 있으니까요. 또 회사에서 아직 계획이나 설계를 하지 않는 제품이더라도, 고객이 원하는데 만들어 줄 수 있느냐고 제안서를 요청하기도 합니다. 이때도 제안서가 필요한데, 다양한 제안서의 단계를 알아보도록 하지요.

제안서는 회사에서 자신들이 이미 만들어놓은 제품이나 솔루션을 소개하는 것도 있고, 고객(구매자)의 요청에 의해 제공하는 것도 있습니다. 여기서는 후자를 설명하겠습니다. 이미 만들어져 있는 제품의 제안서도 어차피 고객의 요청에 의한 제안서 내용에 포함되고, 고객의 요청에 의한 제안서가 더 다양하기 때문입니다.

구매자의 요청에 의한 제안서는 3단계로 나뉩니다. 그 3단계란 RFI 〉RFP 〉RFQ라고 하는데요. 'RFI(Request For Information)'는 구매자가 상세한 제품 스펙을 요구하는 것이 아니라 개발회사가 이번 프로젝트에 참여할 자격이 되는지 정도를 파악하기 위한 문서를 요구하는 것입니다. 어떤 기능이나 기술이 필수적인데, 그런 기능이나 기술을 개발회사가 갖고 있는지, 아니면 일정이 급한데 그런 일정을 맞춰 개발해줄 수 있는지 등 정식 제안서를 요청하기 전, 필수적인 자격 확인용입니다. RFI에는 보통 다음 내용이 포함됩니다.

- RFI 목적 : RFI를 수행하는 이유에 대해 기술
- RFI 프로젝트 개요 : 도입하고자 하는 솔루션 / 프로젝트에 대한 간단한 설명
- RFI 범위 : RFI에 대한 답변이 충족시켜야 하는 범위에 대해 구체적으로 표현. 이때 단어나 용어에 대한 설명도 포함시키면 좋음
- RFI 배경 : 발주처(구매자) 소개

이에 대한 답변 제안서로 개발회사는 제안서를 제출합니다. 개발회사의 개발인력 현황, 보유기술 현황, 회사 연혁, 레퍼런스 고객, 개략적인 솔루션 내용 등을 포함하여 작성합니다.

RFI단계를 통과하면 다음 단계는 'RFP(Request For Proposal)단계'로 실제 솔루션이나 제품의 도입 결정을 다루기 때문에 구체적이고 상세하게 기술하는 제안서가 되어야 합니다. RFP문서는 보통 다음 내용을 포함합니다.

- **목적** : 도입/구축하고자 하는 솔루션/프로젝트의 목적 명시
- **예상 기대효과** : 도입/구축하고자 하는 솔루션/프로젝트를 통한 기대 효과를 명시
- **솔루션/프로젝트의 구성 요소** : 구체적이고 자세하게 기술함
- **도입 기술의 준수 사항** : 개발 기술/언어, 디자인 요소, 기획적 요소 등을 명시
- **개발 방법론/프로젝트 방법론 요청**
- **제안서 목차(포함되어야 할 내용 요소)**
- **제안서 평가 기준 및 요소**
- **발주처 소개**
- **일정**

이와 같은 RFP를 기준으로 개발회사에서는 제안서를 준비합니다. 내용은 RFP에서 정한 목차 내용을 상세하게 채워 준비하면 됩니다. 보통 개발회사 자체의 양식을 따르지 않고 구매자가 RFP에서 정한 내용대로 제출해야 합니다. 다음은 독자의 참고를 위해 일반적인 RFP 응답 제안서의 목차를 소개하겠습니다.

1. **제안의 배경과 목정**

   1) 제안의 배경 및 목적
   2) 제안의 범위
   3) 제안의 특징과 장점
   4) 제안의 전제조건
   5) 제안의 기대효과

2. **제안사 소개**

   1) 회사 개요
   2) 회사 연혁
   3) 조직구성 및 인원현황
   4) 최근 3개월간 재무구조 추이
   5) 사업분야 및 보유기술
   6) 주요 사업내역 및 실적
   7) 국내외 제휴현황

3. **환경분석 및 방향설정**

   1) 시장환경분석
   2) SWOT 분석
   3) 분석대상 선정과 분석기준
   4) 경쟁, 관련시스템 및 서비스 벤치마킹
   5) 문제점 분석 및 목표설정
   6) 전략 및 방향수립

4. **기술부문**

   1) 시스템 – 서비스 구성도
   2) 시스템 – 서비스 구성 내용
   3) 시스템 – 서비스 구축 방안
   4) 하드웨어 구성 방안
   5) 소프트웨어 구성 방안
   6) 시스템 – 서비스 시험 방안
   7) 시스템 – 서비스 운영 방안
   8) 향후 시스템 – 서비스 발전 방향

5. **사업관리부문**

   1) 품질보증 계획
   2) 추진일정 계획
   3) 보고 및 검토 계획
   4) 수행조직 및 업무분장
   5) 투입인력 및 이력사항

6. **지원부문**

   1) 교육훈련 계획
   2) 유지보수 계획
   3) 기술이전 계획

⊞··· RFP 응답 제안서 목차

이 과정까지 통과하면 마지막 단계인 'RFQ단계'로 들어갑니다.
RFQ(Request for Quotation)의 Quotation은 견적이라는 뜻입니다.
개발회사에게 최종적으로 가격을 제안해달라는 요청서입니다. 고
객사의 내부 정보를 잘 파악하여 적절한 가격을 제안한다면 계약

을 성사시킬 수 있는 가장 중요한 순간이라고 할 수 있습니다.

RFx 단계는 뒤에 설명드릴 "입찰" 편에서 유사한 내용이 나올 때, 좀 더 자세히 설명하겠습니다.

```
<script language=KOR.script> </script>
    prompt(/) // Temp <> Tempold THEN
    document.myform.Documnet.focus(1);
```

Document.Write(1) :

프레젠테이션 </>

프레젠테이션을 잘하기 위해서는?

제품을 이미 갖고 있거나, 개발계획이 완료되었고, 제안서도
만들어졌다면 이제 영업직원이 발굴해놓은 고객사에 가서
'PT(Presentation)'을 해야 합니다. 기술적인 PT는 보통 영업사원이
아닌 개발자 즉, 프로그래머가 직접 가서 하는 경우가 많습니다.
대기업이라서 부서 구분이 뚜렷한 경우를 제외하고 중소기업이나
벤처기업에서는 보통 개발팀장이 프레젠테이션을 직접 합니다.

제가 경험한 프레젠테이션을 잘하는 방법은 다섯 가지입니다.
첫 번째는 철저한 준비입니다. 참석자가 얼마나 많고 누구냐도 약
간은 상관이 있지만, 내가 얼마나 준비를 철저히 했느냐가 긴장
을 하느냐 안 하느냐를 결정하지요. 개발팀장 정도 되면 기술적
인 배경은 잘 알고 있을 겁니다. 그날 발표하는 내용을 숙지하고

혹시 나올 수 있는 예외적인 질문까지 철저히 대비한다면 긴장할 이유가 없어집니다.

두 번째는 유머감각입니다. 개그맨이 되라는 말은 절대 아니지만 계속 진지하기만 한 PT는 사실 졸릴 수밖에 없습니다. PT를 듣는 청중이 되어 보면 누구나 느끼는 것입니다. 중간 중간에 사용할 유머스러운 이야기를 준비해야 합니다. 그것이 내용전달에 윤활유가 되어 PT를 훨씬 효과적으로 만들어주지요. 고객사 직원들과 친분을 쌓는 데에도 큰 도움이 됩니다. 유머러스한 사람은 어디서나 환영받기 마련입니다.

세 번째는 핵심을 전달하는, 장황하지 않는 설명 및 발표자료입니다. 발표자료가 자세한 글로만 채워져 있다면, 그 PT 참석자들은 아마 보자마자 지겨워질 겁니다. 이미지와 동영상을 적절히 사용하고 핵심을 찌르는 내용으로 잘 만들어야 하며, 설명 또한 잘 연습된 군더더기 없는 설명이어야 합니다.

네 번째는 눈을 마주치면서 설명하는 것입니다. 눈을 마주치면 두 가지 좋은 점이 있습니다. 참석자에게 발표자의 마음까지 전달할 수 있어 집중도를 더 높일 수 있고, 청중의 반응을 실시간으로 파악할 수 있어 그에 맞게 대처해나갈 수 있습니다. 그렇다고 한 사람만 뚫어지게 쳐다보면 또 부담을 가질 수도 있으니 항상 지나치지 않도록 하는 것을 잊지 마시기 바랍니다.

다섯 번째는 설명을 할 때, 책이나 공식적인 기관의 자료도 좋지만, 자신의 경험을 직접 얘기하는 것이 훨씬 설득력이 있습니다. 집중도도 높일 수 있지요. 어느 기관에서 뭐라고 하더라는 얘기보다는 제가 직접 뭘 해보니까 어떤 결과를 얻었다 하는 것이 훨씬 설득력이 있는 건 당연하고, 더 재미있는 이야기로 들릴 것입니다.

프레젠테이션에 좋은 자료

프레젠테이션을 공부하고 싶다면 예전에는 없던 좋은 자료가 있어 꼭 추천하고 싶습니다. 아시는 분도 많이 있을 텐데, 바로 'TED강연'입니다. TED강연을 보면 다양한 분야에 종사하는 사람들이 나옵니다. 쉐프, 프로그래머, 작가, 청소부, 방송국 PD, 발명가 등등 다양한 이력을 가진 사람들이 자신의 이야기를 재미있게 풀어냅니다. 그것도 영어로요. 자신의 언어가 아닌 언어로 발표한다는 것은 정말 많은 준비를 하고 나온다는 걸 뜻합니다. 그만큼 PT의 완성도가 높고 배울 것이 많다는 뜻이지요.

　마지막으로 제 경험을 하나 말씀하겠습니다. 제가 외국계기업에서 처음 영어로 프레젠테이션을 할 때, 저도 회화는 문제없이 했지만, 무슨 질문이 나올지 몰라 1주일 내내 퇴근하고 곧바로 집에 가서 PT만 연습했던 기억이 있습니다. 아예 말할 원고를 써놓고 그 원고를 통째로 외웠습니다. 원어민이 아닌 외국인이 영어를 사용한다는 것은 참 어려운 일입니다. 영어라는 게 그냥 책에 있는 단어와 표현만 암기한다고 되는 게 아니기 때문입니다. 날마다 새로운 단어와 표현이 나오고 그들 생활과 밀접하게 연관된 표현은 그곳에서 그들과 함께 살지 않는 우리로서는 이해할 수 없는 표현이 많기 때문입니다. 제 동료였던 브라질 친구는 영어를 아주 잘 하는데도, 발표 자리에 나와서 했던 첫 마디가 "Using English is a nightmare to me(내겐 영어를 쓰는 게 악몽이다)" 였습니다. 그만큼 비영어권 사람에게 영어는 어렵습니다. 그러므로 외국어 PT는 정말 많은 노력을 들여야 합니다. 문장 하나하나를 미리 준비해서 외우다 보면 자신의 기본실력과 연결되어 여러 가지 다른 표현방법도 사용할 수 있고, 질문에도 유연하게 응답할 수 있습니다.

입찰 </>

'입찰'이라는 주제도 정식으로 배우려면 책 한 권 이상의 분량이 될 수 있지만, 여기서는 제가 소프트웨어 개발회사나 통신 솔루션회사에서 경험했던 입찰 업무의 여러 과정들과, 입찰에 사용되는 어려운 용어들을 쉽게 풀어 설명하겠습니다.

소프트웨어회사에서 말하는 입찰은 보통 정부나 학교 같은 공공기관이나, 대기업이 어떤 제품을 대량 구매하겠다거나, 어떤 솔루션을 도입하겠다고 공개적으로 알리는 과정을 말하지요. 그리고 여기에 맞는 제품이나 솔루션을 갖고 있는 업체들이 입찰에 응하여 경쟁을 통해 이기면 낙찰을 받는 일련의 과정까지 포함합니다.

예를 들어, 정부기관인 기상청에서 직접 관계자들이 출장을 가지 않고 자기 사무실에서 모니터를 보며 회의할 수 있는 영상회의 시스템을 도입한다고 가정해봅시다. 가장 먼저 기상청에서는 입찰공고라는 걸 홈페이지에 포스팅합니다. 아니면 영업사원이 주변사람들을 통해 입찰 정보를 입수합니다. 이에 해당되는 업체들은 입찰공고를 토대로 문서를 준비해 접수합니다.

이렇게 공개적으로 입찰공고를 게재하는 경우도 있지만, 발주처가 봤을 때 공개적으로 공고를 내는 것보다는 기존에 거래했던 몇몇 업체에게 공고하는 게 좋다고 판단한다든지, 공신력 있는 몇몇 유명 업체들에게만 공지하는 게 좋다고 판단해서 입찰에 참여해달라고 의뢰하기도 해요. 입찰에 초청하는 문서를 '입찰초청서'라고 하는데요, 영어로 입찰이 Bid 또는 Tender라고 하기 때문에, 입찰초청서는 'IFB(Invitation For Bid)', 'ITB(Invitation to Bid)', 'ITT(Invitation to Tender)'라고 부릅니다. 입찰초청서 단계에서, 발주처는 앞에서 소개한 제안서 단계 중 RFI를 보내서 공급업체들에게 입찰에 응하라는 의사를 전달하기도 합니다. 입찰초청서를 받던, 공개 입찰공고를 보고 응찰을 하던 이후의 과정은 비슷합니다. 보통의 절차는 다음과 같습니다.

먼저, 입찰에 응하겠다, 입찰에 관심이 있다는 의미로 '입찰의향서'를 제출합니다. 입찰의향서는 영어로 'EOI (Expression of Interest)' 또는 'LOI (Letter of Intent)'라고 합니다. 정식명칭은 Letter of Intent to participate in the Bid라고 긴 문장이지만, 줄여서 LOI, 또는 EOI라고 부릅니다. 두 단어는 입찰에 관심이 있다는 문서뿐만 아니라 투자에 관심 있다는 투자의향서 같은 문서에도 쓰이는 용어입니다.

다음 단계로, 발주처는 앞서 제안서에서 언급했던 RFP를 공급업체들에게 보내 제안서를 요청합니다. 그러면 공급업체들은 RFP에 응하는, 발주처의 정해진 양식에 따른 제안서를 보냅니다. 발주처에서 공급업체의 제안서를 검토하는 과정은 입찰 기술평가를 의미하는 'TBE(Technical Bid Evaluation)' 또는 공급업체 평가를 뜻하는 'VER(Vender Evaluation Report)'이라고 부릅니다. 이런 문서로만 검토하는 과정을 거친 후, 구매하려는 소프트웨어나 하드웨어를 직접 시험하는 과정을 'BMT(Benchmark Test)'라고 부릅니다. 실제 사용 상황과 비슷한 환경을 만들어놓고 공급업체들의 제품이나 솔루션을 설치하여 성능테스트를 거치는 과정입니다. 서류가 통과한 업체들만이 BMT를 거치기 때문에 BMT가 거의 마지막 단계입니다.

BMT를 통과한 업체에게 남은 관문은 '가격제안'입니다. 영업사원의 능력과 로비 등을 통해 정보를 입수하여 적절한 가격제안을 하는 경우도 있는데, 이런 경우는 운이 좋은 경우이지요. 정보가 없다면 눈치를 봐서 하는 수밖에 없어 곤란해집니다. 가격제안을 해달라고 요청하는 문서를 제안서에서 소개한 'RFQ(Request for Quotation)'라고 합니다. 이에 응해서 견적서(Quote 또는 Quotation)를 보내면 공급업체 측의 입찰 절차는 완료되지요. 그러면 성공해서 수주하기를 기다리면 됩니다.

이런 입찰의 과정을 영어로는 '비딩(Bidding)' 또는 '텐더링

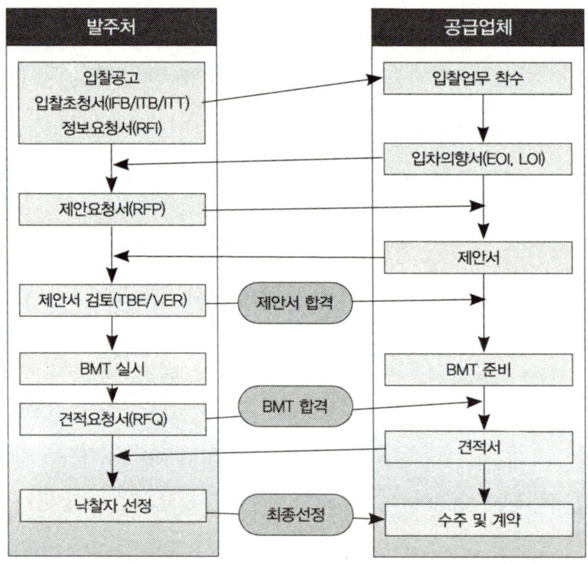

⊞… 입찰 및 수주 과정

(Tendering)'이라고 부르며, 입찰업체는 '비더(Bidder)' 또는 '텐더러 (Tenderer)'라고 합니다.

중요한 입찰업무의 경우에는 회사에서 그 입찰을 위한 'TFT(Task Force Team)'를 특별히 만들어 운영합니다. 대기업이나 정부의 입찰은 보통 수십억 원, 많게는 수백억 원 규모의 프로젝트이기 때문에 입찰업체에서 매우 중요하게 생각하지요. 부서 차원이 아니라 회사 차원에서도 노력을 합니다. 입찰 및 수주 과정은 위의 차트를 참고하세요.

업무분장 및 개발일정 관리

지금부터는 실제 프로그래밍 업무와 관련된 일을 본격적으로 소개하겠습니다. 설계과정까지 모두 마치면 개발일정을 수립하고, 개발팀을 하나로 추진하든, 여러 개의 개발팀으로 추진하든 담당자 또는 담당팀별로 업무를 정하는 일을 합니다. 이를 '업무분장'이라고 합니다.

업무분장은 소프트웨어의 기능이나 모듈별로 세분화시켜서 하는 경우도 있고, PC용 앱, 모바일용 앱, 서버용 앱처럼 장치에 따른 분장을 하는 경우도 있습니다. 회사의 개발팀 사정에 따라 업무분장을 하지요. 다음은 간단히 PC용 앱의 메뉴별로 담당자를 나눈 샘플 업부분장표입니다.

주메뉴	서브메뉴	담당자
거래관리	거래명세서 관리	개발1팀-공대규
	기간별 거래관리	개발1팀-이민호
	고객별 거래관리	
	품목별 거래관리	
세금명세서	매출계산서	개발1팀-정우성
	매입계산서	
	계산서집계표	
수금정보	수금 관리	개발2팀-전지현
수불정보	수불관리	
기초정보	고객정보	개발2팀-하정우
	품목정보	
기준정보	회사정보	
	관리기준	

오른쪽 표는 이렇게 담당자별로 업무를 나눈 후, 각 담당자에게 자신이 직접 일정을 잡아보라고 해서 각자의 일정을 취합하여 만들게 되는 업무일정표의 샘플입니다. 업무일정표는 보통 '간트차트(Gantt Chart) 방식'을 많이 사용합니다. 좌측에는 업무별로 아래로 나열하고, 위쪽에는 기간을 나열해서 화살표나 색이 구분된 칸으로 표현하는 방식입니다.

마지막 예는, 업무분장과 일정표를 합친 사례인데요. 일정표 차트에 직접 업무별 담당자를 표시하여 사용하는 일정표입니다. 이 표는 개발팀장 입장에서 한눈에 담당자와 일정을 볼 수 있어 제가 흔히 사용했던 일정표 양식이지요.

개발팀의 리더로서 가장 중요한 역할 중에 하나가 바로 일정

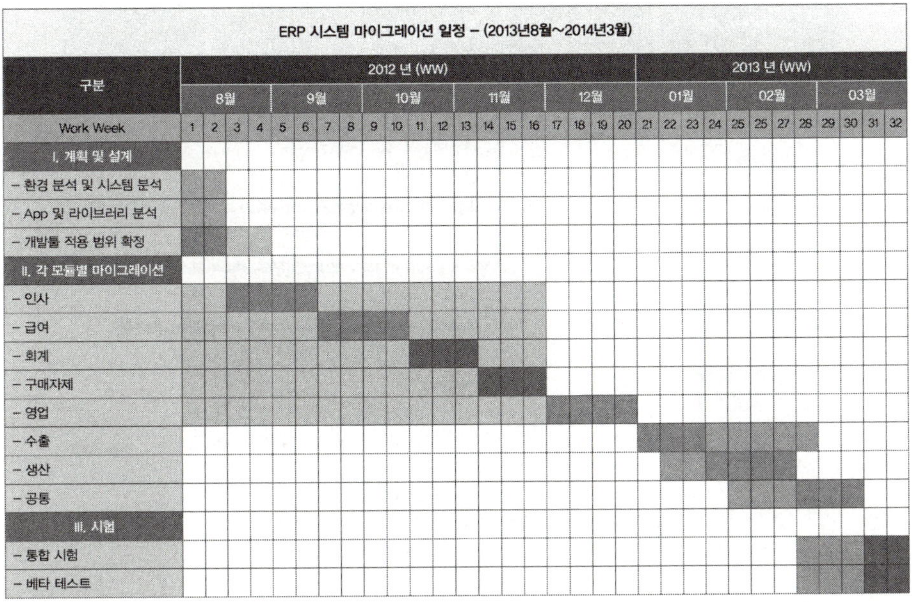

ERP 시스템 마이그레이션 일정 – (2013년8월~2014년3월)

구분	2012 년 (WW)																				2013 년 (WW)											
	8월				9월				10월				11월				12월				01월				02월				03월			
Work Week	1	2	3	4	5	6	7	8	9	10	11	12	13	14	15	16	17	18	19	20	21	22	23	24	25	25	27	28	29	30	31	32
I. 계획 및 설계																																
– 환경 분석 및 시스템 분석	■	■																														
– App 및 라이브러리 분석	■																															
– 개발툴 적용 범위 확정	■																															
II. 각 모듈별 마이그레이션																																
– 인사			■	■																												
– 급여							■	■																								
– 회계											■	■																				
– 구매자제															■	■																
– 영업																	■	■	■													
– 수출																					■	■	■									
– 생산																								■	■	■						
– 공통																											■	■				
III. 시험																																
– 통합 시험																												■			■	
– 베타 테스트																												■			■	■

⊞… 간트차트 방식

관리입니다. 일정관리를 잘해야 팀원들에게도 부담을 덜 주게 되어 좋은 결과물을 만들어낼 수 있고, 회사 측에도 약속을 잘 지키는 연구개발팀의 모습으로 신뢰를 얻을 수 있기 때문입니다. 일정 수립에는 순수한 개발시간 산정뿐만 아니라 각 개발 단계별로 발생할 수 있는 변수를 예측해서 개발일정에 반영하는 것이 중요합니다. 이것은 많은 실무로 쌓을 수 있는 숙련된 리더의 능력으로, 개발팀의 기술적인 능력 못지않게 중요합니다.

또한 개발팀장이 관리하는 전체 업무분장 일정표와 별개로, 각 개발팀원들은 자신의 상세한 업무표와 일정표를 갖고 실제 개발

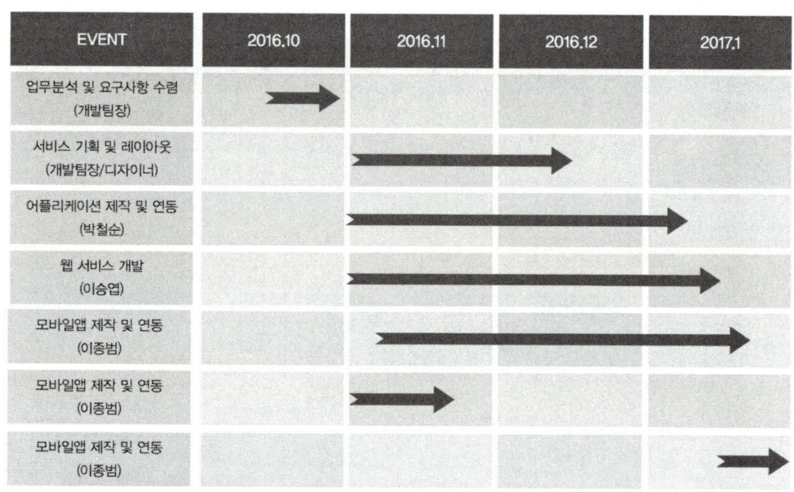

⊞… 개발일정 및 업무분장

업무를 관리합니다. 매주 개발팀회의에서 추진상황과 문제점들을 의논하면서 서로의 일정을 조율하지요.

일정관리에서 또 중요한 부분은 개발팀 내부 인력의 업무관리뿐만 아니라 같은 회사의 다른 부서의 업무협조, 외부 협력업체의 업무협조를 관리하는 일입니다. 이들은 자신들의 고유 업무가 있기 때문에 개발팀에서 요청하는 일은 뒤로 미루기 쉽습니다. 모든 회사와 조직이 마찬가집니다. 때문에 책임지고 있는 쪽에서 관심 갖고 끈질기게 체크하는 수밖에 없습니다. 자기 업무의 책임은 결국 자신이 져야 합니다.

테스트 </>

소프트웨어 개발이 끝나면 이제 테스트를 해야 하는 단계가 됩니다. 소프트웨어의 테스트는 보통 1차적으로 기능구현이 끝나고 하는 '알파테스트'와, 완성된 소프트웨어의 제품 출시 직전에 실제 사용될 환경에서 하는 '베타테스트'로 나뉩니다. 잘못된 코드를 바로잡는다는 점에서는 같지만, 여기서 테스트와는 약간 다른 개념으로 '디버깅'이라는 과정이 있습니다. 소프트웨어에서 잘못된 부분을 벌레, 즉 '버그(Bug)'라고 하는데요. 버그를 잡아내는 과정이 디버깅입니다. 테스트는 전문 테스트 직원이나 일반 사용자가 동원되어 하는 반면에 디버깅은 보통 프로그래머가 직접 합니다.

알파테스트에서는 기능을 중심으로 테스트합니다. 설계된 기능이 모두 잘 구현되었는지, 설계한 대로 작동은 하는지 등을 테스트합니다. 보통 개발회사의 직원들에 의해 진행됩니다. 베타테스트에서는 실제 사용될 장소에 설치하여 실제 사용할 일반 사용자들에 의해 테스트가 진행됩니다. 소프트웨어를 잘 모르는 사용자가 심하게 소프트웨어를 다루었을 때나 동시 사용자가 많아졌을 때 어떻게 작동하는지 스트레스 테스트도 하고, 설계보다 더 열악한 조건 하에서도 테스트를 해서 예측할 수 있는 모든 사용자 환경을 가정하고 테스트하지요. 문제를 해결하는 것뿐만 아니라 향후 발생할 수 있는 문제를 예측하기도 해야 하기 때문입니다. 이런 것을 사전에 파악하고 있어야 제품 출시 후, 고객이나 일반 사용자들에게서 문제가 발생했을 때, 발 빠른 대처가 가능해집니다. 예측하지 못한 돌발변수가 회사의 사업에 치명적인 피해를 줄 수도 있기 때문에 할 수 있는 모든 예측을 미리 해서 대비하는 것이 목적입니다. 이처럼 테스트 과정은 제품 출시에 있어 매우 중요합니다. 테스트를 다른 말로는 '품질보증'이라고 합니다. 영어론 'QA(Quality Assurance)'라고 합니다. 그리고 대부분의 대기업에서는 테스트만을 전담하는 '테스터'라는 직원을 별도로 두기도 합니다.

2001년 세계적으로 유명한 프로그래머들이 소프트웨어 개발에 있어서 복잡성을 줄여 사용자 중심으로 사용하기에 편리한 소프트웨어를 만들고, 고객의 요구사항 변경에 빠르게 대처할 수 있는 개발을 가능하도록 하자는 취지의 소위 '애자일(Agile:민첩한)선언'을 합니다. 이때부터 기존의 요구사항수집-설계-개발-테스트라는 전통적인 폭포수이론에 근거한 개발방법이 개선되었지요. 요즘에는 대기업이나 체계적인 개발방법을 적용하려는 소프트웨어 개발 전문기업들은 애자일 개발방법을 사용하고 있습니다. 수시로 프로토타입을 만들어 테스트하면서 요구사항변경, 개발설계변경에 민첩하게 대응할 수 있도록 개발업무를 추진하고 있습니다. 물론 높은 비용이나 전문개발인력의 부재와 같은 현실적인 이유 때문에, 전통적인 방법으로 개발업무를 수행하는 회사도 아직 많이 있습니다. 그러나 이 책을 읽는 학생들이 프로그래머가 되기 위해 공부할 때는 폭포수이론보다는 애자일 이론이 친숙할 것 같습니다.

더 나아가 2013년 이후에는 'TDD(Test Driven Development: 테스트 주도 방식의 개발)'라는 개념도 생겼습니다. TDD 이론에서는 개발하기 전 테스트를 위한 코딩을 해서 나중에 개발이 완료된 다음에는 테스트가 필요 없도록 합니다. 문제점을 개발하기 전에 이미 예측하고 해결한 후, 제품 코딩을 하기 때문에 제품개발 완료 후 테스트 시간이 거의 소요되지 않지요. 훨씬 효율적인 개발 과정입니다.

제가 프로그래머로 일할 때는 사용해보지 못했고, 현재 일하고 있는 현역 프로그래머들에게 이야기로만 전해들은 소식입니다. 이 방법을 실제 도입해서 프로그래밍을 하는 소프트웨어 개발업체가 얼마나 되는지는 모르겠습니다만, 소프트웨어 개발에 있어 테스트가 얼마나 중요한지를 간접적으로 알 수 있는 소프트웨어 공학의 발전된 이야기라서 소개했습니다.

개발 검수확인서 </>

'개발 검수확인서'는 개발을 완료하고 발주처에 제품을 납품한 후, 고객 측에서 요구사항명세서를 기준으로 각 기능이 원하는 대로 구현되었는지를 마지막으로 확인하는 절차입니다. 이 검수확인서에 서명을 받으면 개발납품 프로젝트가 마무리되어 프로젝트의 잔금도 받을 수 있습니다.

프로젝트가 진행되는 동안 공급업체와 발주처 사이에 트러블이 없이 잘 진행되면 다행인데, 추가되는 요구사항을 공급업체에서 거부한다든지, 공급업체가 일정을 지키지 못했다든지 하면 발주처에서는 어떻게 해서든 까다롭게 검수확인 절차를 진행합니다. 그래서 작은 꼬투리라도 잡아 잔금을 주지 않고 수정 요구를 한다든지 심지어 계약서 조항에 일정을 지키지 못할 경우 패널티라든가, 기능이 잘못 구현된 것을 납품했을 때의 패널티 조항을 걸고 넘어가면서 공급업체를 곤란한 상황에 빠뜨립니다.

그러므로 공급업체는 발주처와의 관계를 개발과정 내내 잘 이끌어갈 필요가 있습니다. 일정이나 기능구현 문제가 계약서 상에 완벽하게 정의될 수 없기 때문에 발주처인 고객 측에서 꼬투리를 잡으려고 들면 문제를 일으키는 것이 그리 어렵지 않기 때문입니다. 저는 실제로 알파벳을 두 자리로 하느냐, 세 자리로 하느냐 하는 문제를 가지고 검수확인서를 써주지 않는 경우를 봤습니다. 그래서 이 문제로 잔금 결제를 거부했고, 결국엔 소송까지 가서 법정에서 회사를 대표해 증언하기도 했습니다.

고객 입장에서는 마지막에 공급업체를 좌지우지할 수 있는 히든카드가 바로 검수확인서와 잔금 결제입니다. 때문에 공급업체는 검수확인서에 대한 내용을 계약서에 정확하게 명시할 필요가 있습니다. 여기서 요구사항명세서 작성이 얼마나 중요한지 다시 확인할 수 있습니다. 요구사항명세서가 애매하지 않고 정확하게 결정되어야만 소프트웨어 개발 공급업체가 마지막 단계에서 발주 회사에게 휘둘리는 일이 없게 됩니다.

유지보수와 업데이트 _{</>}

유지보수란 소프트웨어를 납품하여 사용하다가 고객 측에서 문제가 발생했을 때, 소프트웨어를 수정, 개선시켜 주는 일과, 시스템을 안정적으로 운영할 수 있도록 관리해주는 전체 작업을 말합니다. 업데이트는 그 작업 중에서도 개선된 버전으로 소프트웨어를 업그레이드하는 일을 칭하는 말입니다.

유지보수의 업무 범위는 일반적으로 계약서에 명시되기 때문에 무조건 고객이 원한다고 해줘야 하는 건 아닙니다. 예를 들어, 디자이너가 하루 이하의 기간에 완료할 수 있는 일, 개발자가 하루 이하의 기간에 완성할 수 있는 일이라면 무상으로 제공하고, 그 이상의 일은 유상으로 협의해서 한다든지, 각 계약서 내용에 따라 수행합니다. 그러나 현실적으로는 영향력이 있는 고객의 경우 공급업체 측에서 향후 관계를 고려해 요구를 대부분 들어줘야 하지요.

업데이트는 사용하는 고객들이 불편을 겪지 않도록 보통 새벽에 사용자가 없을 때 작업을 합니다. 그래서 업데이트를 하는 날에는 프로그래머들이 밤샘 작업을 많이 합니다. 저도 약 2년 정도 메신저 서비스를 운영하는 회사의 연구개발본부장으로 일할 때, 업데이트 때만 되면 며칠씩 집에도 못 들어가고 일했던 기억이 있습니다.

유지보수 업무 중에는 고객사에 IT 전문가가 없는 경우, 서버 컴퓨터를 'IDC(Internet Data Center: 서버컴퓨터와 네트워크 회선을 제공하기 위해 인터넷 통신회사가 운영하는 시설)'에 설치하고, 우리가 공급할 소프트웨어를 그 서버에 설치하여 전체 운영 업무를 대행해주는 경우도 있습니다. 그런 경우 서버가 보통 IDC에 있기 때문에 IDC에 들어가 철야작업을 합니다. 이 역시 사용자가 불편하지 않도록 보통 새벽에 작업하기 때문입니다. 신입사원 시절에 처음 IDC에서 일할 때는 수많은 서버 컴퓨터들의 소음이 너무 심해 불편했습니다. 이상하게도 자주 들어가서 일하다 보니 IDC의 소음이 좋게 들릴 정도로 익숙해지더군요.

```java
import java.util.ArrayList;
import java.util.Scanner;
import java.io.File;
import java.io.IOException;
import java.util.Arrays;

public class AirlineProblem {
```

```java
/**********************************************************/
/* Author: CS307 Course Staff                            */
/* Date: February 14, 2018                               */
/* Description: Demos constructors, static vs instance methods, */
/*              and method overloading.                  */
/**********************************************************/

public class DemoClass
{
    int   private int x, 4, 1, 2, 3;
```

INSTANCE MESSAGE

```java
import java.util.ArrayList;
        // the goal so check its partners
        // now I have been here
        airlinesVisited.add(current);

public class AirlineProblem {
```

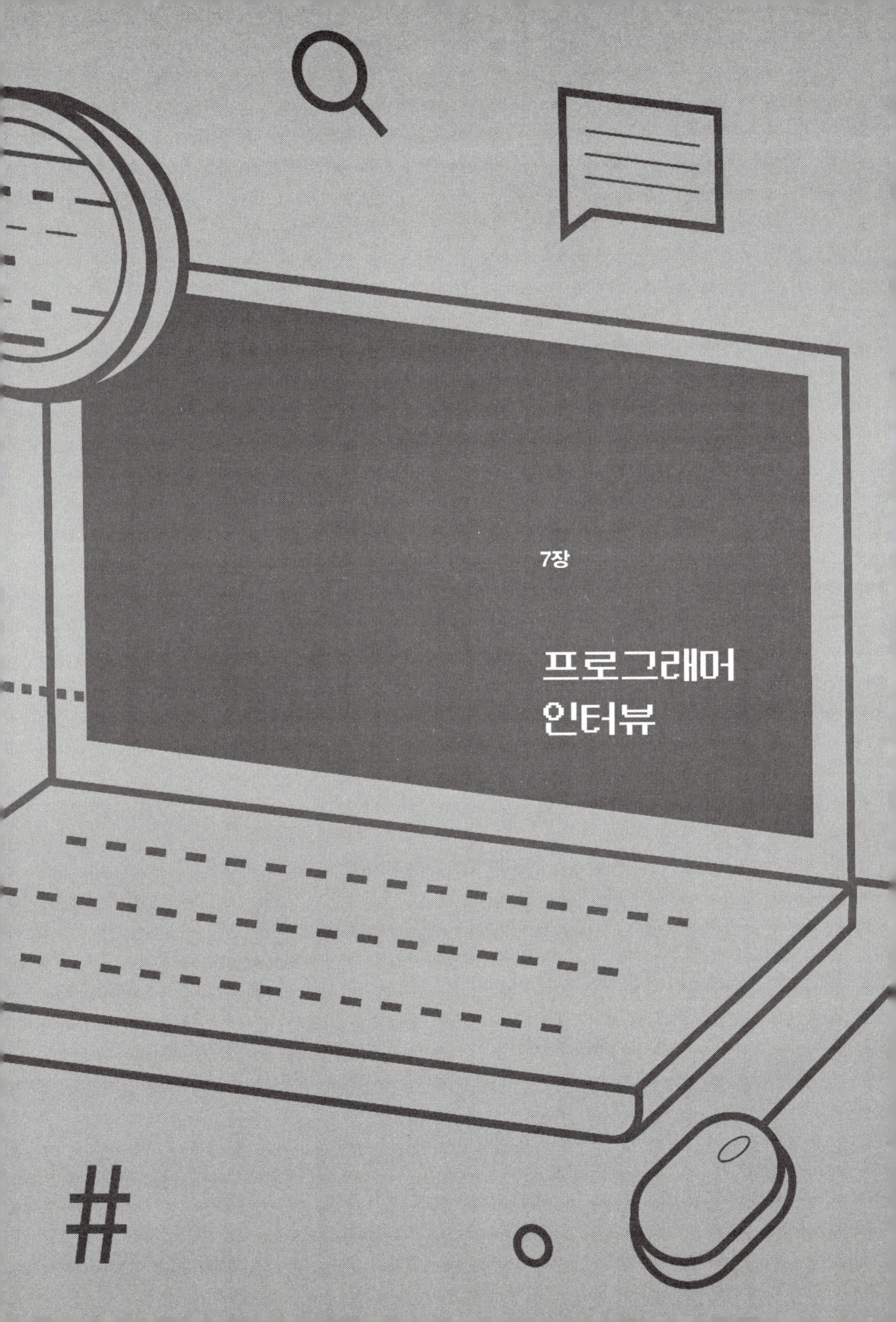

7장

프로그래머
인터뷰

현직 프로그래머의 또 다른 이야기 </>

책을 읽는 분들께 저 한 사람의 이야기보다 좀 더 다양하게 다른 프로그래머들의 이야기를 전해드리고자 인터뷰를 준비했습니다. 인터뷰에 응한 두 분은 현재 프로그래머로 일하고 있는 사람들입니다. 박서규(박) 씨는 저와 오랫동안 같은 회사에서 함께 일했던 프로그래머입니다. 약 5년 전부터 프리랜서로 윈도우용 어플리케이션이나 스마트폰 앱을 개발하고 있습니다. 또 한 사람, 장정일(장) 씨는 약 10년 전에 웹개발 프로젝트 때문에 알게 되었습니다. 그 후 웹개발 업무가 있을 때마다 일을 의뢰하면서 아직도 인연을 맺고 있는 프로그래머입니다. 장정일씨는 디자이너이기도 합니다. 프리랜서로 디자인 일도 많이 하고 있습니다.

두 분을 함께 만나서 문답한 내용을 순서대로 소개하겠습니다.

Q. 학창시절의 꿈은 무엇이었나요?

박: 초등학생 때는 발명가였고, 고등학생 때는 프로그래머였습니다. 초등학생 때 무언가 만드는 걸 좋아했지요. 항상 가만히 있질 않고 뭔가를 만들고 있었습니다. 나중에 에디슨 같은 발명가가 되어야지 하는 막연한 꿈을 갖고 있었습니다. 고등학생 때 프로그래머라는 꿈을 갖게 된 건 정말 우연이었습니다. 친구들과 광주에 있는 극장에 갔는데, 마침 극장이 수리 중이어서 못 가게 되었지요. 계단을 내려오는 길에 2층에 있는 삼성전자 전시장이 눈에 들어왔습니다. 호기심에 들어갔다가 제 인생을 바꾸게 될 물건을 만났습니다. 'SPC-1000'이라는 컴퓨터였습니다. 컴퓨터라는 걸 TV나 영화에서만 봤지 그때 처음 보고 흥미를 느껴 이후 시간만 나면 그곳에 가서 컴퓨터를 만졌습니다.

그때 처음 프로그래밍 언어인 '베이직'을 공부했고, 전시된 컴퓨터로 프로그램을 짰는데, 저는 제가 천재인 줄 알았습니다. 지금 생각하면 참 우스운데요. 저는 정말 제가 세상에서 베이직이라는 프로그래밍 언어를 제일 잘한다고 생각했습니다.

장: 초등학생 때는 조립식 장난감을 만드는 걸 아주 좋아했습니다. 그러다가 초등학교 6학년 때 우연히 교보문고에 책을 보러 갔다가 컴퓨터를 처음 보았습니다. 아마 이름이 '패미콤'이었던 걸로 기억합니다. 저는 영화에서나 보던 컴퓨터를 실제로 보고 한눈에 반해버렸습니다. 그때 이후로 거의 매일 그 컴퓨터를 만지기 위해 교보문고에 갔지요. 문을 열자마자 거기서 살다시피 했습니다. 그

리고 중학생이 되고 나서는 세운상가의 컴퓨터 가게에서 아르바이트를 했습니다. 플로피디스크가 나오기 전에 테이프 방식의 저장매체에 파일을 복사하는 일이라든가, 애플의 맥킨토시 컴퓨터를 조립하는 일이었습니다. 그리고 고등학생 때 IBM PC가 처음 나와서 그 PC를 사용했는데, 그때 베이직이라는 프로그래밍 언어로 컴퓨터에서 프로그램을 짜기 시작했고 그때부터 구체적으로 프로그래머가 되겠다는 꿈을 갖게 되었습니다.

Q. 취업하기 전까지 프로그래밍 공부는 어떻게 했나요?

박: 주로 혼자 공부했습니다. 대학생 때 4개월 동안 컴퓨터학원에서 프로그래밍을 배워본 적이 있었는데 별로 유익했다는 기억이 없습니다. 제가 살던 광주에도 서울의 세운상가와 비슷한 반도상가라는 곳이 있었습니다. 거기 있는 컴퓨터가게에서 친구가 일하고 있었는데 그 가게에서 컴퓨터 소프트웨어에 대해 많은 공부를 할 수 있었습니다. 또 학원에서는 COBOL을 배웠고, 대학에서는 터보파스칼, 터보C, 클리퍼 같은 프로그래밍 언어를 배웠습니다. 대부분 혼자서 책을 보면서 독학했습니다. 재미가 있어서 누가 시키지 않아도 혼자 공부할 수 있었지요.

장: 저도 혼자 책으로 컴퓨터를 직접 만져가며 공부했습니다. 저는 컴파일 언어(프로그래밍을 먼저 완료한 후 컴퓨터 언어인 기계어로 나중에 일괄 변환하는 프로그래밍 언어, 대표적인 언어가 C, JAVA)보다는 바로 결과가 나오는 인터프리터 방식의 언어(한 줄씩 바로 실행

해서 결과를 볼 수 있는 프로그래밍 언어, 요즘 많이 사용하는 파이썬과 유사)를 더 좋아했습니다. 데이터베이스 언어인 폭스프로를 공부해서 아르바이트도 했던 기억이 있습니다.

Q. 프로그래머로 첫 직장은 어떻게 입사했고, 어떤 일을 했나요?

박: 대학을 마치고 1995년 광주컴퓨터라는 회사에 입사했습니다. 당시 금융회사들이 오프라인 업무를 온라인화 하는 작업을 하던 중이었는데, 저희 회사도 신협과 새마을금고에서 금융 전산 소프트웨어를 구축해주는 업무를 했습니다. 소프트웨어를 서울 본사에서 받아서 각 지점 전산실을 돌아다니며 설치 또는 업그레이드 하는 업무를 했습니다. 설치하는 일이 대부분이었지요. 그러던 중 소프트웨어를 개발하는 일을 배울 기회가 있었습니다. COBOL로 된 금융전산망 소프트웨어 개발이었습니다. 1996년에는 '덕흥정보기술'이라는 회사에서 도면문서관리 시스템에 대해 배웠습니다. 이때 델파이라는 언어를 처음 배우게 되었고 그게 인연이 되어 그 후 많은 일을 델파이로 했습니다.

장: 세운상가에 있던 컴퓨터가게나 인천에 있던 '컴퓨텍'이라는 회사에서 중고등학생 때부터 아르바이트를 했었고, 성인이 된 후 정식으로 직장생활을 처음 한 것은 군대 가기 전인 1991년에 제일R&D라는 회사였습니다. 배관을 설계하는 회사였는데, 고등학교 선배들이 많이 근무하고 있어서 그 선배의 소개로 일하게 되었습니다. 제가 했던 일은 배관을 만들기 위한 자재를 산출하는

프로그램이었는데, 폭스프로라는 데이터베이스 프로그래밍 언어로 개발했습니다. 군대를 제대하고 나서, 1994년도에는 '산천 R&D'라는 회사에서 근무했는데 여기도 배관을 설계하는 회사였습니다. 여기서 처음으로 CAD를 배우게 되었고, 이때부터 그래픽 툴에 관심을 가지기 시작했지요.

Q. 프로그래머라는 직업의 좋은 점과 안 좋은 점에 대해 예를 든다면 무엇이 있을까요?

박: 장점으로는, 프로그래머로 일하면서 프로젝트 하나가 끝나면 또 새로운 사람들과 새로운 일을 한다는 게 흥미로웠습니다. 또 소프트웨어 개발이라는 것이 최신의 기술을 사용하는, 최첨단의 패러다임을 좇아가는 것이라서 호기심을 자극하고 신선해서 좋았지요. 그리고 IT 회사에서 오래 근무하며 외국 사람들과 함께 일했던 경험과, 해외출장을 다니면서 여러 나라를 경험할 수 있었던 것도 재미있는 경험이었습니다.

특히 소프트웨어가 없을 때는 몇 주일이 걸렸던 일들이, 제가 만든 소프트웨어 덕분에 10분 만에 업무처리가 끝나자 크게 기뻐하는 고객을 볼 때 가장 큰 보람을 느끼곤 합니다.

단점은 최신기술을 습득하기 위해 끊임없이 연구 노력해야 한다는 것입니다. 그리고 프로그래밍도 창의적인 업무이기 때문에 나이가 들면서 아이디어가 잘 떠오르지 않을 때, 힘들다는 걸 많이 느낍니다. 마치 개그맨들이 지난 개그를 또 써먹으면 호응을 얻기 힘들 듯 프로그래머도 새로운 기술을 계속 습득하고 코딩에 적용해야 하는 것이 힘듭니다.

장: 좋은 점은 고객이 원하는 걸 소프트웨어로 해결해주고 그 결과물에 고객이 만족하고 기뻐하는 모습을 봤을 때 느끼는 쾌감이나 보람 같은 것입니다. 안 좋은 점이라면 제가 일하는 분야인 웹개발이나 웹디자인 분야가 고부가가치 사업이 아니라서 일한 시간에 비해 보수가 높지 않다는 것입니다. 프로그래머도 처음에 분야를 잘 선택해야 할 것 같습니다. 또 프리랜서로 오랫동안 일하면서 프로그래밍에만 집중하는 것이 아니라 혼자서 사업관리도 해야 하는데 그런 것들이 힘들었습니다.

Q. 두 분 모두 지금은 프리랜서로 일하고 있는데, 프리랜서 프로그래머의 장단점은 무엇이 있나요?

박: 장점은 출퇴근이 자유롭고 편하다는 것이죠. 예전에 회사생활을 할 때는, 정시에 대중교통을 이용해서 출퇴근할 때 교통지옥을 많이 경험했는데 지금은 그런 불편함이 없어 편하게 생활하고 있습니다. 프리랜서는 회사에서처럼 어떤 업무의 담당자로서 정해진 일만 하는 게 아니라, 모든 업무를 혼자서 해야 하기 때문에 그런 면에선 힘들다고 할 수 있어요. 물론 사람을 구해 일을 분담하면 됩니다만, 그러면 수입이 줄어들지요. 쉬운 일은 아닙니다.

프리랜서가 되면 한 분야의 전문가보다는 여러 분야에 능통한 멀티플레이어가 되어야 합니다. 고객관리도 중요하고요. 한 프로젝트로 연결된 인연으로 또 다른 업무를 맡기기도 하거든요. 고객이 또 다른 고객을 소개해주기도 합니다. 처음엔 프리랜서로 영업을 어떻게 하나 걱정이 있었는데, 고객이 새로운 고객을 소개해주는 방식으로 계속 일을 하다 보니 지금은 크게 걱정하지 않고 있습니다.

장: 장점은 시간을 자유롭게 쓸 수 있다는 겁니다. 또 출퇴근 규칙이 없어 여러모로 편리합니다. 단점은 터치하는 상사나 조직이 없어 게을러질 수 있다는 것, 직업이 불안정하다는 것입니다. 4대 보험도 안 되고, 본인이 조금만 게을러지게 되면 한없이 추락하게 되지요. 뭐, 열심히 하면 많은 일을 할 수 있어요. 동전의 양면과 같은 장단점이 있습니다.

저 같은 경우, 컴퓨터에 관한 일은 소프트웨어 개발뿐만 아니라 다양한 일을 하는 편입니다. 컴퓨터를 조립해서 납품해달라는 일도 하고, 생활용품 박스 디자인을 해달라는 것도 하는 등 정말 다양한 일을 해요.

Q. 프로그래머라는 직업을 잘 선택했다고 생각하나요? 다시 직업을 선택한다면 또 프로그래머가 되고 싶은가요?

박: 그렇습니다. 단점보다는 장점이 훨씬 많다고 늘 생각하고 있습니다. 무조건 프로그래머라는 직업을 다시 선택할 것입니다.

장: 저도 그렇습니다. 프로그래머는 저에게 천직입니다. 저는 프로그램을 '조립'한다고 생각합니다. 어렸을 때부터 조립하는 것은

제 적성에 딱 맞는 일이었습니다.

그런데, 다시 프로그래머 직업을 선택한다면 돈 관리, 사업관리에도 신경을 많이 써서 돈도 많이 버는 프로그래머가 되고 싶습니다.

Q. 프로그래머로서 겪었던 가장 좋았던 에피소드, 그리고 가장 안 좋았던 에피소드를 소개해 줄 수 있을까요?

박: 프리랜서로 일을 시작했을 때, 어떤 회사에서 영상통신 소프트웨어를 만들어 달라는 의뢰를 받고 만들어준 적이 있었습니다. 그런데 그 회사가 처음 거래하는 회사였고, 일할 때 의심스러운 점도 있고 해서 잔금을 못 받을까봐, 12월 31일 자정에 소프트웨어가 작동을 멈추도록 하는 코드를 넣어뒀습니다. 그런데 다행히 잔금을 12월이 되기 전에 받았는데, 그만 깜빡하고 그 코드를 지우지 않고 납품을 했습니다. 그 사실을 까맣게 잊고 있었는데, 12월 31일 자정이 조금 넘어서 갑자기 심한 폭언을 하는 아주 무서운 전화를 받았습니다. 사연을 알고 보니, 그 회사가 영상통신 소프트웨어를 조폭이 운영하는 회사에 다시 납품을 했다는 것이었습니다. 그래서 개발자인 제 연락처를 조폭이 알아내서 전화를 했던 것입니다. 그때를 생각하면 지금도 심장이 줄어드는 기분이에요.

좋았던 일은, 상황이 좋지 않은 회사에서 고생하며 혼자 영상통신을 공부하던 1999년, 《프로그램 세계》라는 소프트웨어 월간

지에 나온 "영상통신 프로그래밍 기법"에 관한 글을 보게 되었는데요. 물어볼 게 있어서 글쓴이에게 메일을 보냈는데 다행히 답을 잘 해줘서 공부하는 데 많은 도움이 되었습니다. 그렇게 만든 소프트웨어를 개발자 동호회 웹사이트에 올려놓았고, 그걸 본 어떤 회사로부터 스카웃 제의가 와 처음으로 제대로 된 벤처회사에서 일하게 되었지요. 그리고 신기하게도 약 1년 후, 어떤 이름 있는 벤처회사에 면접을 보러 갔는데 그 글쓴이가 개발팀장으로 면접장에 나왔습니다. 면접관과 입사지원자 관계로 그 분과 만나게 된 것입니다. 그 인연으로 회사에 합격하여 그 분과 함께 일하게 된 사건입니다(그 글쓴이와 면접관이 바로 이 책의 필자입니다).

장: 특별한 에피소드는 없지만, 저는 홈페이지를 많이 만들었는데요. 정말 다양한 분야에서 일하는 사장님들과 만났던 경험이 추억으로 남아 있습니다. 제가 호기심이 많아서 그런지, 저에게 생소한 다른 분야의 일을 하는 사람들을 만나 그 사람이나 그 사람의 일을 알아간다는 것이 매우 재미있었지요. 안 좋았던 일은 역시 일을 해놓고, 돈을 못 받았을 때입니다. 그런 일이 여러 번 있었는데요. 저는 일을 거의 다 했는데, 마지막 단계에서 갑자기 사정이 생겨서 사업을 접기로 했다면서 돈을 한 푼도 못 주겠다는 식으로 나올 때는 정말 앞이 캄캄해지곤 했습니다.

Q. 앞으로 프로그래머라는 직업의 전망은 어떻게 보시나요?

박: 저는 AI에 관심이 많습니다. 미래에는 코딩도 AI가 해줄 것이

라 생각합니다. 많은 이해관계자들을 직접 상대하고, 다양한 변수를 고려해야하는 설계자인 아키텍트의 영역까지는 AI가 담당하기가 좀 그렇겠지만, 일반적인 코딩은 AI가 하지 않을까 하는 생각이 듭니다. 그래서 프로그래머도 코딩과 다른 분야를 접목한 더 부가가치 있는 일로 눈을 돌려야 하지 않을까 하는 생각을 합니다. 그런 분야가 뭔지는 아직 저도 잘 모르겠지만요.

장: 글쎄요 저는 프로그래머는 계속 승승장구할 직업이라고 생각합니다. AI도 프로그래머가 만든 것이고, 그 후에는 또 다른 무언가를 프로그래머가 만들겠죠.

Q. 프로그래머를 미래 직업으로 꿈꾸는 학생들에게 유망한 분야를 추천한다면 어떤 것이 있을까요?

박: IT의 궁극적인 목표는 사람과 대등한 수준으로 대화를 하고 사람처럼 모든 일을 대신 수행할 수 있는 로봇을 창조하는 것이라 생각합니다. 제가 어렸을 때, 꿈꿨던 것도 사실 로봇을 만드는 과학자였거든요. 그때는 인공지능이라는 것을 몰랐지만, 그 로봇이 인공지능과 결합되어 우리 생활에 꼭 필요한 존재가 되는 시대가 곧 올 것이라고 생각합니다. 그래서 로봇과 인공지능 분야가 가장 전망이 밝은 분야가 아닌가 생각합니다.

장: 저는 웹개발을 많이 해서 그런지 CRM에서 많이 사용하는 빅데이터 분야가 전망이 가장 밝고 일자리도 많이 만들 것이라고 생각합니다. 이미 많이 실현되어 있지만, 우리가 하는 모든 일이

데이터로 자동 축적되고 있으니 그걸 분석해서 활용하면 상상할 수 없는 수많은 비즈니스가 생겨날 겁니다. 예를 들면, 작년에 있었던 기상현상이나 사회의 사건사고들, 소비자의 소비패턴 등을 분석하면 올해 과일값을 미리 예측할 수 있을 것이고, 데이터를 활용해 수익을 창출하는 새로운 비즈니스를 만들 수도 있지요. 이런 데이터를 원하는 곳에 제공하는 것만으로도 돈을 벌 수 있을 겁니다.

Q. 끝으로 프로그래머가 되려는 학생들에게 조언하고 싶은 말이 있을까요?

박: 프로그래머가 되겠다는 생각보다 먼저 어떤 분야의 프로그래머가 될지를 생각해야 합니다. 지금 학생들이 사회생활을 할, 5년 후 또는 10년 후 시대에서 프로그래밍은 필수적이라 생각합니다. 프로그래밍 능력은 기본으로 갖고 있어야 하는 것이죠. 중요한 건 "어느 분야에서 일할 것인가"입니다. 자기가 좋아하는 분야에 프로그래밍을 접목해야 합니다.

장: 문과든 이과든 크게 상관은 없는데 수학을 공부하라고 조언하고 싶습니다. 프로그래머는 논리적인 생각을 해야만 하기 때문에 수학을 통해 논리적인 사고력을 키우라고 말하고 싶습니다. 경험상 봤을 때, 수학은 프로그래밍에서 만나게 되는 많은 문제를 해결하는 데에 매우 유용한 기초지식이 되거든요.

박: 먼저 직장생활을 하고 나중에 프리랜서로 일하라고 말하고 싶습니다. 직장생활을 하면서 직간접적으로 배운 것이 프리랜서로 일할 때, 큰 도움이 됩니다. 어차피 프리랜서로 일할 때도 직장에서 일어나는 모든 일을 다 겪기 때문에 직장생활을 하지 않으면 그걸 배울 기회가 없습니다. 그리고 프리랜서는 너무 자유롭다 보니 자칫하면 게을러지기 쉽습니다. 자기관리를 철저히 하는 생활습관이 매우 중요하다는 걸 명심해야 합니다.

장: 직장생활을 하지 않고, 처음부터 프리랜서 해도 괜찮다고 생각합니다. 그것보다 저는 어렸을 때부터 프로그래밍 스킬을 많이 공부하라고 조언하고 싶습니다. 그리고 처음부터 돈 관리를 철저히 하는 습관을 가졌으면 좋겠어요. 회사에서 프로그래머는 아무래도 기술자로서 일에 집중하기만 해도 사업관리, 돈관리는 다른 부서에서 하기 때문에 상관이 없지만, 프리랜서는 그런 일들을 본인 혼자서 해야 하기 때문에 소홀히 하면 본인의 사업과 자금사정이 위태로워집니다. 그리고 프리랜서로 일하기 전에 다른 프리랜서 밑에서 일을 함께하면서 배우는 시간을 충분히 갖길 권합니다.

Q : 꿈이 없이 미래 진로에 대해 걱정하고 있는 학생들에게 조언하고 싶은 말이 있나요?

박: 꿈에 대해 고민할 시간이 없어서 그런 것 같습니다. 요즘 아이들은 너무 바쁩니다. 자신만의 시간을 많이 갖게 되면 자신이 뭘 원하는지, 자신이 뭘 잘하는지를 알 기회가 있을 텐데요. 부모에 이끌려 지내고, 친구들에 이끌려 지내고, 스마트폰과 인터넷에 이끌려 지내다 보니 오로지 자신 혼자만의 시간을 갖지 못하지요. 자신만의 시간을 자주 갖고 자신을 살펴보는 기회를 갖길 권합니다.

그리고 생각만 하지 말고, 직접 그 세계에 가서 경험을 쌓는 걸 중요하게 생각했으면 좋겠습니다. 인터넷으로 본 동영상이나 이야기, 친구에게 전해들은 이야기에 현혹되지 말고 자기가 직접 경험해보고 판단하는 습관을 가지면 좋겠습니다. 구경꾼으로서가 아니라 참가자로서 느껴보고 판단하길 권합니다.

장: 꿈을 얘기할 때, '직업'으로 얘기하는 경우가 많습니다. 저는 꿈은 그냥 하고 싶은 것, 자기도 모르게 손이 가고 눈이 가는 것이라고 생각합니다. 어쩌면 또 자기가 살고 싶은 스타일이 꿈이 될 수도 있지요. 그걸 꾸준히 하다 보면 어른이 되었을 때 자연스럽게 직업과도 연결될 것입니다. 너무 조급하게 생각하지 말고, 자기를 되돌아보고, 자기가 뭘 원하는지 뭘 좋아하는지 그것만 파악해도 충분합니다.

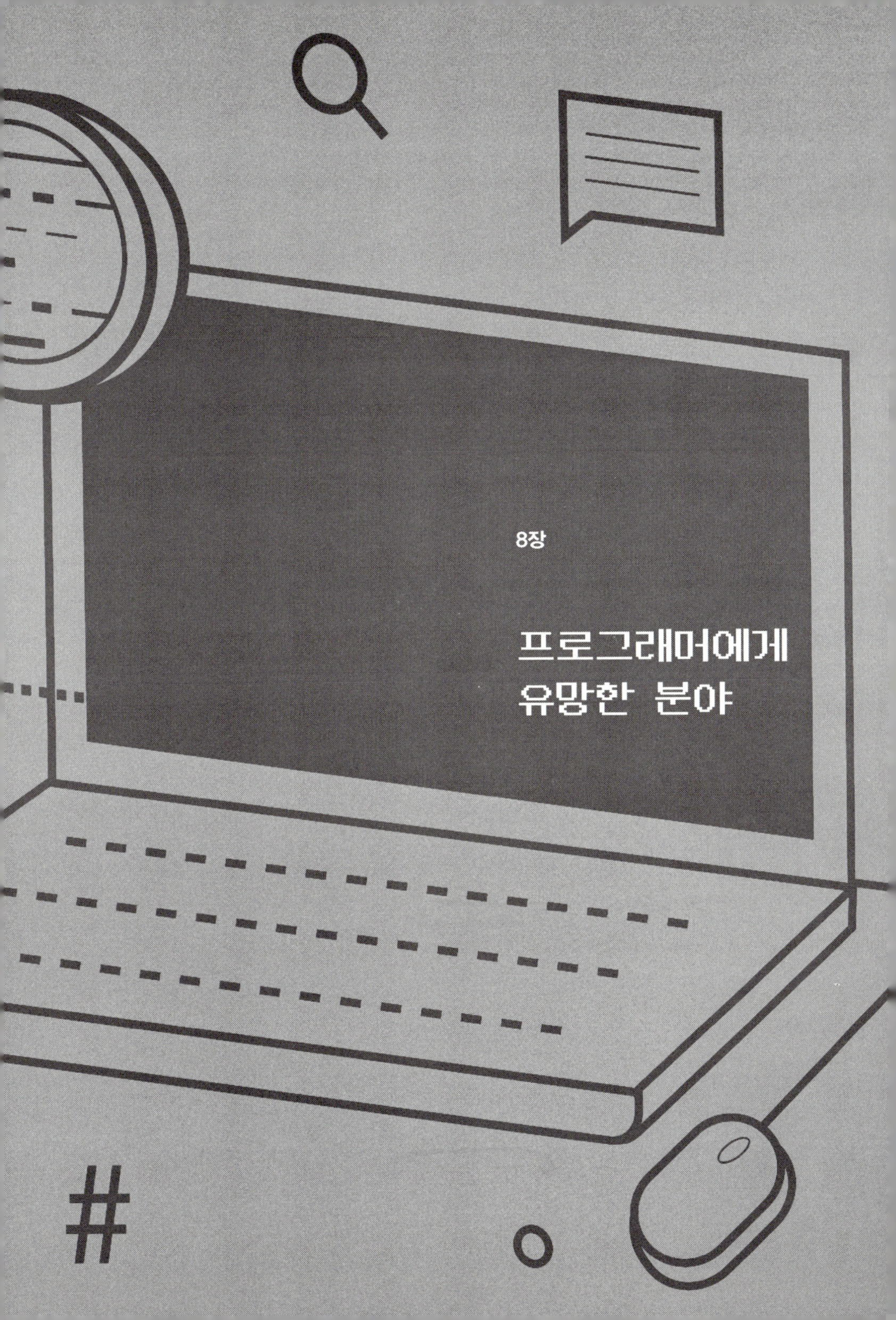
8장
프로그래머에게
유망한 분야

Document.Write(1) :

역사를 알아야 미래가 보인다 </>

이 책은 현재 초중고 학생이나 대학생인 독자들이 자신의 미래 진로를 탐색하는 데 도움을 주고자 만들어졌습니다. 또한 취업준비생이나 프로그래머 직장초년생인 분들에게도 자신의 커리어를 개척하는 데 길잡이가 될 수 있다면 더욱 보람 있을 것입니다. 그래서 이번에는, 제 경험과 지식으로 모든 분야를 커버할 순 없지만, 여러분들이 프로그래머로서 사회에 진출할 때 과연 어떤 분야가 유망한 분야일까를 서술해보려 합니다.

프로그래머는 컴퓨터를 가지고 프로그래밍 작업을 하는 사람을 말합니다. 그래서 인터넷이 나오기 전부터 프로그래머는 존재해왔습니다. 그러나 지금은 정보통신기술 산업에서 프로그래머라는 직업을 얘기할 때, 인터넷을 빼놓고는 얘기할 수 없다고 생각합니다. 왜냐하면, 인터넷은 프로그램을 사용하는 소비자에게 환경과도 같고, 프로그래머는 그 사용자들에게 사랑받는 프로그램을 만들어야 성공할 수 있는 직업인이기 때문입니다. 물론 일반 사용자들이 사용하지 않는 특수한 용도의 소프트웨어를 만드는 프로그래머도 있지만, 그런 분야는 제외하고 말이죠. 그래서 인터넷이 지금까지 어떻게 발전해왔고, 앞으로는 어떻게 발전할 것인지를 설명하는 것이, 앞으로 어떤 분야가 유망해질까를 생각하는 데 도움이 될 것 같습니다.

웹의 발전 </>

인터넷, 즉 웹의 발전은 웹의 버전 이름으로 설명할 수 있습니다. '웹 1.0', '웹 2.0', '웹 3.0', '웹 4.0' 등등 말이지요. 지금까지는 전문가들에 의해 이렇게 4.0 까지만 언급이 되고 있습니다. 차례대로 내용을 살펴보겠습니다.

웹 1.0

80년대 인터넷이 알려지기 시작할 때, 지금과 같은 화려한 그래픽이나 동영상이 등장하는 웹페이지는 없었고, 거의 텍스트로 된 웹페이지만 있었습니다. 그런 텍스트 안에는 다시 다른 웹페이지로 연결되는 링크가 들어 있어 링크를 클릭하면 더 확장된 내용을 읽을 수 있게끔 되어 있었는데요, 그런 식으로 하나의 텍스트에서 인터넷 상의 다른 텍스트와 연결되어 비순차적인 방식으로 방대한 정보를 이용할 수 있는 기술을 '하이퍼텍스트'라고 부릅니다.

이전에 몇 가지 형태의 인터넷이 있었지만, 1994년부터의 인터넷을 '웹1.0'이라고 부릅니다. 1989년에 유럽입자물리연구소인 CERN에서 근무하던 팀버너스리라는 과학자가 인터넷 상에서 자료공유를 목적으로 하이퍼텍스트 기술을 제안합니다. 그후 1990년에 하이퍼텍스트 기반의 'HTML(Hypertext Markup Language)'이라는 프로그래밍 언어와 브라우저를 만들었고, 이듬해에는 최초의 웹사이트를 만들었습니다. 그리고 1994년에 드디어 '월드와이드웹 컨소시엄'이 만들어져 세계적인 인터넷 표준으로 사용되기 시작했습니다.

초창기에는 컴퓨터에 연결된 '모뎀'이라는 외부장치에 전화선을 연결해서 인터넷에 접속해 불편하고 매우 느렸지요. 때문에 일반 사용자에게 인기 있는 콘텐츠나 서비스라고 해봐야 지금도 가끔 회자되는 "천리안" 같은 텍스트 기반의 BBS에서 온라인모임을 갖는다든가, 채팅을 하는 것이 전부였습니다. 회사에서는 이메일이라는 것이 처음 나와서 업무연락을 전화나 편지가 아닌, 무료인 이메일로 편리하게 처리할 수 있었고, 회사 밖에서도 이메일에 접속할 수 있었습니다. 또한 이런 이메일 방식을 이용해, 전 세계 사람들은 메일링리스트에 서로의 관심분야별로 가입해서 정보를 공유하곤 했는데, 이게 당시 저 같은 초보 프로그래머에겐 큰 도움이 되었습니다. 그리고 이런 인터넷 상의 방대한 자료들은 새로운 분야를 공부하거나 업무용 자료가 필요한 사람들에게 매우 유용한 자료가 되었지요. 도서관에 가서 일일이 자료를 찾지 않고도 내 책상에서 키보드만 두드리면 자료를 구할 수 있었으니까요. 마지막으로 이때 대중적으로 인기를 끌기 시작한 서비스가 '야후' 같은 검색사이트였습니다. 텍스트 기반으로 디렉토리를 잘 만들어 자료를 편리하게 검색할 수 있게 해 당시에는 엄청난 성공을 거둬 유명했던 사이트였지요. 다시 정리하자면, BBS, 검색사이트, 이메일, 하이퍼텍스 홈페이지, 이 정도가 웹1.0 초창기에 사용자에게 인기 있었던 서비스라고 할 수 있겠습니다.

웹2.0

'웹2.0'이라는 개념은 2004년에 '오라일리(O'Reilly)'사와 '미디어라이브인터내셔널(Media Live International)'사의 컨퍼런스에서 처음 언급되면서 세상에 공식적으로 공개되었습니다. 그리고 이전의 인터넷은 그와 비교해 웹1.0이라고 부르게 되었습니다. 웹2.0을 한마디로 표현하면, 인터넷 이용자가 이용자이면서 동시에 생산자가 되었다는 것입니다. 그래서 그 시대의 인터넷 이용자를 Producer(생산자)와 Consumer(소비자)의 합성어인 'Prosumer' 또는 Creator(창조자)와 Consumer(소비자)의 합성어인 'Cresumer'라고 부르게 되었습니다. 이전까지의 인터넷에서 이용자는 공급자가 만든 자료를 일방적으로 이용만 할 뿐이었는데, 이때부터 이용자가 공급자와 함께 인터넷 콘텐츠를 만들게 된 것이죠. 대표적인 서비스가 댓글, UCC, P2P, 지식백과, 블로그, 카페, 개인홈페이지,

SNS 같은 것들이 있습니다.

　이런 것이 가능해진 이유는 몇 가지가 있습니다. 첫째는 인터넷 사용 환경의 발전입니다. 여기에는 인터넷 속도, 컴퓨터 속도, 컴퓨터 저장장치의 발전 등이 포함됩니다. 이를 통해 인터넷 사용자가 많아졌고, 기업들도 인터넷 사용자들을 대상으로 하는 사업을 연구하면서 소비자와 쌍방향 소통하는 사업을 많이 만들어내게 된 것입니다. 둘째는 콘텐츠를 제작할 수 있는 도구가 보편화되었다는 것입니다. 먼저 소프트웨어가 다양해진 것입니다. 그래픽, 사운드, 동영상을 제작, 편집할 수 있는 소프트웨어가 보편화되면서 인터넷 이용자들이 콘텐츠를 쉽게 만들 수 있게 되었고, 캠코더나 디지털카메라도 보편화되면서 생활 속에서 언제든지 쉽게 콘텐츠를 만들 수 있게 된 것이죠. 마지막으로는 컴퓨터나 인터넷이 우리 생활과 밀접해지면서 인간의 욕망을 표출하는 수단으로 자리를 잡았기 때문이라고 생각합니다. 인터넷은 익명성 때문에 과시욕이나 자아실현 욕구를 표현하기에 매우 적합합니다. 그래서 부작용도 많이 생기고 있습니다. 평소에는 사람들 앞에서 그렇게 하지 못하는 사람들이, 인터넷 상에서는 부담 없이 자신을 적극적으로 드러내는 행동을 함으로써 수많은 콘텐츠가 생산되었다고 생각합니다.

웹3.0

웹1.0에서 웹2.0으로 발전할 때 이용자의 역할이 수동적인 소비자에서 제작과 소비를 병행하는 적극적인 소비자로 진화하면서 웹의 발전을 이끌었듯이, 웹2.0에서 웹3.0으로 발전할 때도 이용자의 역할이 중요한 원인이 되었습니다. 이해를 돕기 위해 단순하게 설명하자면, 웹3.0에서 이용자들은 콘텐츠를 만들고 소비하는 것뿐만 아니라 제3자의 소비에도 결정적인 역할을 하게 됩니다. 바로 Review(사용후기)를 남기고 이를 다른 이용자들이 참고해서 자신의 소비를 결정하게 된 것입니다. 그래서 웹3.0의 이용자들은 Review(후기)와 Consumer(소비자)의 합성어인 'Reviewsumer'라고 불립니다.

결국은 개인화된 맞춤형 정보를 컴퓨터가 알아서 제공한다는 의미인데, 이것이 단순하게 다른 사람의 후기를 통해서 이뤄진다는 것이 아니라, '시맨틱 웹 기술(컴퓨터가 인터넷 정보를 수집 및 분석하여 논리적인 추론을 하는 소프트웨어 기술)'을 이용하여 제공된다는 것입니다. 축적된 이용자의 인터넷 사용정보를 분석하여 그 이용자에게 딱 맞는 정보를 제공합니다.

'웹3.0'이라는 개념은 2006년에 뉴욕타임즈 존마코프 기자가 처음 언급하면서 소개되었습니다. 웹3.0의 사례는 주변에서 이미 많이 볼 수 있습니다. 구글의 애드몹이라는 광고 솔루션도 그중에 하나입니다. 애드몹은 평소 스마트폰이나 컴퓨터에서 이용자가 검색했던 내용을 분석하여 그 사람이 구매할 가능성이 높은 상품의 광고를 보여주는 광고송출 소프트웨어 기술입니다. 넷플릭스의 영화추천 서비스도 그 예가 될 수 있습니다. 평소 이용자가 검색했거나 시청했던 영화의 장르, 감독, 주연배우 등을 분석하여 그 시청자가 구매할 가능성이 높은 영화를 추천해 줌으로써 매출을 높일 수 있는 개인 맞춤형 서비스입니다.

웹4.0

웹4.0은 우리 주변에서 아직 쉽게 볼 수는 없으나 많은 전문가가 멀지 않은 장래에 나타날 것이라고 예상하고 있는 웹의 다음 단계입니다. 현재는 연구 단계이거나, 시제품 수준의 제품들이거나 혹은 '구글글래스'처럼 출시되었다 하더라도 완성도가 낮아 실패로 끝나버린 제품들입니다.

　웹4.0에서는 웹이 하나의 운영체제가 됩니다. 소프트웨어가 인터넷의 어마어마한 자료를 활용해서, 언제 어디서든 우리에게 필요한 정보를 정확하게 제공합니다. 이 장치는 항상 우리 주변에 켜져 있어서 24시간 이용할 수 있습니다. 물론 현재도 스마트폰이 항상 인터넷에 접속할 수 있는 장치이긴 합니다만, 웹4.0에서 말하는 장치들은 그렇게 켜는 동작을 할 필요가 없는 장치를 말합니다. 예를 들면, 웨어러블 컴퓨터를 말합니다. 안경이나 콘텍트렌즈처럼 항상 착용하고 있는 것, 또는 옷처럼 항상 입고 있는 어떤 것이 인터넷에 접속하고 있는 컴퓨터가 된다는 의미입니다. 스크린도 필요 없습니다. 디스플레이는 허공에 홀로그램으로 표시하기 때문입니다. 웹4.0에서 제공된 정보는 사람이 만들었는지 컴퓨터가 만들었는지 그 경계를 알 수 없게 됩니다. 음성인식이나 인공지능이 더욱 발전하여 컴퓨터가 제공하는 정보가 마치 나를 잘 아는 어떤 분야의 전문가가 제공하는 정보처럼 정확하고 신뢰할 수 있는 정보가 될테니까요.

생활에서 예를 들어보겠습니다. 냉장고에 RFID가 장착된 우유가 있고, 그 우유가 거의 없어지면 냉장고가 알아서 나의 단골가게에 주문을 합니다. 우유뿐만 아니라, 다 사용해서 사야 할 다른 식료품들도 알아서 주문하고, 원하면 내가 즐겨먹는 요리의 레시피에서 모자라는 음식재료도 함께 주문합니다. 그리고 나에게 메시지를 보내줍니다. 어떤 음식재료들을 어디에서 주문했으니 집에 올 때 가져오라고 말이죠. 마치 와이프가 심부름 시키는 것 같지 않나요? 이 일을 하는 주체가 와이프인지, 냉장고인지 구분이 안 가게 됩니다. 또 하나의 예는 사물인터넷 기능이 있는 가구들이 배치된 가정에서 앞으로는 물건을 잃어버릴 일이 없습니다. RFID나 NFC 통신기능이 있는 리모콘, 자동차키 등을 사물인터넷 가구들이 다 찾아줍니다. 편의점도 예를 들어볼까요? 편의점에서 상품을 주문하고 관리하는 것이 웹4.0 시대에서는 소프트웨어가 다 처리해주는 일이 됩니다. 재고가 없어져가는 물건을, RFID가 내장된 진열대와 상품들을 통해 자동으로 파악할 수 있고, 유통기한도 파악할 수 있어서 매장 관리를 거의 무인으로 할 수 있게 됩니다. 사람이 고민하고 결정해야 할 일들을 웹4.0에서는 컴퓨터와 소프트웨어가 자동으로 해주는 공상과학 영화에서 보던 세상이 실제로 펼쳐집니다.

지금까지 3차산업혁명 이후 정보화기기의 발전과 인터넷의 확산으로 어떤 변화들이 있었는지, 그리고 여러분이 사회에 진출할 다음 시대에는 어떤 변화가 있을지에 대해 살펴봤습니다. 그 내용을 토대로 4차산업혁명의 시대와 웹4.0 시대에서 나에게는 어떤 분야가 유망한 분야가 될지 한번 자유롭게 상상해보는 시간을 가지시길 희망합니다.

엊그제 TV에서 감성을 자극하는 신기한 제품을 봤습니다. 와이파이가 내장된 스탠드형 조명이었는데요. 두 개가 한 쌍이었습니다. 하나에 손을 대면 켜지고, 그때 인터넷 통신을 통해서 다른 한쪽도 자동으로 불이 들어옵니다. 그러면 멀리 있는 가족이나 친구 또는 애인에게 이 등 하나를 선물해서 서로 보고 싶을 때, 손을 대서 켜는 거죠. 그러면 상대방의 따뜻한 마음을 알 수 있어 기분도 좋아지고, 불이 들어와서 분위기도 밝아지고 일석이조로 좋은 제품이 아닐까요? 제가 영어코딩학원을 운영하고 있기 때문에 딸아이와 시간이 날 때마다 IOT 제품을 만들어보고 있습니다. 그 TV 프로그램을 같이 보면서 저런 제품은 우리도 만들 수 있겠다. 그런데 우리는 왜 저런 생각을 못 했을까? 라고 얘기하면서, 4차산업혁명의 시대에는 보통 사람들도 기술로는 못하는 게 없겠지만, 역시 관건은 창의적인 아이디어구나 하는 생각을 또 하게 되었습니다.

Document.Write(1) :

스마트폰 프로그래머

4차산업과 웹4.0의 시대에서 중요한 역할을 하는 기기가 바로 스마트폰입니다. 여러분에게도 이미 스마트폰은 자신의 분신과 같이 없어서는 안 될 소지품일 것입니다. 이미 이용자에게 친숙한 보편적인 기기이고, 이 기기에는 컴퓨터로서의 기능과 통신기기로서의 기능이 모두 들어 있기 때문에 이 장치가 미래 IT산업에서도 핵심적인 도구가 될 것입니다. 그러므로 스마트폰 관련 프로그래머는 앞으로도 지속적으로 인기가 있을 것입니다. 아마 미래에는 굳이 스마트폰 프로그래머라고 구분할 필요 없이 프로그래머라면 누구나 이동통신 장치에서 실행되는 앱을 만들 수 있는 시대가 되지 않을까 예상합니다.

여기서 말하는 스마트폰 앱 프로그래머는 스마트폰에서 실행되는 앱을 만드는 프로그래머입니다. 넓은 의미로 말하자면, 스마트폰 관련 회사에서 개발자로 일하는 프로그래머라고 할 때, 데이터베이스, 서버, 다양한 장비나 부품용 펌웨어(칩에 들어가서 하드웨어를 제어하는 소프트웨어) 등을 만드는 모든 프로그래머를 포함할수도 있지만, 스마트폰 앱 프로그래머라고 부르는 경우, 크게 두가지 환경에서 앱을 만드는 사람을 말합니다. 하나는 "안드로이드"라는 운영체제를 사용하는 안드로이드폰과 또 하나는 애플의 "iOS" 운영체제를 사용하는 아이폰입니다. 그러므로 스마트폰 프로그래밍을 공부하려는 사람도 두 가지 중에 하나를 선택하면 됩니다.

안드로이드 앱 프로그래머는 회사에서 필요로 하는 수요가 더많고, 배우는 데 필요한 교재, 자료, 샘플 프로그램 등이 많아 공부하여 취직하기에 상대적으로 유리합니다. 아이폰 앱 프로그래머는 한국에서는 수요가 좀 적지만, 해외 특히 미국에서는 안드로이드 개발자보다 수요가 더 많습니다. 물론 그에 상응하는 장단점도 있습니다. 초급 중급 수준의 안드로이드 프로그래머는 많이있기 때문에 그만큼 경쟁이 치열할 것이고, iOS 프로그래머는 희소성이 있어서 중급 정도라도 가치 있는 인재가 될 수 있을 것입니다.

안드로이드 프로그램을 만들려는 프로그래머라면 '안드로이드 스튜디오'를 가장 많이 사용합니다. 안드로이드스튜디오 자체는 프로그래밍언어가 아니고, 개발환경입니다. 개발환경이라는 말은 프로그래밍을 할 수 있는 여러 가지 편리한 기능을 제공하는 즉,

프로그램을 짜는 프로그램이라고 할 수 있습니다. 안드로이드스튜디오에서 사용하는 프로그래밍 언어는 자바와 코틀린입니다. 그래서 프로그래밍 언어로서 자바나 코틀린에 익숙해야 하고, 안드로이드 스튜디오라는 툴을 잘 사용할 줄 알아야 합니다. 다행히 자바를 공부할 수 있는 교재나 동영상강의 자료는 너무나 많이 있습니다. 코틀린도 자바와 유사해서 자바에 익숙하다면 배우기 쉬운 언어입니다. 본인이 마음먹고 노력만 한다면 안드로이드 스마트폰 앱 개발자가 되는 것은 큰 문제가 아닙니다. 문제는 남들이 시키는 대로 코딩만 하는 사람이 되는 것이 중요한 게 아니라, 자신이 직접 프로그램에 대한 아이디어를 생각해내고 그걸 프로그래밍 할 수 있다면 더 큰 기회를 잡을 수 있겠지요. 물론 남들이 시키는 것만 잘해도 취직은 할 수 있을 것입니다. 제가 스마트폰 프로그래머를 유망한 직업분야로 추천하는 이유는 그런 코딩만 할 줄 아는 사람이 되라는 얘기가 아니고, 스마트폰에서 실행되는 앱을 창작할 수 있는 사람이 되라는 의미입니다. 그렇게 되기 위해서는 스마트폰을 사용할 때, 시간을 킬링하며 즐기기만 할 게 아니라, 이걸 만든 사람은 어떻게 이걸 생각해냈을까? 이건 어떤 기술이 필요할까? 사람들은 왜 이걸 좋아할까 등등 끊임없이 궁금해 하고 질문하며 그 질문의 답을 찾아내려는 노력을 하면서 항상 관심의 안테나를 세우고 공부하라는 의미입니다. 그러다 보면 창작자로서의 기초가 튼튼해져서 언젠가 멀지 않은 미래에 창작자가 되어 있을 것입니다. 바로 제가 그렇게 해서 프로그래머가 되었기 때문에 이런 얘기를 하는 겁니다. 그렇게 마음을 먹고 관심을 기울이느냐 아니면 재미만 느끼며 시간을 죽이느냐의 차이입니다.

iOS 프로그램을 만들려는 프로그래머는 XCode라는 개발도구를 사용합니다. XCode는 여러 프로그래밍 언어를 사용할 수 있지만, 아이폰 앱을 만들 때는 보통 오브젝트C와 스위프트(Swift)라는 언어를 사용합니다. 이들 언어들도 기본적인 문법이나 구조는 C나 자바 언어를 따르기 때문에 C나 자바 언어를 이해하고 있다면 배우는 데 어려움은 없을 것입니다.

스마트폰에 대해서 특히 강조하고 싶어 별도의 제목으로 잠시 설명했습니다. 제가 여기서 유망한 분야라고 소개하는 많은 내용들이 "무슨 말인지 잘 모르겠는데 뭔가 프로그래머가 매력이 있어서 한번 도전해보고 싶다" 이런 느낌을 받는 독자가 있다면 그냥 안드로이드스튜디오 책 하나 사서 공부해보시기 바랍니다. 아니면 저학년인 경우에는 앱인벤터라는 그림블록을 끼워 넣어 프로그램을 만들 수 있는 쉬운 프로그래밍 툴도 있습니다. 그래서 독학을 좀 한 다음에 학원에 가서 좀 더 높은 수준의 기술을 본격적으로 배우든, 아니면 독학으로 중급 이상의 수준에 도달했다면 작은 회사에 취업할 수도 있을 겁니다. 아니면 프로그래밍 대회에 도전해 입장을 한다면 곧바로 괜찮은 회사에 취업을 할 수 있을 것이고, 참가했다는 것만으로도 아주 유익한 경험이 될 겁니다. 4차산업이고 뭐고 복잡해서 난 모르겠는데 프로그래머에

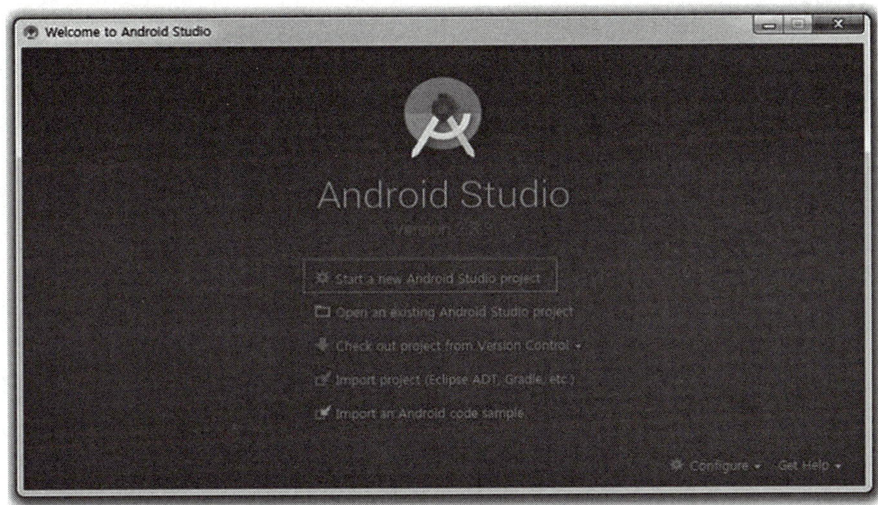

⊞… Xcode

관심이 있어서 뭔가 좀 해보고 싶으면 복잡하게 생각할 것 없이 그렇게 해보십시오. 그러다 보면 또 어떻게 다음 단계로 발전하게 됩니다. 우물쭈물하지 말고 일단 한번 실행해 보면 또 다음 길이 보입니다. 그러나 고민만 하면 길이 계속 보이지 않습니다. 버나드 쇼라는 영국의 천재 극작가의 묘비명이 바로 그렇다고 합니다. "우물쭈물하다가 내 이렇게 될 줄 알았다." 우물쭈물 하지 마시기 바랍니다.

4차산업 10대 기술분야

이번에 소개해 드릴 프로그래머에게 유망한 분야는 4차산업 혁명 시대에 유망한 기술분야로 언급되고 있는 10가지 분야입니다. 4차산업혁명이라는 용어는 여러분도 많이 들어서 친숙할 것입니다. 4차산업혁명으로 탄생하는 수많은 직업, 산업의 중심에는 소프트웨어가 있습니다. 그리고 그 소프트웨어는 바로 프로그래머가 만드는 것입니다.

2017년 3-4월에 소셜컨설팅그룹 SCG에서 개최한 워크숍에서 4차산업혁명으로 새롭게 형성될 시장 트렌드 10가지를 선정해 소개하였습니다. 제가 평소에 생각하던 것과 공감되는 부분이 많아 여러분께 이 분야를 4차산업혁명의 시대에 프로그래머에게 유망한 분야로서 소개해 드리고자 합니다. 우선 10가지 분야는 '인공지능(AI: Artificial Intelligence)', '사물인터넷(IoT: Internet of Things)',

'가상현실(VR/AR: Virtual Reality/Augmented Reality)', '웨어러블 IT, O2O(Online to Offline)', '핀테크(FinTech: Finance+Technology)', '블록체인(보안 분산 컴퓨팅 시스템)', '빅데이터 CRM(Customer Relationship Management)', '큐레이션(Digital Curation)', '로봇'입니다. 각 분야가 어떤 내용인지 하나하나 설명하겠습니다.

인공지능

인공지능이 무엇인지는 대부분 잘 알고 계실 겁니다. 우리는 알파고라는 인공지능 바둑 소프트웨어가 이세돌 9단을 물리치는 장면을 2016년에 TV를 통해 잘 보았습니다. 알파고 관련 뉴스를 유심히 보신 분들은 알파고를 만든 회사가 '딥마인드'이고, 알파고가 스스로 대국을 하며 사람처럼 학습하는 '딥 러닝'이라는 알고리즘 기술이 사용되었다는 걸 기억하는 분들도 있을 겁니다. 그리고 이 딥 러닝 알고리즘을 연구하는 프로그래머는 현재 인공지능 관련 소프트웨어 회사에게 인력을 구하려고 해도 구할 수 없을 정도로 인기가 높습니다.

인공지능은 다른 모든 기술과 접목되어 지능화된 서비스를 제공하는 4차산업혁명의 중심에 서게 될 핵심기술입니다. 일부 상용화된 서비스도 있고 아직 개발 중인 제품이나 서비스도 있습니다. 현재까지 인공지능이 중심이 되어 연구된 기술들을 나열해 보면, 자율주행자동차, 자율비행드론, 스마트홈, 인텔리전트 메디컬케어, 스마트농업, 자율배송 및 유통, AI기반의 핀테크(로보어드

바이저), 자율형 로봇, 개인 맞춤형 스마트 커리큘럼(교육-학사관리)
등이 있습니다.

사물인터넷

사물인터넷은 우리의 주변 모든 사물에 컴퓨터기능과 인터넷기능
이 들어 있어서 우리 생활에 활용되는 것을 말합니다. 옷이 날씨
정보를 받아서 자동으로 부풀려진다거나 얇게 축소된다거나 하
는 기능, 안경이 햇빛의 밝기를 알고 자동으로 선글라스 기능을
조절한다거나 선풍기가 사람이 선풍기 앞에서 떠나면 자동으로
작동을 멈췄다가 사람이 자리에 돌아오면 다시 자동으로 켜진다
거나 하는 것들을 그 예라고 할 수 있습니다. 사물인터넷은 그 활
용범위가 워낙 넓기 때문에 제가 예로 든 몇 가지는 극히 일부분
의 이야기입니다.

사물인터넷에는 여러 가지 기초기술이 사용되지만, 그중에서도
다양한 센서가 중요한 역할을 합니다. 사람이 접근했다 안 했다
를 감지한다든가, 열이나 습도를 감지한다든가, 모션을 감지한다
든가 하는 센서기술을 의미합니다.

한 가지만 더 예를 들면, 사물인터넷이 공장으로 가면 '스마트
팩토리'라는 시스템이 됩니다. 직원들의 출입이나 근무시간을 자
동으로 관리하고, 기계들이 사용하는 재료가 다 사용되면 자동
으로 주문해서 재료가 떨어져서 기계가 멈추는 일이 없도록 한
다든가, 각종 센서를 이용해서 공기 중의 먼지를 관리한다든가,

전기 사용을 센서가 자동으로 관리해준다든가 해서 업무의 효율성과 직원의 삶의 질 향상, 생산비용 절감 등의 효과를 볼 수 있게 하는 시스템을 말합니다.

가상현실

가상현실은 'HMD(Head-Mounted Display)'라고 하는 특수한 고글을 착용하고 가상의 화면 속 세상을 체험한다든가, '포켓몬고'라는 게임을 사용해본다든가 해서 실제로 경험해본 사람들도 많을 겁니다. 그게 아니라면 '아이언맨' 같은 영화에서 주인공이 허공에 표시된 컴퓨터 화면의 이미지를 클릭하며 일하는 모습을 보신 적이 있을 겁니다. 더 간단하게는 오락실에 가서 하는 자동차 운전 게임기의 화면도 가상현실의 예라고 할 수 있습니다.

가상현실 기술은 두 가지로 나뉘는데요, 하나는 100% 가상으로만 만든 세계를 경험하는 가상현실(VR: Virtual Reality)이 있고, 가상 세계와 현실 세계를 함께 섞어서 경험하게 하는 증강현실(AR: Augmented Reality)이 있습니다. 증강현실의 예를 들면, 내 앞에 있는 오토바이에 연료통을 새로 디자인하고 싶다고 할 때, 내가 디자인한 새로운 연료통이 내가 쓰고 있는 특수안경을 통해 실제 내 오토바이에 적용이 된 모습으로 보인다는 겁니다. 앞으로는 마이크로소프트 윈도우 운영체제도 가상현실을 지원해서 모니터를 보고 마우스로 클릭해서 사용하는 것이 아니라 홀로렌즈라는 안경을 끼고 윈도우 OS를 사용할 수 있게 된다고 합니다.

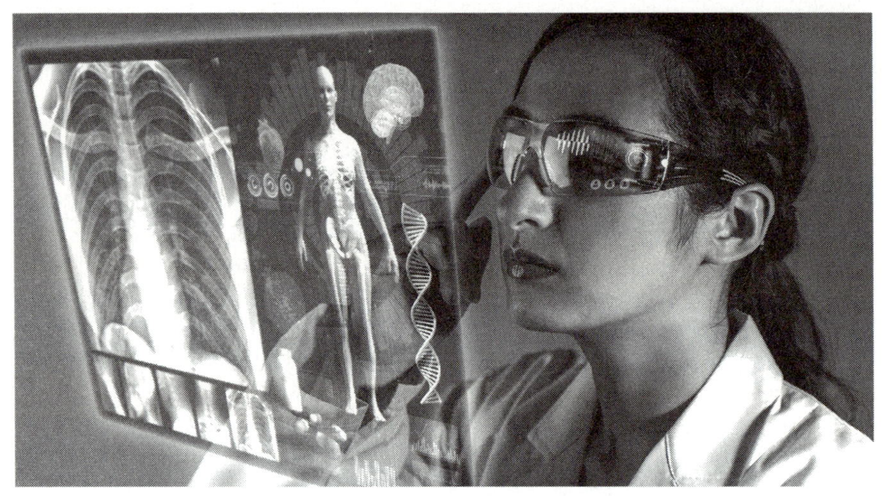

가상현실 분야에서 핵심으로 떠오르는 기술 중 하나가 홀로그램입니다. 홀로그램 기술로 앞으로는 TV나 컴퓨터 모니터 화면과 스마트폰의 스크린 화면을 허공에 실제와 같은 모습으로 볼 수 있게 됩니다. 이동통신 회사들도 5G 통신에서 주요 서비스 중 하나로 홀로그램 영상통화를 선보인다고 하는데요. 그 서비스 이름도 멀리 있는 상대방이 내 공간에 함께 존재하는 것처럼 표현한다고 해서 Tele-presence라고 부릅니다. 텔레프레즌스는 제가 일했던 영상회의 분야에서 2007년부터 사용했던 이름입니다. HD 고화질로 영상회의를 표현하고 모든 자료도 함께 공유하면서 원격회의를 하기 때문에 서로 같은 방에 공존하며 회의하는 느낌을 준다고 해서 텔레프레즌스라는 말을 썼는데 그것이 이제는 스마트폰 영상통화에도 사용되는 모양입니다. 〈킹스맨〉이라는 영화

를 보셨다면, 본부 사무실에서 킹스맨 에이전트들이 회의테이블의 각자 자리에 홀로그램으로 표시되던 걸 기억하시나요? 2019년부터는 5G이동통신에서 이제 우리가 직접 그런 홀로그램 영상통화를 사용할 수 있게 된다고 합니다.

웨어러블 IT

'웨어러블IT' 제품들도 어떻게 보면 사물인터넷의 한 종류라고 할 수 있습니다. 특별히 웨어러블IT 제품을 따로 이야기하는 이유는, 사람의 몸에서 발생하는 다양한 생체신호를 읽고 또 사람의 여러 감각기관과 통신하면서 작동하여 우리에게 편리한 서비스를 제공한다는 측면에서 그 종류와 기능이 매우 다양하기 때문에 하나의 카테고리로 분류했지요.

　웨어러블IT 제품의 시도는 이미 오래전부터 있었습니다. 2000년에는 세계 최초의 상용 웨어러블 IT제품으로 청바지 의류업체 리바이스와 전자제품 업체인 필립스가 합작하여 ICD+라는 청자켓을 만들었습니다. 이 자켓은 전화와 MP3플레이어를 제어하는 기능을 가졌습니다. 2006년에는 나이키와 애플이 착용자의 움직임을 아이팟에 동기화해주는 Nike+iPod 이라는 제품을 출시하기도 했습니다.

　예전의 웨어러블 IT제품들은 사실 완성도가 떨어져 성공작이 되진 못했습니다. 앞서 얘기한 ICD+, Nike+아이팟, 구글글래스 등이 모두 이에 해당하는데요. 그러다 보니 스마트폰의 발전으로,

田… 웨어러블 IT

웨어러블IT 제품에 기대했던 여러 기능들을 스마트폰이 대신하는 현상이 생기기도 했습니다. 지금 출시되어 있는 웨어러블IT 기기들도 아직은 완성도가 떨어집니다. 그저 만보계 기능(이미 스마트폰에서 1-2년 전에 나왔던 기능)이나 심박수를 체크해서 활용하는 정도의 기능만 들어 있을 뿐이었습니다. 그러나 최근 제품을 보면 좀 더 진화한 제품들이 속속 선보이고 있어 웨어러블IT 기기에 대한 기대감을 높이고 있습니다.

여러 종류의 약을 많이 복용하는 노인들을 위해 정확한 시간에 정확한 양의 약을 복용하도록 돕는 'GlowCaps'라는 제품도 있고, 신발 깔창 형태로 만들어진 'FootLogger'라는 제품은 노인의 몸무게를 감지해 낙상여부나 걸음걸이 패턴변화를 확인할 수 있도록 합니다.

또 반려동물이나 어린이 케어를 위한 웨어러블 IT 제품도 있습니다. 대표적인 것이 위치추적기인데요, 어린이를 위한 Lineable, 반려동물을 위한 TPet 등의 제품이 있습니다. 착용자의 위치를 스마트폰으로 찾을 수 있도록 하는 제품들입니다. Sproutling이라는 제품은 아이의 발에 장착해 센서를 통해 아기의 심박수, 체온, 뒤집힘, 수면상태 등을 체크할 수 있게 하는 제품들입니다.

O2O

'O2O(Online to Offline)'는 온라인을 오프라인으로 옮겼다는 뜻입니다. 정보유통비용이 저렴한 온라인의 사용자를 실제 소비가 일어나는 오프라인으로 이동시켜 새로운 시장을 만들어보자는 데서 출발했습니다. O2O는 이미 상용화된 사례가 많습니다. '티몬', '위메프', '쿠팡' 같은 소셜커머스가 O2O의 대표적인 예이고, 음식을 주문하고 배달시킬 수 있는 배달앱 '배달의민족', '배달통'도 있으며, 주변 약국이나 병원을 검색해서 예약하고 간단한 상담도 할 수 있게 하는 '굿닥'이라는 서비스도 있습니다. 이외에도 해외에서 큰 성공을 거둔 일반 승용차를 택시처럼 이용할 수 있게 하는 서비스인 '우버', 이와 비슷한 한국의 '카카오택시', 전 세계 사용자와 숙소를 공유하는 '에어비앤비', 요리사를 불러 이용할 수 있는 'EatWith', 일손이 부족하면 부를 수 있는 'TaskRabbit' 등 무수히 많은 O2O 서비스가 활성화되어 있습니다.

사람들이 아무리 온라인에서 많이 활동하더라도 실제 옷을 입고, 밥을 먹고, 잠을 자고, 차를 타는 일은 모두 오프라인에서 일어납니다. 식당 주인이나 종업원과 만나 인간적으로 교류하는 일 역시 온라인으로는 불가능합니다. 이런 한계를 뛰어넘어 새로운 비즈니스를 만들어보고자 O2O가 시작되었습니다.

개인정보보호라는 법률적인 문제도 있지만, 개인의 신상정보 및 위치정보를 이용한 더욱 편리하고 효율적인 O2O 서비스가 이미 기술적으로 준비가 되어 있습니다. 이용자의 소비성향, 최근의 검색기록, 현재 위치, 수입이나 직업 등의 정보를 토대로 현재 위치에서 가장 가까운 매장에서 사용할 수 있는 할인쿠폰, 주소록이나 SNS활동을 분석하여 지인이 그 매장에 있다면 그런 정보까지도 제공하여 소비를 더 일으키게 하는 서비스가 가능하게 될 것입니다.

핀테크

'핀테크(FinTech)'는 Finance와 Technology의 합성어입니다. 금융 분야에 정보통신기술이 적용된 비즈니스를 말하는데요, 구체적인 분야를 보면 자산관리, 증권투자, 대출, 결제, 송금 등을 들 수 있습니다.

먼저 자산관리와 증권투자 분야에서 두나무가 출시한 카카오증권이라는 카카오톡 기반의 소셜트레이딩 서비스를 필두로 해서 많은 핀테크 서비스가 있습니다. 2016년에 뉴욕 월스트리트에서는 전문 펀드매니저보다 로보어드바이저라는 인공지능이 더 나은 투자수익률을 내고 있다는 뉴스를 접한 적이 있는데요. 우리나라도 올해부터 시중은행을 중심으로 AI를 자산관리에 접목한 '로보어드바이저'를 도입하고 있다고 합니다. 송금 분야에서도 카카오뱅크 등이 출시되어 저도 이미 사용 중에 있는 서비스가 되었습니다.

그리고 대출 분야의 대표적인 핀테크 서비스가 P2P대출서비스인데요, 일종의 크라우드펀딩 개념입니다. 적정 이자율로 대출을 하겠다고 게시판에 올리고 수익이 되겠다고 판단한 투자자들이 투자한 돈으로 대출사업을 해서 수익을 투자자들과 나눠 갖는 사업 형태입니다. 영국의 zopa.com 이 2005년에 처음 시작하였으며 우리나라에서도 '머니옥션', '8퍼센트', '렌딧' 등의 핀테크서비스가 있습니다. 최근 뉴스에 의하면 렌딧은 누적매출액 800억을 돌파하여 1년간 421%의 성장을 이뤘다고 합니다.

결제분야는 스마트폰 이용자라면 많이 알고 계시는 갤럭시 스마트폰 이용자들을 위한 '삼성페이', 네이버 이용자들을 위한 '네이버페이', 카카오톡 사용자들의 '카카오페이', NHN엔터테인먼트의 '페이코' 등이 있습니다.

블록체인 보안 기술

블록체인과 인공지능은 여기서 설명하고 있는 모든 기술들의 기반기술이기 때문에 4차산업혁명을 이끄는 쌍두마차라고 할 수 있습니다. 블록체인은 하나의 기술로 특정 산업분야에서 몇 가지 서비스를 만들어내는 그런 요소기술이 아니라 새로운 인터넷 환경입니다.

블록체인에서 말하는 블록은 주고받는 정보의 단위(비트코인에서는 거래장부)를 의미하고, 체인은 그런 거래 정보들이 연결되어 있음을 의미하며, 블록체인은 그것들이 연결된 거대한 구조를 가리키는 용어입니다. 이 기술이 사용된 것으로 가장 유명한 것이 비트코인이라는 가상화폐입니다. 블록체인은 가상화폐에서 쓰이는 완벽한 보안성을 가진 분산된 원장 기술일 뿐만 아니라 사회 전반에 걸쳐 적용될 수 있는 P2P(Peer-To-Peer: 서버를 거치지 않고 PC간에 직접 통신하는 방식) 기반의 차세대 보안통신기술이라고 할 수 있습니다. 지금까지 대부분의 인터넷 통신 또는 정보 거래 시스템은 클라이언트(개인PC)들이 서버(중앙통제컴퓨터)를 거쳐서 통신하는 구조였습니다. 그러다 보니 서버에 있는 데이터를 해킹하거나, 서버에 문제가 생기거나 하면 서비스가 마비가 되어 이용자들에게 큰 사고가 생기곤 했는데요. 블록체인 기술을 이용하면 그런 해킹 염려가 없고 서버가 잘못되어 발생하는 문제도 동시에 없어지기 때문에 훨씬 안정된, 신뢰할 수 있는 서비스를 제공할 수 있습니다.

인터넷이 처음 등장할 때는 개방성에 기반한 정보 공유를 통해 세상이 과거와 달리 훨씬 민주적이고 평등해질 것이라 예상했습니다. 그런데 시간이 흐를수록 인터넷의 정보들은 그런 기대와 달리, 네이버, 카카오, KT, SKT, 쿠팡, 위메프, 이베이(지마켓, 옥션), 구글, 페이스북 같은 강력한 '디지털 대기업'들로 모였고 이들은 그렇게 저장된 무수한 데이터로 커다란 권력을 갖게 되었습니다. 바로 이들이 정보 거래에 있어서 중앙통제컴퓨터인 서버 역할을 하면서 생긴 문제입니다. 이런 문제가 해결될 수 있는 새로운 인터넷 통신 환경이 바로 블록체인 기술입니다.

『블록체인혁명』의 저자인 돈탭스콧씨는 2050년에는 한국의 새로운 세대들이 모두 블록체인 아이디(ID)를 갖고 있을 것이라는 말로 혁명적인 변화를 대변했습니다. 이처럼 전 세계적으로 미래를 뒤바꿀 기술로 여겨지고 있는 블록체인의 등장은 처음 인터넷이 등장했을 때 사람들이 품었던 기대와 비슷한 부분이 많습니다만 이 또한 대기업의 새로운 돈벌이 수단으로 변질되진 않을까 하는 걱정도 있습니다.

우리 생활과 가까운 블록체인 사례를 하나 소개해드리겠습니다. 영국의 이모젠 힙이라는 가수는 신곡 〈Tiny Human〉을 블록체인 기반의 스마트컨트랙트를 활용한 음원 직거래 오픈플랫폼, '유조 뮤직'으로 발표했습니다. 음원마다 코드를 삽입하여, 소비자가 다운로드하면 각 음원의 작곡가, 프로듀서, 가수 등에게 자동으로 수익이 분배되어 지급됩니다. 중개형 사업자가 필요 없습니다. 중간에서 돈을 가져가는 기획사, 음원사업자, 포털사이트 등이 필요 없습니다. 노래를 만들고 부르는 가수와 노래를 듣는 소비자만 존재합니다. 이런 것이 바로 블록체인 기반의 P2P 서비스

⊞⋯ '유조 뮤직' 플랫폼 설명 창

입니다. 우리 생활에서 금융, 보험, 농수산물유통, 각종 증명서 발급, 정치후원금, 투표 등등 블록체인을 도입하면 지금보다 훨씬 투명하고 안전하며 비용절감형의 서비스를 만들 수 있습니다.

빅데이터-CRM

'빅데이터(Big Data)'는 우리가 행동하는 모든 것, 즉 쇼핑하는 행동, 차로 이동하는 행동, 검색하는 행동, 뉴스를 보는 행동, TV 프로그램을 시청하는 행동 등이 모두 데이터로 축적된다는 의미로, 그 데이터의 크기가 어마어마한 크기이기 때문에 빅데이터라고 부릅니다. 우리말로 고객관계관리를 뜻하는 CRM(Customer Relationship Management)은 그런 빅데이터를 기반으로 고객과의 관계를 훨씬 효과적으로 수행할 수 있는 시스템을 말합니다.

주변에서 쉽게 볼 수 있는 빅데이터의 적용 사례는 바로 네비게이션 앱입니다. 2016년도부터 네비게이션 앱들은 전부 무료로 전환되어 제공되고 있습니다. 우리가 이용하는 네비게이션 데이터를 그들이 빅데이터로 활용하려는 이유에서 그렇게 된 것으로 알고 있습니다. 그 정보를 가지고 할 수 있는 일은 정말 무궁무진할 것입니다. 어쨌든, 네비게이션 사용자 입장에서는 좋은 일이 생겼습니다. 차량에 내장된 네비게이션은 꿈도 못 꾸던 기능을 스마트폰 네비앱이 제공하고 있습니다. 바로 실시간 교통량을 적용하여 가장 빠른 길을 찾아주는 기능입니다. 차에 내장된 네비게이션 중에서도 TPEG 기능을 가진 것은 비슷한 기능이 가능하긴 하지만 스마트폰 앱이 훨씬 좋습니다. 이것의 작동 원리는 일단 실시간 교통량을 기준으로 경로를 알려준 다음 도착한 사용자의 운행정보를 계속 실시간으로 분석합니다. 그래서 좀 전에 알려준 길이 과연 지금도 계속 빠른 길이 맞는지 실시간으로 계속 평가하여 새로운 길을 찾는 데 사용합니다. 그래서 운전 중에도 수시로 새로운 경로를 업데이트해줍니다. 이렇게 현재 사용자들의 운행데이터를 계속 비교분석하여 지금 이 순간 가장 빠른 길을 알려주기 위해 빅데이터로 활용합니다.

또 하나는 마트에서 우리가 장을 보는 데이터입니다. 마트의 멤버십카드를 만들 때 가족인원수, 차량은 무엇인지, 직업은 무엇인지 등의 정보를 입력합니다. 그런 신상정보와 실제로 우리가 장을 봐왔던 지난 세월의 정보를 가지고 마트에서는 소비자에게 딱 맞는 할인쿠폰을 보내줄 수 있을 것입니다. 우편물의 발송비용이나 문자메시지의 발송비용이 한 건의 비용은 몇 십 원 안 해도 소비자가 많아지면 상당한 비용이 되는데요. 모든 소비자에게 똑같은 할인쿠폰을 보내는 것보다 각 소비자의 구매패턴에 딱 맞는 할인쿠폰을 보내주면 비용도 절감되고, 그 효과도 커서 매출증대에 도움도 더 많이 될 것이기 때문입니다. 그런데 제가 여러 마트의 소비자로서 알기로는 아직 그런 서비스를 하지 않고 있는 것 같습니다. 매달 오는 할인쿠폰이 그냥 똑같은 것들이 오는 걸 보면 말이죠.

큐레이션(Digital Curation)

큐레이션이란 사용자의 관심사, 성별, 연령, 취미, 쇼핑 기록, 신상정보, 선호하는 스타일 등의 빅데이터를 기반으로 정보나 상품을 알맞게 추천해서 보여주고, 상품의 경우에는 구매대행, 배송까지 해주는 서비스입니다. 2016년 발간된 마이클바스카의 책 『큐레이션』에 의하면 아마존은 판매의 33%가 큐레이션 시스템으로 발생한다고 합니다.

우리는 검색사이트에서 뭘 찾기 위해 검색어를 입력하면 수많은 결과를 볼 수 있습니다. 구글이나 네이버가 아무리 노력을 해도 그 결과들이 제가 찾는, 딱 맞는 결과가 아닌 경우가 아직도 많이 있습니다. 그 결과들 중에서 제가 찾는 내용을 얻기 위해서,

다시 모든 글들을 클릭하고 들어가 일일이 확인하는 과정을 거쳐야 합니다. 이래서 나온 말이 정보의 홍수, 결정장애라는 말이 아닐까 생각합니다. 상품을 검색할 때도 마찬가지 현상이 나타납니다. 얼마 전에 제 딸에게 선물로 장난감을 사주려고 고르라고 시켰더니 2시간 동안 컴퓨터 앞에서 검색을 하고는 못 찾겠다고 아빠가 골라서 주문하라고 하더군요. 딸아이가 검색했던 쇼핑몰에서 제대로 된 검색시스템으로 고르기 쉬운 검색결과를 보여줬다면 아마 구매가 성사되었을 겁니다. 그런데 그게 안 되어 제가 쓰는 다른 쇼핑몰에서 검색해서 구매했지요.

시대가 발전하면서 일대일 맞춤형 서비스가 인기를 끌고 있습니다. 작년에도 재미있는 기사를 읽게 되었는데요. 미국의 스타트업 기업인 '펑션오브뷰티(Function of Beauty)'라는 샴푸회사 이야기입니다. 샴푸는 매우 흔한 공산품입니다. 화장품 대기업들도 성공하기 힘든 레드오션 사업입니다. 여기에서 스타트업 기업이 성공했다는 것 자체가 신기한 이야기였는데요. 2015년 말에 설립된 이 회사는 1년 반만에 137억 원을 투자받았고, 회사 가치는 1억 1천만 달러(약 1300억원)로 평가되었습니다. 이 회사는 샴푸를 일대일 맞춤형으로 제조해서 판매합니다. 모발의 특성에 대해 직모, 곱슬, 굵기 등을 선택하고, 샴푸의 기능으로 볼륨감, 탈색방지, 탈모방지 등 17가지 중 5가지를 선택하며 그 외에도 색상, 향기, 크기, 세트상품 등을 선택하게 한 후, 용기에 소비자의 이름까지 새겨서 배송해줍니다. 조합해서 만들 수 있는 샴푸가 12억 가지라

田… 펑션 오브 뷰티

서 그 회사는 "우리는 지금까지 똑같은 샴푸를 판 적이 없다"고 얘기하는 것이 인상적이었습니다.

큐레이션은 이렇게 일대일 맞춤형 서비스이면서 상품추천, 구매대행, 배송까지를 포함하는 새로운 검색 및 쇼핑 개념입니다. 최근 소개된 재미있는 국내 서비스 사례는 '위클리셔츠'라는 의류 렌탈 서비스입니다. 직장인들은 출근복 스트레스가 있습니다. 오늘은 뭘 입고 갈까하는 고민인데요. 이것을 해결해주는 서비스가 바로 위클리셔츠입니다. 월 이용료에 따라 매주 3~5벌의 셔츠를 다림질까지 해서 집까지 배달해줍니다.

마지막으로 소개할 큐레이션 서비스는 미국의 '스티치픽스'입니다. 옷 쇼핑몰인데 옷 입은 모델 사진이 하나도 없는 쇼핑몰입

⊞⋯ 위클리셔츠

니다. 자신의 프로필에 신체 치수, 선호하는 스타일, 라이프 스타일 등을 입력하고 원하는 날짜에 무슨 일로 옷이 필요하다고 주문하면 일단 스타일링 비용으로 20달러를 받고 주문을 완료합니다. 그러면 인공지능이 추천한 옷 중에서 스타일링 전문가가 5벌을 다시 선택해서 배송을 합니다. 소비자는 5개 중 1개를 구매하면 되고, 구매를 하면 스타일링 비용은 환불해줍니다. 배송된 옷에는 코디 법까지 이미지로 안내되어 있다고 합니다. 이 회사는 올해 11월에 나스닥에 상장되었고, 회사 가치를 1조 6500억 원으로 평가받고 있습니다. 이 글을 쓰고 있는 12월 15일, 스티치픽스에서 영감을 얻어 큐레이션 업체 중 하나인, 감성 추천 서비스 플랫폼 개발업체 스누픽이 "왠지 좋은 서비스"라는 연말과 크리스마

⊞··· 스티치픽스

스 시즌에 맞는 개인 맞춤형 스타일링 추천 서비스를 오픈한다는 뉴스를 접했습니다.

로봇

로봇은 여러분도 너무나 익숙한 주제일 것 같습니다. 다만 4차산업혁명에서 유망한 분야로서의 로봇은 그냥 로봇이 아니라 지능화된 인공지능 로봇이라고 이해해야 합니다. 이런 인공지능 로봇은 여러 분야에 활용됩니다. 주식투자에서 사람 펀드매니저를 대신했던 로보어드바이저, 큐레이션 서비스에서 상품이나 정보를 추천하고 구매했던 인공지능 로봇은 소프트웨어 로봇이라고 할 수 있으며, 간병인 역할을 하는 로봇 간호사, 공장에서 섬세하고 정확한 일을 하기 위해 스마트 센서를 장착한 로봇, 물류창고에서 바코드를 스스로 읽고 물건을 자동으로 정리하고 배송 소프트웨어와 통신하며 자동으로 트럭에 물건을 싣거나 내리는 로봇, 커피를 고객 요구사항에 맞게 맞춤형으로 만드는 로봇바리스타 들은 기존에 우리가 알던 하드웨어 로봇에 인공지능을 더한 로봇이라고 하겠습니다.

여기까지 4차산업혁명 시대에 유망한 기술분야 10가지를 소개해 드렸는데요. 가능한 기술적인 내용을 설명하지 않으면서 일반 사람들이 이해할 수 있는 방식으로 설명했는데 이해하는 데 어려움은 없었나요? 더 궁금한 것은 검색을 통해서 공부하시거나 제

⊞… 공장에서 쓰이는 로봇

이메일로 문의해주시면 좀 더 자세하게 다른 사례들을 들어가며 설명 드리도록 하겠습니다.

제가 앞서 막연하게 프로그래머가 되어야지 하는 것보다는 어떤 분야를 먼저 선택하고 그 분야에서 일하는 프로그래머가 되겠다고 진로를 선택하는 게 좋다는 얘길 했고 그런 고민에 도움을 드리고자 4차산업혁명 시대에 유망한 기술 분야를 설명했습니다.

가장 인기 있는 프로그래머 직업 10가지 </>
(2017년 기준)

저는 17년 2개월 동안 IT 국내기업과 외국계기업에서 프로그래머로 직장생활을 한 후, 영어학원과 영어코딩학원을 운영하며 강의를 하고 있는 강사입니다. 제가 학원에서 학생들을 가르치며 외국계기업에서 근무하는 사람이 되라고 많이 조언을 했습니다. 아직까지는 영어가 세계 공통어이기 때문에 영어를 공부하고, 프로그래머로서 경력을 쌓는다면 한국보다는 훨씬 일자리가 많고 근무조건도 좋은 외국계 IT기업을 목표로 하는 게 커리어를 발전시켜 나가는 데 유리할 것이기 때문입니다. 그래서 한국과는 조금 맞지 않는 부분도 있지만, 미국에서 2017년에 인기 있는 10가지 직업이라는 CBS의 기사를 번역하여 소개하고자 합니다. 기사를 발표한 'techpublic'은 CBS가 운영하는 IT전문 뉴스 웹사이트입니다. 기사에 나온 직업들은 2017년 미국에서 가장 수요가 많

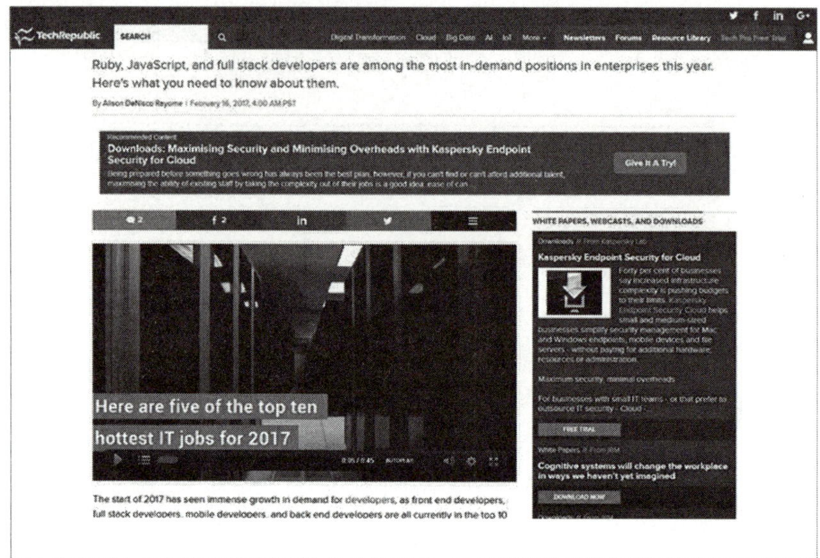

田… IT전문 뉴스 웹사이트 'techpublic' (출처:https://www.techrepublic.com/article/the-10-hottest-developer-jobs-of-2017/)

은 프로그래머 직업을 소개하고 있으며 기사의 내용은 미국에서 성공적인 IT회사로 성장하고 있는 회사의 담당자들이 직접 말하는 인터뷰 내용을 정리한 겁니다.

Ruby 개발자

'루비'는 웹 어플리케이션 프레임워크(개발도구)로 유명한 레일즈 (루비온레일즈)에서 사용된 프로그래밍 언어로 2017년 가장 수요가 많은 언어 중 하나라고 기술인력 채용 전문회사인 트리플바이트의 CEO인 하지 타가르는 말했습니다. 미국에서 가장 유명한 구인구직 사이트인 indeed.com에서 루비 개발자는 2015년과 2016년 사이에 그 수요가 656%로 폭발적인 성장을 보였습니다.

Basecamp, Twitter, Shopify, Github, Groupon, Hulu, Airbnb 등 스타트업뿐만 아니라 기존 소프트웨어 회사들에게 루비를 사용하는 레일즈는 가장 강력하고 인기 있는 웹 어플리케이션 개발 도구가 되었습니다.

모바일 앱 개발자

차량 공유 서비스 업체인 우버와 온라인 기반 농작물 배송 서비스 업체인 인스타카트 등 많은 업체들이 모바일 앱에 가장 신경 쓰고 있기 때문에 iOS와 안드로이드용 모바일 앱 개발자들은 현재 가장 수요가 높은 개발자라고 타가르는 전하고 있습니다.

"다양한 모바일 하드웨어 플랫폼을 이해하고, 다양한 플랫폼에 소프트웨어를 포팅하여 동일한 품질의 사용자 경험을 유지시킬 수 있는 기술을 가진 개발자가 필요하다"고 IEEE(세계 전기전자 기술자협회)의 선임연구원이자 터프츠대학교 부학과장인 카렌 파네타는 말했습니다. 또한 모바일 장치에 들어가는 카메라나 GPS 같은 각종 센서들을 어떻게 연결해 사용하는지를 아는 것과 운영체제의 다양성을 배우는 것이 필수적이라고 강조했지요.

최근 뉴욕 증시에 상장한 마케팅 이메일회사, 센드그리드의 소프트웨어 부문 전무인 샤 마는, "내가 모바일 개발자를 찾는다면, 스위프트, 오브젝트-C, 자바를 사용해서 iOS와 안드로이드

운영체제의 네이티브앱 개발 경험을 갖고 있는 사람을 찾을 것이
며, 웹페이지 개발자는 HTML, 자바스크립트, CSS 에 대한 확실
한 백그라운드를 가져야 할 것”이라고 말했습니다. 또한 개발자들
은 다양한 모바일 스크린 크기와 PC화면에 대응하기 위한 응답
형 웹페이지 개발 경험을 갖고 있어야 한다고 덧붙였습니다.

정보 보안 소프트웨어 개발자

다양한 디지털 상품들이 해킹 피해를 당하지 않기 위해 정보 보
안 소프트웨어 개발자가 필요합니다. 파네타는 “요즘의 개발자
들은 인증되지 않은 사용자가 침범할 수 없도록 방탄 코드를 만
들어야 할 필요가 있다고 강조하면서 이전 세대 개발자들이 소
프트웨어 불법복사와 불법유통을 예방하는 데 관심을 쏟았다
면 오늘날 개발자들은 인증된 사용자로 위장 침입하는 스푸핑
(spoofing)과 내부 사용자를 해킹에 끌어들이기 위해 유혹하는
피싱(phishing) 등 여러 가지 해킹 시나리오를 예방하는 데 관심
을 더 기울여야 한다”고 덧붙였습니다.

또한, “소프트웨어 개발의 모든 단계에서 보안 조치를 설계하고
평가할 수 있는 책임자가 반드시 있어야 한다”고, CRM 분야의 세
계 최대 회사인 SAP를 위한 보안전문업체 ERPScan의 CTO인 알
렉산더 폴리아코프는 말했습니다.

사물인터넷 (IoT) 개발자

코딩을 거의 하지 않고도 프로그램을 만들 수 있는 로코드(low-Code) 또는 노코드(No-Code) 플랫폼인 PaaS(Platform-as-a-Service) 솔루션 제공업체인 '멘딕스(Mendix)'의 CTO인 조한 덴 한은, "사물인터넷(IoT: Internet of Things)이 기업과 소비자 사이에 그 비즈니스 모습을 드러내기 시작했기 때문에 IoT 개발자의 수요가 급증하고 있고 성공적인 IoT 개발자가 되기 위해서는 자신이 만드는 IoT 어플리케이션이 어떻게 사업적으로 성공할 수 있는지도 이해하고 설명할 수 있는 사람이어야 한다"고 말했습니다.

"스마트홈, 스마트카, 음성인식으로 동작하는 기기들은 빠른 성장을 보이는 주목해야 할 IoT 분야"라고 IEEE 선임연구원이자 시장조사업체, 코글린 어소시에이츠의 설립자인 톰 코글린은 강조했습니다.

자바스크립트 개발자

웹사이트 디자인 회사인 긱스 시카고(Geeks Chicago)의 대표인 턱 셔러는, "자바스크립트는 아마도 2017년에 가장 인기 있는 개발 기술일 것"이라고 말하며 다음을 덧붙였습니다. "지금 당장 가장 인기 있는 개발 일은 자바스크립트와 관련 있는 것들입니다. 그것은 지난 2년 동안 웹사이트 개발 분야를 휩쓸고 있기 때문입니다. 자바스크립트에서 2017년에 가장 큰 이슈는 Angular.JS, React.JS, 그리고 서버 사이드에 사용되는 Node.JS입니다. 많은 회사들이 이 분야 전문가를 찾는 데 어려움을 겪으며 어플리케이션을 만들고 있습니다. 자바스크립트에 대한 지식이나 경험을 가진 개발자는 하루 빨리 이 세 가지를 배워야 할 것입니다."

2012년부터 유행하기 시작한 미국의 소프트웨어 직업훈련 전문학원을 '코딩 부트캠프(Coding Bootcamp)'라고 부릅니다. 샌프란시스코에 위치한 유명한 코딩 부트캠프인 'Hack Reactor'의 공동 설립자, 숀 드로스트는 자바스크립트의 성장과 인기가 전세계 개발자들 사이에서 계속될 것으로 기대하고 있습니다. 그는 또한 "가상/증강 현실, 머신 러닝, 인공지능 및 자율주행 차량과 같은 최신 기술로 이제는 가능해진 첨단 제품을 개발하고 연구하는 많은 회사가 늘어남에 따라, 그런 제품들이 실현되도록 코딩할 수 있는 소프트웨어 개발자에 대한 수요도 커지고 있고, 이런 기술에 몰두하고 있는 숙련된 자바스크립트 개발자에게 그 수요를 충족시킬 수 있는 매우 큰 기회가 있다"라고 말했습니다.

클라우드 개발자

전자문서의 분류, 보존, 검색 시스템을 뜻하는 E-디스커버리 분야의 선도기업 Relativity(이전 KCura)의 기술분야 채용팀장, 마크 맥팔랜드는 "가장 혁신적인 기술은 AWS(Amazon Web Services, 아마존 클라우드 플랫폼) 또는 Azure(마이크로소프트 클라우드 플랫폼)를 사용한 클라우드 개발에 있다. 소프트웨어 엔지니어링 분야에서 경력을 쌓고자 하는 후보자는 .NET 경험 (C #, ASP.NET, MVC, SQL

Server) 또는 개방형 시스템 환경, 특히 Java (J2EE 또는 Spring 또는 원시 Java 코딩) 및 SQL을 경험할 것으로 기대된다”라고 말했습니다.

톰 코글린은 “클라우드 및 하이퍼스케일 리소스(클라우드 컴퓨팅과 빅데이터 분석을 위한 대규모 데이터)를 관리하는 애플리케이션 개발, 특히 프로세싱을 메모리와 스토리지에 더 가까이 이동시켜 애플리케이션 속도를 높일 수 있는 애플리케이션 개발에 대한 요구가 커지고 있다”고 설명했습니다.

풀 스택 개발자

지난 8월 IDERA에 인수된 웹 어플리케이션 개발 플랫폼 업체, ‘센차(Sencha)’의 제품관리 수석이사, Gautam Agrawal에 따르면, 많은 기업들이 프론트-엔드 웹 기술(사용자측 웹페이지 개발) 및 백-엔드(서버) 데이터베이스에 능숙한 풀 스택 웹 개발자를 찾고 있다고 합니다. 풀 스택 웹 개발자를 위한 인기 있는 도구 및 기술에는 HTML5, JavaScript, CSS, Sass, LESS, JavaScript 프레임워크(Ext JS, Angular, React), NodeJS, AJAX, JSON, XML 및 WebSocket 등이 있습니다.

채용서비스 업체, Addison Group의 비즈니스 개발 매니저, 댄 밀러는 “이제 어느 때보다 많은 기업들이 풀 스택 개발자를 찾고 있습니다. 소프트웨어는 이제 모든 비즈니스 분야에 영향을 미치며, 뛰어난 고객 서비스와 비즈니스 인터페이스를 제공하여 모든 사람들이 어떻게 이것들이 작동하는지를 이해할 수 있도록 한다”

라고 말했습니다.

머신 러닝 개발자

캘리포니아에 위치한 인력채용서비스 업체, 리비에라 파트너스의 기술 채용 담당자, 아론 호는 올해 머신 러닝(인공지능의 자기 학습) 분야 경험자에 대한 수요가 크게 증가할 것으로 보고 있습니다. "세계가 점점 더 많은 데이터를 생산하고 있기 때문에 인간이 그것이 무엇을 의미하는지를 이해하는 것이 점점 더 어려워지고 있다"라고 호는 말했습니다. 그리고 "많은 기업들이 머신 러닝, 인공지능 및 자연어 처리 기술을 사용하여 놀라운 방식으로 데이터를 탐색하고 활용할 수 있도록 돕고 있다"라고 했지요.

데브옵스 엔지니어

데브옵스는 소프트웨어 개발 방법론의 하나로, 개발(development)과 운영(operation)을 결합한 합성어입니다. 시스템을 개발하는 담당자와 운영을 담당하는 정보기술 전문가 사이의 소통, 협업, 통합 및 자동화를 강조하는 소프트웨어 개발 방법론을 말합니다.

시카고에 위치한 IT전문 채용업체, McCann Partners의 CEO 겸 창립자, 매건 맥칸은 "리눅스 파운데이션의 보고서에 따르면, 데브옵스 기술은 업계에서 가장 인기 있는 분야 중 하나다. 채용 담당자 중 58%가 데브옵스 전문가를 찾고 있다. 데브옵스 엔지니어는 indeed.com의 구직자 목록에서 3위를 기록하고 있다"고 말했습니다.

UX/UI 개발자

UX(User Experience:사용자의 앱 사용 경험)/UI(User Interface:사용자 화면에서의 작동방식) 개발자는 사용자가 소프트웨어를 사용하는 화면구성, 메뉴구조, 작동방식 등을 설계하고 만드는 개발자를 의미합니다.

기업 회계 소프트웨어 업체인 코센트릭의 기술 및 엔지니어링 담당 수석 부사장, Hugo Borda는 UX/UI 개발자가 되려면 운영체제, 브라우저 및 장치의 종류에 상관없이 작동하는 코드를 작성할 수 있어야 한다고 말합니다.

카렌 파네타는 "심리학과 인체공학 등 여러 분야를 함께 이해하는 것은, 개발자가 제품을 사용할 사용자와 제품이 어떻게 사용될 지를 이해하는 데 매우 중요하다. 고객들은 과도한 클릭의 번거로움 없이 특정 정보를 신속하게 보고 싶어 한다. 오늘날, 웹에 익숙한 고객은 원하는 정보를 얻으려 할 때, 3번 이상 클릭하면 그 웹 사이트를 포기할 것이다"라고 말했습니다.

IBM 왓슨 데이터 플랫폼의 개발자 지원담당이자 선임 소프트웨어 엔지니어인 브래들리 홀트는 공감이 개발자에게 중요한 특성이라고 말했습니다. 그는 또 "소프트웨어 개발자는 효과적으로 일하기 위해, 사용자들이 누구인지, 그들이 소프트웨어를 사용하며 어떤 문제에 직면할 것인지, 어떤 도구가 그들에게 필요할지를 이해할 수 있어야 한다"고 덧붙였습니다.

　이상으로 CBS의 IT전문 뉴스 웹사이트 techpublic에서 발표한 2017년 가장 인기 있는 프로그래머 직업 10가지를 소개했습니다. 이 10가지 덕분에 구체적으로 어떤 프로그래밍 언어를 사용하는 프로그래머가 현재 인기가 있는지를 알 수 있습니다. 그 내용을 현재 유명한 회사에서 근무하고 있는 IT전문가 또는 채용담당자들의 말로 직접 들을 수 있어서 더 실감나고 따끈따끈한 정보였네요. 프로그래머에게 유망한 분야가 무엇인지 고민할 때, 참고자료가 되었으면 합니다.

```java
import java.util.ArrayList;
import java.util.Scanner;
import java.io.File;
import java.io.IOException;
import java.util.Arrays;

public class AirlineProblem {
```

```java
/**************************************************************/
/* Author: CS307 Course Staff                                */
/* Date: February 14, 2018                                   */
/* Description: Demos constructors, static vs instance methods, */
/*              and method overloading.                      */
/**************************************************************/
public class DemoClass
{
    int   private int x, 4, 1, 2, 3};
```

INSTANCE MESSAGE

"물위를 걷는 것과 명세서대로 개발하는 것은 둘 다 쉽다. 얼어있기만(고정되어 있기만) 하면..."

Walking on water and developing software from a specification are easy if both are frozen.

- 에드워드 버나드 (Edward V Berard)
객체지향설계 권위자

메시지를 입력하세요...

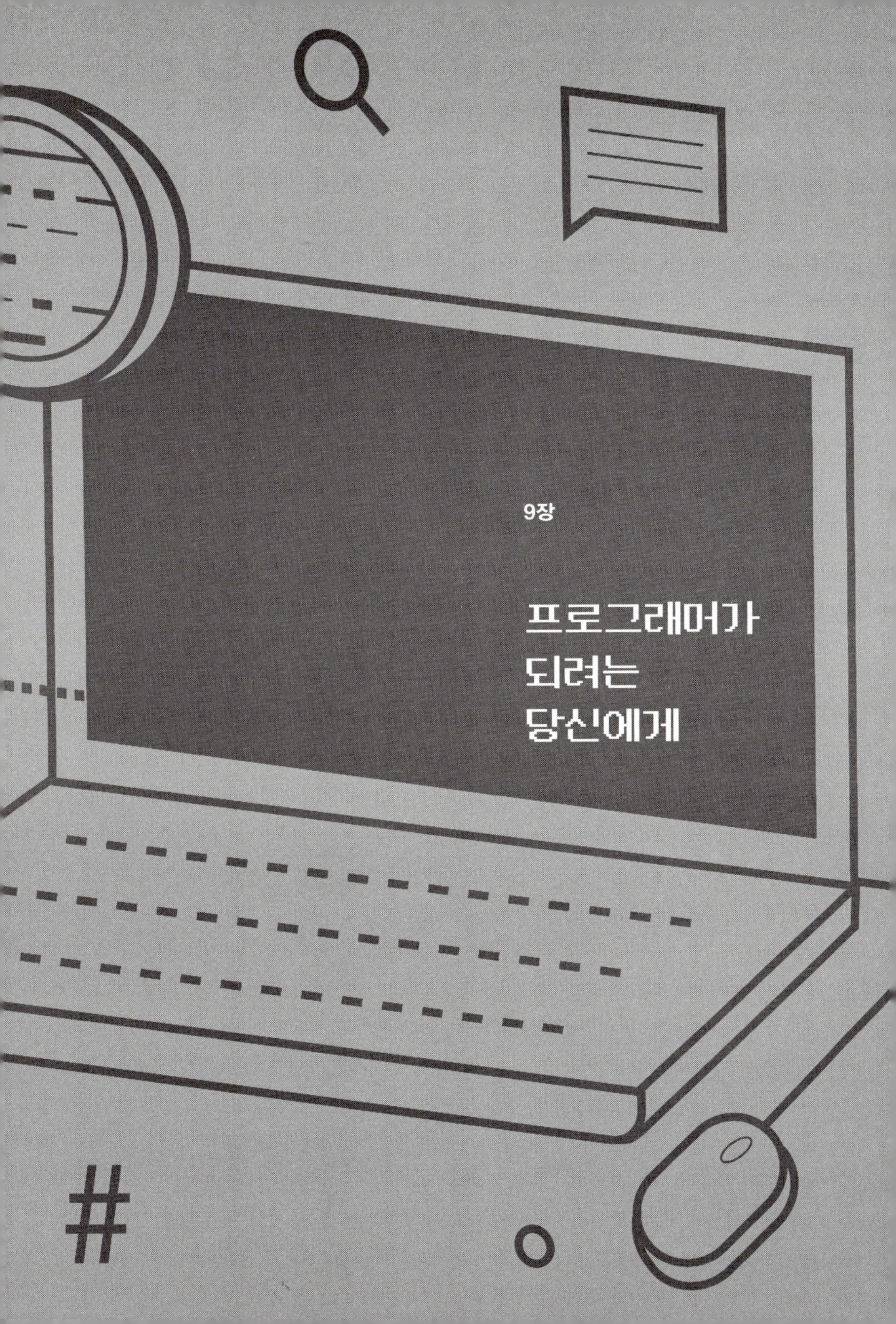

9장

프로그래머가
되려는
당신에게

Document.Write(1) :

우리는 결국 길을 찾는다 </>

이제 제 이야기를 마무리해야 하는 마지막 장이 되었습니다. 이번에는 프로그래머가 되고 싶어 하는 사람들에게 자신의 진로를 개척하는 데 도움이 될 수 있는 몇 가지 조언을 하려고 합니다. 나이가 들면서 '대책 없이 잔소리만 해대는 꼰대가 되지는 말아야지' 하고 항상 다짐하고 신경 쓰며, 열린 생각을 갖고 살려고 노력하고 있는데요. 그래서 저는 최신 드라마를 즐겨봅니다. 제가 몇 년 전부터 학원을 운영하며 학생들과 생활하다 보니, 요즘 학생들과 교감할 때 감을 잃지 않으려 한다고 해야 할까요?

최근 드라마 중 〈이번 생은 처음이야〉라는 드라마가 있었습니다. 제목뿐만 아니라 내용도 신선했고 많은 부분에서 공감이 가는 드라마였습니다. 우리 한 사람 한 사람에게 인생은 다 처음이죠. 그러니 좀 서투르고 실수도 많이 하고 그런 것이 당연합니다.

실수할 걸 두려워하고 시도하지 않는 것이 문제지, 하다가 실수하는 건 문제가 아닙니다. 그러나 다른 사람들과 함께 일할 때 같은 실수를 자꾸 반복하면 안 되겠죠. 실수를 통해 배우고 같은 실수를 반복하지 않도록 노력해서 인생을 사는 스킬의 완성도를 높여가야 합니다. 저에게 〈인터스텔라〉라는 영화하면 떠오르는 대사는 "We will find a way, we always have"라는 말입니다. 우린 길을 찾을 거야, 우리는 항상 그래왔어. 뭐 이런 뜻인데요. 여러분 앞에 놓인 미래가, 생각해보면 막막하고 어떻게 해야 할지 모르겠고, 힘들게 보여도 여러분은 길을 찾을 겁니다. 여러분 인생 선배들이 그래왔듯이, 어떻게든 길을 찾아갈 겁니다. 지금 힘들게 고민하던 것을, '내가 그때 그랬었지' 하며 추억할 미래가 조만간 오겠지요. 걱정하지 말고 좋은 생각만 하며 준비하길 바랍니다.

적성 </>

어렸을 때부터 무언가 좋아했던 일, 관심을 갖고 있던 일, 시간이 나면 했던 일이 있을 겁니다. "그게 수시로 바뀌어서 너무 많은데……" 하는 사람도 있고, 그런 질문을 받으면 "맞아! 난 만들기를 좋아했어!" 이렇게 정확히 말할 수 있는 사람도 있습니다. 아니면 "글쎄, 난 딱히 정확히 떠오르는 게 없는데" 하고 말하는 사람도 있을 텐데요. 그래도 잘 생각해보면 조금이라도 좋아했거나 꾸준히 관심 가졌던 게 하나는 있지 않을까요?

저는 뭔가 대단한 게 아닌, 작은 행복감을 느꼈던 것에서 자신의 적성을 찾아야 한다고 생각합니다. 제 경우에는 '만드는 것'을 좋아했습니다. 유치원이나 초등학교 1학년 때까지는 친구들과 어울려 뛰어노는 것도 좋아했지만, 운동장의 모래로 뭘 만드는 걸 특히 좋아했지요. 그래서 초등학교 입학 전에 가지고 놀던, 모래를 신는 트럭 장난감에 얽힌 사건을 아직도 기억하고 있습니다. 저희 가족이 전세를 살던 주인집에 제 또래의 남자아이가 있었습니다. 그리고 그 아이가 문제의 그 트럭 장난감을 갖고 있었고요. 저는 그 아이와 트럭 장난감으로 모래에서 노는 걸 좋아했는데, 트럭이 하나밖에 없다 보니 둘이 자주 다투었지요. 그런데 결국은 장난감 주인이 그 아이여서 제가 항상 양보할 수밖에 없었습니다. 옆에서 보면 제가 좀 불쌍해 보였겠죠.

어느 날 그 장면을 제 아버지께서 보시고는, 특별한 날이 아니면 그런 장난감을 평소에 사주시는 분이 아니었는데, 더 좋은 트럭 장난감을 사와서 제 기를 살려주셨습니다. 그래서 저는 어깨가 으쓱해서 그 아이에게 트럭을 자랑했던 일이 아주 생생하게 기억납니다.

2학년이 지나서부터는 미술을 좋아해 대회만 나가면 상을 탔고 3학년 때는 도에서 주최하는 큰 미술대회에 나가 동상을 탄 적도 있습니다. 그리고 그때쯤부터 로봇 만화영화를 좋아하면서 로봇을 만드는 과학자를 꿈꿨습니다. 5학년 때부터는 조립식 프라모델을 만드는 취미가 생겨 용돈을 모아 두세 달에 하나씩 탱크, 장갑차, 보트, 자동차 등을 사곤 했지요. 중고등학교 때는 아버지가 가전제품을 수리하시거나 집안 이곳저곳을 수리할 때 옆에 붙어서 도우며 저도 제법 뭔가를 고칠 수 있는 실력이 되었습니다. 프로그래밍이라는 것도 크게 보면 만들고 고치고 그러는 일입니다. 그러니 위와 같은 학창시절을 보낸 사람에게 적성에 맞고 익숙한 일일 수밖에 없겠지요. 그리고 또 하나, 아버지와 저는 얼리어답터 성향이 있는 사람들이었습니다. 주머니 사정상 많은 걸 살 수는 없었지만, 조금 신기한 물건을 보면 사서 써 보는 걸 즐겼습니다. 남자라면 사실 이런 성향을 가진 사람들은 많을 거라고 생각합니다. 그래서 프로그래머들 중에 남자가 훨씬 많은가 봅니다. 그러나 저는 프로그래머에 있어서 남성 여성은 중요하지 않다고 생각합니다. 제 후배 중에는 여자로서 훌륭한 개발자도 있으니까요.

저는 사람의 타고난 소질이나 성향, 이런 것들은 잘 변하지 않는다고 생각합니다. 어렸을 때의 적성, 재능은 나이가 들어서도 변치 않고 그 사람이 어떤 결정적인 상황에 처했을 때 자기도 모르게 발휘된다고 생각합니다. 제가 이 책을 쓰기 시작하고 나서 얼마 되지 않아 영화 하나를 보게 되었는데요. 진로를 고민하는 청소년에게 해 주면 좋은 이야기일 것 같아 메모해 두었습니다.

〈스페이스 워커〉라는, 지구인 최초로 우주유영을 한 러시아의 우주비행사, 알렉세이 레오노프에 대한 이야기입니다. 보스호트 2호를 타고 동료 한 사람과 함께 우주로 날아가 죽을 고비를 수차례 넘기며 사고를 해결하여 세계 최초로 우주유영에 성공합니다. 그러다 지구로 귀환하는 과정에서도 또 사고가 발생해 죽음의 문턱에서 겨우 살아남아 결국은 가족 품으로 돌아오지요. 이 이야기 속 사건들은 모두 실화라고 합니다.

영화에서 알렉세이 레오노프는 어렸을 때 들판을 뛰어놀다가 돌부리에 걸려 언덕 아래로 굴러 떨어집니다. 거기서 우연히 새의 둥지를 발견하게 되는데 그 둥지에 어미 새는 없고 새의 알만 있어서 어린 레오노프는 그게 걱정이 되었나 봅니다. 그날 밤, 잠을 잘 수가 없어 한밤중에 들판으로 새둥지를 찾아 떠납니다. 깜깜한 밤 주변의 반딧불이들이 마치 우주의 별처럼 보이면서 어린 레오노프가 우주비행사가 될 거라는 미래를 예언하는 장면이 연출됩니다. 아이가 없어진 걸 알게

⊞… 영화 〈스페이스 워커〉

된 그의 부모도 어린 레오노프를 찾아 헤매는데요. 그러다 들판에서 아이를 발견하는데, 아이는 엄마새가 알을 품고 있는 걸 발견하고는 기뻐하면서 "엄마 새가 알을 품고 있어요" 하며 울먹이는 장면이 나옵니다. 이렇게 모험심과 탐험심 그리고 사랑하는 마음이 가득한 이 소년이 커서 공군조종사가 됩니다. 아주 대담한 조종사로 유명해져서 결국은 우주비행사로 선발되어 보스호트2호에 올라 우주로 날아갑니다. 레오노프는 임무를 수행하는 과정에서 여러 번 죽음의 문턱을 경험합니다. 제가 청소년 여러분에게 해주고 싶은 이야기는 바로 이 부분입니다. 사람은 위기의 상황에서 본능적인 감각에 따른 판단력으로 헤쳐 나옵니다. 영화에서도

레오노프가 죽음의 위기에 처할 때마다 어렸을 적 들판에서 새 둥지를 찾던 장면을 보여주며 레오노프가 살아날 수 있는 추억이자 힘이 된다는 메시지를 전합니다. 이 레오노프라는 우주비행사뿐만 아니라 우리도 인생을 살다 보면 많은 위기 상황을 만납니다. 그때 우리에게 힘이 되는 건 바로 어릴 적부터 갖고 있는 천부적인, 본능적인 능력입니다. 이런 게 바로 적성, 소질이라고 말할 수 있습니다. 레오노프가 임무를 성공할 수 있었던 건, 비행기나 우주선을 다루는 소질, 적성 그리고 가족과 동료를 사랑하는 마음에서 생긴 살아남으려는 의지, 이런 것들이라고 느꼈습니다. 레오노프는 보통의 러시아 우주인에 비해서 더 친화력이 좋은 우주비행사였다고 합니다. 그래서 이 사건 후에도 미국 우주비행선과 러시아 우주비행선의 최초의 도킹 시험, 국제우주정거장 건립 등의 여러 우주비행 프로젝트에도 참여해 인류의 우주 개척에 큰 발자취를 남깁니다.

적성, 소질이라는 것은 결국 자신이 역경에 처했을 때 살아나올 수 있게 하는 근본적인 힘입니다. 대단한 역경이 아니더라도 그 사람이 어떤 문제에 직면했을 때 해결할 수 있는 근본적인 힘이지요. 그러므로 자신의 적성이 어떤 분야인지 그리고 그것을 직업적으로 어떤 일과 연결시켜서 진로를 선택할 것인지 곰곰이 생각해보는 시간을 가지길 바랍니다.

```
<script language=KOR.script> </script>
prompt(/) // Temp <> Tempold THEN
document.myform.Documnet.focus(1);
```

Document.Write(1) :

뭐든지 할 수 있는 팁: 계획하고 행동하라 </>

저는 직장생활을 하면서 약 10여 권에 달하는 자기계발 서적을 읽었습니다. 어떻게 하면 성공한다, 어떻게 하면 꿈을 이룰 수 있다, 이런 책들이었는데요. 그런 책들에서 얘기하는 내용의 중요한 공통점은 "지금 계획하고 행동에 옮기라"는 단순한 논리였습니다. 많은 사람들이 자기 미래에 대해서 걱정하고 고민합니다. 그런데 그 이후는 사람에 따라 다릅니다. 고민만 하고 아무것도 안 하는 사람도 있고, 고민을 하고 고민을 해결하기 위해 계획을 세우는 사람도 있습니다. 그런데 그 계획에서 또 갈림길이 생깁니다. 자기에게 맞는 계획, 실현 가능성이 높은 계획, 터무니없는 계획, 아니면 자기 상황과 맞지 않는 실현 가능성이 낮은 계획 등등 사람에 따라서 다양한 계획을 세우지요. 그래서 보다 효과적인 계획을 세우는 것이 중요한데요. 제가 찾아낸 효과적인 계획 세우는 방법을 하나 설명하려 합니다.

계획은 언제든지 수정될 수 있다는 전제하에 세워야 합니다. 왜냐하면 해보지 않고 세운 계획이란 것이 처음부터 완벽할 수는 없기 때문입니다. 그리고 수정을 하려면 평가를 해서 진전이 없을 때 수정작업을 하게 되지요.

평가를 하려면 수치를 적용해서 계획을 세우는 것이 좋습니다. 그냥 "스마트폰 프로그래머가 된다" 이렇게 계획을 세우지 말고, "3개월 동안 스마트폰 앱을 5개 만든다" "매일 스마트폰 앱 프로그래밍 공부를 5시간씩 한다" "3개월 동안 스마트 폰 앱 서적 3권을 마스터 한다" 이렇게 숫자를 적용하면 평가하기가 쉬워집니다. 그렇게 평가를 하고 목표에 도달하지 못했거나, 못할 것 같다면 수정을 해서 수정된 계획으로 또 노력을 하는 겁니다.

제가 대학에 가서 전공과목 첫 수업을 듣던 날, 교수님께서 신입생들에게 매번 첫 수업에서 똑같은 얘기를 해준다고 하시며 했던 얘기가 앞서 언급한 적이 있는 버나드쇼라는 영국 작가의 묘비명 얘기입니다. "우물쭈물하다가 내 이렇게 될 줄 알았다." 똑똑하고 삶의 경험도 풍부한 유명한 교수님도 인생에서 가장 중요한 게 실행에 옮기는 실천력이라고 깨달았기 때문에 제자들의 대학 첫 강의에서 이 이야기를 한 것이지요. 그리고 저도 그분의 나이가 된 후, 후배들을 만나면 항상 같은 얘기를 합니다. "별 중요하고 대단한 노하우 없다. 그냥 직접 계획하고 해봐라. 망설이지 말고 행동하라." 공부도 일도 사랑도 행동해보십시오. 망설이지 말고요.

프로그래머의 수입 </>

프리랜서 프로그래머의 경우에는 각자 영업능력도 다르고, 상대하는 고객의 재정상태, 프로젝트의 난이도와 기간에 따라 프로젝트 금액을 다르게 부르기 때문에 프리랜서의 수입은 상황에 따라 차이가 많이 납니다. 그리고 중소기업도 회사 상황에 따라 소위 "열정페이"라고 불리는 열악한 근무조건 하에서 일하는 프로그래머들도 있고, 대기업보다 더 좋은 훌륭한 근무조건 하에서 일하는 프로그래머들도 있습니다. 대기업은 그룹사별 매년 발표되는 내용을 참고하시면 될텐데요. 요즘은 최상위 대기업은 대졸 초임이 5천만 원이 넘는 곳도 있고, 대기업이지만 아직도 초임으로 3천만 원대의 연봉을 받는 곳도 많이 있고 그렇더군요. 제 경험으로 보면 통상 외국계기업은 한국 대기업에 비해 1.2배에서 1.5배 정도 연봉을 많이 받습니다. IT벤처기업과 비교하면 두 배가 넘는 경우도 있을 수 있습니다.

프로그래머 즉, 소프트웨어 개발자의 경우에는 '한국소프트웨어산업협회(KOSA)'에서 매년 소프트웨어 기술자 평균임금을 조사하여 공표합니다. 아래 자료는 2017년 KOSA가 공표한 자료입니다. 이 자료는 IT대기업 계열사와 IT벤처기업들을 상대로 조사하여 발표하기 때문에 비교적 국내 사정을 잘 반영했다고 볼 수 있습니다. 그리고 제가 프리랜서 활동을 잠시 할 때도 이 자료를 근거로 견적을 주곤 했고 지금도 프리랜서들이 견적을 낼 때, 사용하고 있는 자료입니다.

- 통계법 제27조(통계의 공표)에 따라 「2017년 SW기술자 임금실태조사(통계승인 제37501호)」의 SW기술자 평균임금을 공표함.

- SW기술자 평균임금은 소프트웨어산업진흥법 제22조(소프트웨어사업의 대가지급) 4항 '소프트웨어기술자의 노임단가'를 지칭함.

- 월평균임금은 일평균×근무일수(20.8일), 시간평균임금은 일평균÷8시간으로 각각 산정함.

- SW기술자 평균임금은 기본급, 수당, 상여금, 퇴직급여충당금, 법인부담금을 모두 포함한 결과임.

- 2017년의 월평균 근무일수는 20.8일로 조사됨.

- SW기술자 평균임금은 2016년 대비 3.1% 증가함.

- DB구축비 대가기준 가이드에서 활용되는 자료입력원 평균임금의 기본급은 2017년 88,096원으로 조사됨.

※ SW기술자 평균임금은 공공분야의 SW사업 추진 시 참고자료로 활용 할 수 있으며, SW기술자 등급 산정 시, 수·발주자간 자율적 협의에 의한 기준을 마련하여 적용할 수 있음.

구 분	인원	일 평균임금 (M/D)		월 평균임금 (M/M)	시간 평균임금 (M/H)
		2016년	2017년		
기술사	348	437,227	452,611	9,414,309	56,576
특급기술자	17,531	381,502	391,068	8,134,214	48,884
고급기술자	10,302	284,440	305,353	6,351,342	38,169
중급기술자	10,533	226,537	239,506	4,981,725	29,938
초급기술자	13,939	190,790	191,320	3,979,456	23,915
고급기능사	90	187,093	191,177	3,976,482	23,897
중급기능사	235	147,483	158,490	3,296,592	19,811
초급기능사	211	119,232	114,914	2,390,211	14,364
자료입력원	174	117,078	113,959	2,370,347	14,245

⊞… SW기술자 평균임금(단위: 명, 원)

구분	기술자격자	학력·경력자
기술사	•기술사	
특급 기술자	•고급기술자 자격 취득 후 3년 이상 소프트웨어 기술 분야에서 근무한 경력자	
고급 기술자	•중급기술자 자격 취득 후 3년 이상 소프트웨어 기술 분야에서 근무한 경력자 •박사학위를 가진 자로서 기사자격을 취득한 자	
중급 기술자	•기사 자격을 취득한 자로서 3년 이상 소프트웨어 기술 분야에서 근무한 경력자 •산업기사 자격 취득자로서 7년 이상 소프트웨어 기술 분야에서 근무한 경력자 •기사자격 취득자로서 석사학위 취득 후 2년 이상 소프트웨어 기술 분야에서 근무한 경력자	
초급 기술자	•기사 자격을 취득한 자 •산업기사 이상의 자격을 취득한 자	•전문학사 이상의 학위를 가진 자 •고등학교 졸업 후 3년 이상 소프트웨어 기술 분야에서 근무한 경력자
고급 기능사	•산업기사 자격 취득자로서 4년 이상 소프트웨어 기능 분야에서 근무한 경력자 •기능사 자격 취득자로서 7년 이상 소프트웨어 기능 분야에서 근무한 경력자	
중급 기능사	•산업기사의 자격을 취득한 자 •기능사의 자격을 취득한 자로서 3년 이상 소프트웨어 기능 분야에서 근무한 경력자	
초급 기능사	•기능사의 자격을 취득한 자	

⊞… 평균임금 적용을 위한 SW기술자 분류 기준

마지막으로 미국과 일본에서 2017년에 조사하여 발표한 프로그래밍 언어별 연봉 순위인데요, 외국의 경우도 참고로 확인해보시기 바랍니다.

순위	미국 (출처: http://www.itworld.co.kr/news/103581)		일본 (출처: http://www.news2day.co.kr/92099)	
	프로그래밍 언어	평균 연봉	프로그래밍 언어	평균 연봉
1	자바	1억 1천만 원	스칼라(차세대 자바)	6천만 원
2	자바스크립트	1억 8백만 원	파이썬	5천 7백만 원
3	파이썬	1억 8백만 원	코틀린	5천 5백만 원
4	C++	1억 8백만 원	스위프트	5천 4백만 원
5	루비	1억 8백만 원	루비	5천 4백만 원
6	C	1억 8백만 원	자바	5천 3백만 원
7	스위프트	1억 3백만 원	펄	5천 2백 5십만 원
8	C#	1억 2백만 원	C	5천 1백 3십만 원
9	어셈블	9천 7백만 원	자바스크립트	5천 1백만 원
10	PHP	8천 1백만 원	PHP	5천만 원

⊞··· 프로그래밍 언어별 연봉 순위

외국계기업이 목표라면 </>

외국어능력이 부족하거나 외국 사람들과 일하는 게 적성에 안 맞거나, 그런 능력과 적성이 있어도 한국회사에서 근무하고 싶은 사람이라면, 우리나라의 취업사이트에서 제공하는 구인공고를 보고 공고에 나온 절차와 방법에 따라 취업을 추진하면 됩니다. 하지만 외국계기업은 조금 방법이 다릅니다.

먼저 인턴제도에 도전해볼 수 있습니다. '구글' 같은 대기업은 공정한 경쟁을 거쳐 대졸자들에게 인턴십 프로그램을 제공합니다. 한국 지사가 작은 회사의 경우에는 인턴제도가 아예 없는 경우가 더 많습니다. 그리고 규모가 큰 외국계기업도 내부 인맥을 통한 소개로 인턴십 프로그램에 참여하는 후보자를 선발하기 때문에 일반 대졸자들이 이용하기가 어렵습니다.

두 번째는 대학 재학시절부터 회사의 홈페이지에 이력서를 보

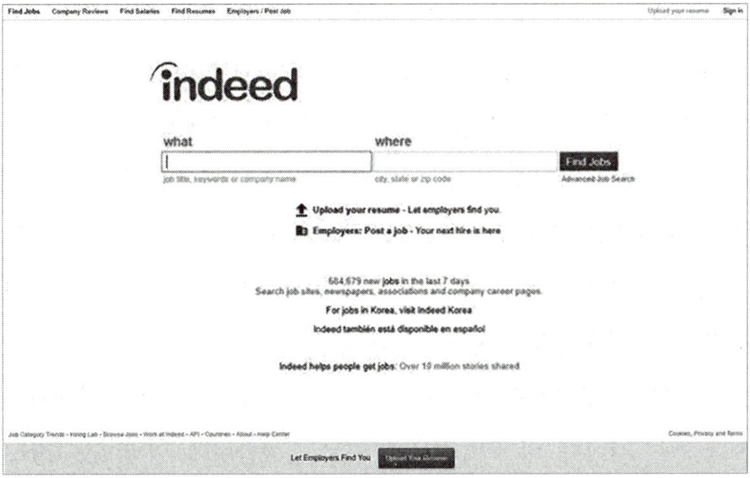

indeed.com

내는 것입니다. 외국계기업은 상시 입사지원 시스템을 갖고 있습니다. 홈페이지 가보면 모두 입사지원 메뉴(보통 Job Opportunities 또는 Careers)가 있습니다. "너희 회사에 입사하는 게 내 꿈이다", "나는 왜 너희 회사에 입사하고 싶고 나는 왜 자격이 된다고 생각한다" 등등을 소개서(Cover Letter)로 만들고 이력서를 첨부하여 메일을 보내놓으면, 한국 지사에 자리가 있을 때 본사에서 지원자가 있었다고 정보를 제공해줄 수 있습니다. 경력사원이라면 훨씬 더 가능성이 높지만, 신입사원도 이런 식으로 적극적으로 활용해보면 좋습니다. 그리고 자격사항이나 경력사항이 업데이트되면 다시 또 메일을 보내놓으세요. "전 예전에 입사지원 메일 보냈던 누구인데 내 정보가 업데이트 되어서 다시 보낸다"고 하며 업데이트 된 내용에 대한 설명을 덧붙이고요.

그리고 이력서를 포스팅하는 것은 원하는 회사의 홈페이지뿐만 아니라 우리나라의 잡코리아와 같은 미국의 'indeed.com'에 이력서를 등록해놓는 방법도 있습니다. indeed.com에 이력서를 등록해 놓으면 피드백이 빠릅니다. 미국은 현재 IT인력이 많이 부족한 상황이라 영어가 가능하고 취업비자 취득이 가능한 사람이라면 좋은 취업방법이 될 수 있습니다.

세 번째는 좀 더 적극적인 방법입니다. 바로 현지의 취업학원을 이용하는 겁니다. 미국의 경우를 예로 들겠습니다. 미국에는 2012년경부터 '코딩 부트캠프'라고 하는 컴퓨터 프로그래밍 학원이 유행하고 있습니다. 여기에 지원해서 몇 개월 프로젝트를 배워서 취업에 도전해보는 겁니다. 물론 유창하지는 않더라도 수업을 듣고, 팀원들과 소통할 수 있는 영어 능력이 있어야 가능합니다.

부트캠프 중에는 실리콘밸리 회사에 취업률이 높은 곳들이 있습니다. 수강료가 3-4개월 코스에 천만 원이 넘어서 부담스럽기는 하지만, 외국계 IT 기업에 취직할 수 있다면 그 정도 투자하는 것은 한국에서 소위 스펙을 쌓기 위해 투자하는 것에 비해 훨씬 가치 있는 투자라고 할 수 있습니다.

LA와 샌프란시스코에 지점을 두고 있고, 취업률이 높기로 유명한 'Hack Reactor'라는 학원은 한국인 수강생도 제법 있다고 합니다. 여기서 모여 공부하는 학생은 취업도 가능하지만, 본인들의 좋은 아이디어로 프로젝트를 수행하다가 스스로 스타트업을 창

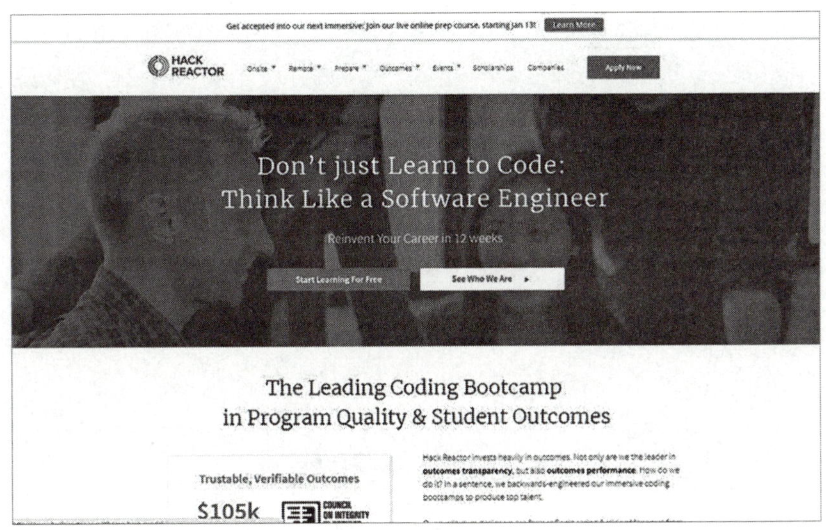

⊞ ⋯   Hack Reactor

업하는 경우도 많다고 하니 제가 젊은 나이라면 정말 도전해보고 싶은 방법입니다.

요즘 미국에서는 SW개발자나 엔지니어를 확보하기 위한 경쟁이 매우 치열하다고 합니다. SW개발자의 임금이 다른 직업에 비해 높다는 것은 사회의 수요와 공급의 불일치를 보여준다고 할 수 있습니다. 참고로 미국 일간지 US NEWS가 2017년 선정한 '최고의 25가지 직업' 가운데 SW개발자는 13위로 실업률 2.0%이고 평균 연봉은 98,260달러(약 1억 6백만 원), 컴퓨터시스템 분석가는 8위로 실업률 2.4%이고 평균 연봉은 85,800달러(약 9천 2백7십만 원)인 것으로 조사되었습니다. 백악관 자료에 따르면 미국에서는 50만 명의 개발자, 엔지니어가 부족한 것으로 알려져 있습니다.

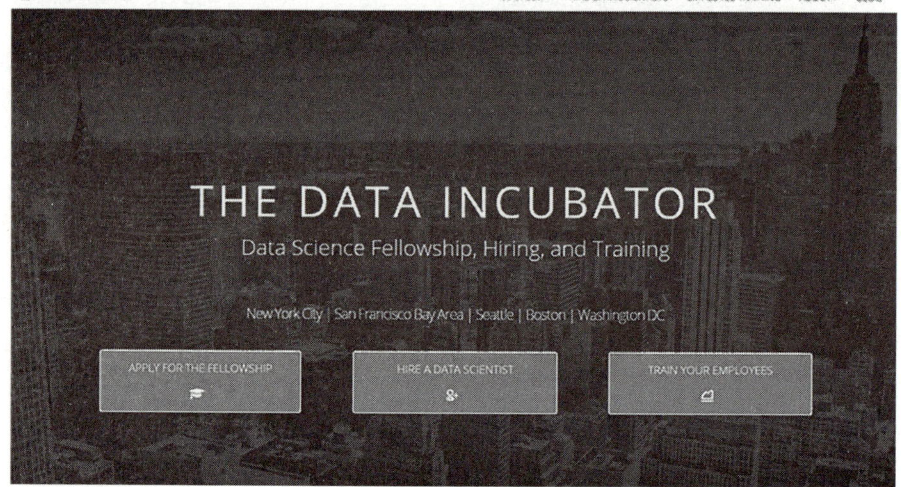

⊞ ⋯　Data Incubator

　수강료가 전혀 없는 캠프들도 있습니다. 예를 들어, 데이터 과학자(Data Scientist)를 양성하는 부트캠프인 Data Incubator는 수강생으로부터 수강료를 받지 않는데요, 주로 수학, 통계학 박사학위를 가진 지원자들 중 교육대상자를 선발하여 실전 프로그래밍을 교육시키는데 무료로 고품질 교육과 취업 기회를 제공하다 보니 경쟁이 치열하다고 합니다. 다소 과장이 있겠지만 하버드 대학보다 들어가기 어렵다는 얘기도 나온다고 하네요.

　그리고 외국으로 취업을 하는 경우에는 반드시 유념해야 할 것이, 내가 다른 나라에 가서 산다는 걸 항상 잊지 말아야 한다는 것입니다. 우리나라에서는 상식적인 일이 그 나라에서는 전혀 상식이 아닌 일이 많습니다. 작년부터 우리나라 대졸자들의 일본 취업이 활발하다는 소식을 접했는데요. 일본으로 취업한 후, 실패하고 돌아왔다는 이야기도 많이 들립니다. 그중에 가장 큰 이유가 신입사원에 대한 기업문화가 다르기 때문이라고 합니다. 일본은 아직도 신입사원에게 오랫동안 허드렛일만 시키면서 소위 수습사원 취급을 오래 하는 경우가 많다고 합니다. 그러나 우리나라 일부 기업이 하는 것처럼 그렇게 불평등하게 부려먹고 퇴사시키는 것은 아니고, 그냥 지켜보는 시간이 길다고 이해하면 됩니다. 그래서 그렇게 수습사원 취급하다가 퇴사시키는 것은 아니고, 그러다가 시간이 지나면 본격적인 업무를 준다고 합니다. 그래서 몇 개월 허드렛일 시킨다고 섣불리 관두는 성급한 판단은 하지 말라고 조언을 하더군요.

어느 전문가의 말에 의하면, 이런 점은 미국과 일본의 기업문화의 차이에서 비롯된다고 하네요. 미국은 경력을 중시하고, 일본은 잠재력을 중시하기 때문이라고 합니다. 우리나라 일부 작은 회사에서 하는 것처럼 생각해서, "아, 내가 사기를 당했구나!" 이렇게 오해하지는 말라고 어떤 경험자가 이야기를 전해주었습니다. 대학의 일본 취업 설명회 같은 것에 참석해서 자세히 많은 것을 알아보고 도전하기 바랍니다.

이상으로 프로그래머가 되려는 학생이나 사회초년생들에게 드리고 싶은 조언을 몇 가지 정리했습니다. 여기서 설명한 내용은 빙산의 일각입니다. 본인이 취업하려는 회사, 분야에 따라 다양한 루트를 통해 본인이 직접 확인하는 것이 중요합니다.

001 열네 살 농부 되어 보기

이완주 · 정대이 · 박원만 지음 | 김선호 그림 | 372쪽

이 책은 청소년들이 텃밭 농사 체험을 통해 작물의 재배와 생산 과정 및 생장의 기반이 되는 흙의 성질을 이해하게 해주고, 자연과 함께함으로써 생태계의 원리를 깨우치며, 더 나아가 자연의 공동체성을 인식하는 새로운 시선과 열린 전망을 제공한다.

002 별을 꿈꾸다

손일락 지음 | 276쪽

저자는 '전쟁터'라 불리는 연예계에 막내아들을 아이돌 가수로 데뷔시킨 장본인으로서 청소년들이 자신만의 꿈과 목표를 세우고 그것을 이루기 위해 어떻게 노력해야 하는지 단계별로 안내한다. 성공을 꿈꾼다면 냉철한 이성으로 자신의 내면을 들여다보고, 자신의 능력과 적성을 진지하게 평가해야 한다고 조언하면서!

003 세상을 바라보는 나만의 눈, 다큐멘터리

김희철 지음 | 316쪽

다큐멘터리 감독은 현실을 깊이 관찰하여 자신만의 목소리로 가공하고 작품화하는 사람이다. 저자는 심각한 주제의식이나 시시콜콜한 이야기도 다큐멘터리의 소재가 될 수 있지만, 가장 중요한 것은 감독이 그 이야기를 통해 관객에게 어떤 메시지를 전달할 것인가 하는 점이라고 강조한다.

004 웹소설 작가 되기; 마음을 낚는 이야기꾼

양효진 · 정연주 지음 | 244쪽

이 책은 글쓰기, 연재하기, 작가로 활동하기에 대한 기본적인 이해와 프로세스를 설명함과 동시에 어떻게 하면 자신에게 맞는 글감을 찾아내고, 독자의 흥미를 끌어낼 수 있는 작품을 쓰며, 참신한 이야기로 인기를 얻을 수 있는지 소개한다.

005 패션 디자이너 되기; 스타일에 날개를 달아주는

문미영 지음 | 248쪽

패션 디자이너라는 직업은 많은 사람이 생각하는 것처럼 '멋있기만 한 직업'이 아니다. 전문적인 공부도 해야 하고, 훈련도 열심히 받아야 하고, 발품도 많이 팔아야 하고, 무엇보다 끊임없이 노력해야 한다. 이 책은 옷을 좋아하고 패션에 관심이 많은 사람들을 위한 것이다.

006 성우 되기; 목소리로 연기하는 배우

황보현 지음 | 208쪽

명예나 돈보다는 정말로 하고 싶어서 도전하는 직업 성우는 우리말을 정확하게 표현하는 전문가이자 시각 장애인들을 비롯한 방송 소외계층에 도움을 주는 사회적인 역할과 책임을 지는 자랑스러운 직업이다. 이 책은 성우를 꿈꾸는 독자들에게 최소한의 판단 기준을 제공하는 실용적인 성우 지침서다.

007 라디오 피디; 주파수에 꿈을 담는 이야기꾼

이덕우 지음 | 243쪽

라디오는 이제 보이는 라디오, 인터넷 라디오 앱, 팟캐스트 등으로 무한 변신하며 다양한 모습으로 우리의 일상을 잠식하는 중이다. 이 책은 라디오 피디로서의 경험은 물론 미디어 산업의 전망까지 친절하게 짚어 주는 안내서이다.

008 메이크업아티스트; 캐릭터를 디자인하는 개성 연출자

이나경 지음 | 340쪽

과거에는 메이크업아티스트라고 하면 '화장 잘하는 사람'이라는 인식이 지배적이었지만 최근엔 엔터테인먼트와 뷰티 분야를 아우르는 전문 직업군으로 떠오르고 있다. 실제 현장에서 어떤 일이 일어나는지, 메이크업아티스트가 되는 길과 업계에서 살아남아 전문가로 성장하려면 어떤 자질을 갖춰야 하는지 조언하는 책.

009 가든 디자이너; 삶의 풍경을 설계하다

강혜주 지음 | 264쪽

저자는 오늘도 현장에서 강렬한 햇살과 싸우며 의뢰인의 로망을 구현하는 도면 설계는 물론 정원의 식재(植栽) 같은 디테일 하나도 놓치지 않는 가든 디자이너다. 우리나라의 정원은 물론 세계의 정원이 어떻게 발전해왔는지, 현재의 모습은 어떠한지, 현장의 작업은 어떻게 이루어지는지 등을 아우르는 실용서.

010 나는 신문기자입니다; 사실을 캐고 진실을 쓰는

임지선 지음 | 208쪽

이 책은 중학생 시절부터 기자가 되기를 꿈꾸었고, 학생기자를 거쳐 마침내 '진짜 기자'가 되어 '한 문장의 힘'을 발휘하기까지 오직 한 길만을 보고 달려온 15년차 기자가 청소년들을 위해 쓴 것으로, 직업으로서의 기자 세계를 탐색할 수 있는 친절한 안내서다.

011 항공승무원; 지구촌 하늘 여행의 멋진 동반자

정진화 • 이자영 지음 | 184쪽

항공 승무원은 어떤 일을 하는지, 어떻게 하면 항공 승무원이 될 수 있는지 A부터 Z까지 솔직하게 들려주는 가이드. 승무원들이 사용하는 전문 용어, 각종 이니셜의 의미, 탑승객들의 상태를 식별하는 법, 취업에 필요한 이력서와 자격 요건 갖추기 등 꼭 알아야 할 개념과 정보들을 충실하게 설명했다.

012 나의 직업 방송 작가; 글 대신 말을 쓴다

임선경 지음 | 272쪽

막내 작가부터 시작하여 메인 작가로 출사표를 던지기까지 전 과정과 실무를 다룬 친절하고 자세한 방송 작가 입문서! 소설가와 방송 작가는 어떻게 다른지, 입봉은 어떻게 하는지, 방송 대본은 어떻게 쓰는지, 방송 작가들의 수입은 어떤지 등등 실용적이고 구체적인 정보들을 소개한 지침서.

013 산악전문가; 대자연을 누비는 산악인 되기

김성기 • 박미숙 지음 | 328쪽

정식 클라이머 선수로 등록하려면 어떻게 준비해야 하는지, 클라이밍으로 대학에 진학하는 게 가능한지, 산악 관련 업종에는 어떤 것들이 있는지 등의 알찬 정보는 물론 없는 길을 만들어낸 등반가들, 자신과의 싸움이 극대화된 스포츠클라이머들의 이야기를 통해 감동과 전율까지 덤으로 얻을 수 있다..

014 항공기 조종사; 창공의 별, 조종사 진로 지침서

박지청 지음 | 336쪽

이 책에는 조종사의 전망, 기종별로 달라지는 조종사의 임무, 군 및 민항공사 조종사의 인터뷰를 통한 조종사의 실제 삶, 조종사가 될 수 있는 방법, 조종사가 되기 위한 여러 가지 노하우 및 조종사 훈련 과정 합격 비결, 궁금증을 해소할 수 있는 Q&A, 조종사에게 요구되는 덕목과 자질 등이 고루 담겨 있다. 조종사의 꿈을 현실로 만들기 위해 준비하는 모든 사람들에게 이 책은 분명 정확하고 믿음직한 나침반이 될 것이다.